北京第二外国语学院校级精品教材

管理会计

主　编　李　伟

副主编　尹美群

陈咏英

南开大學出版社

天　津

图书在版编目(CIP)数据

管理会计 / 李伟主编；尹美群，陈咏英副主编. —
天津:南开大学出版社，2022.1
ISBN 978-7-310-06239-3

Ⅰ.①管… Ⅱ.①李… ②尹… ③陈… Ⅲ.①管理会
计 Ⅳ.①F234.3

中国版本图书馆 CIP 数据核字(2021)第 271113 号

管理会计
GUANLI KUAIJI

———————————————————————————

南开大学出版社出版发行
出版人:陈　敬
地址:天津市南开区卫津路 94 号　邮政编码:300071
营销部电话:(022)23508339　营销部传真:(022)23508542
https://nkup.nankai.edu.cn

———————————————————————————

河北文曲印刷有限公司印刷　全国各地新华书店经销
2022 年 1 月第 1 版　2022 年 1 月第 1 次印刷
230×170 毫米　16 开本　19.25 印张　1 插页　313 千字
定价:58.00 元

———————————————————————————

如遇图书印装质量问题,请与本社营销部联系调换,电话:(022)23508339

前　言

作为企业会计的两大重要分支之一，管理会计在现代企业管理中发挥着不可替代的重要作用。长期以来，管理会计不仅在理论研究方面积累了丰硕的成果，在企业实务方面也获得了长足的进步。特别是2014年10月，财政部颁布了《关于全面推进管理会计体系建设的指导意见》；此后，财政部又颁布了《管理会计基本指引》（2016）和《管理会计应用指引》（2016－2018），开启了中国管理会计发展的新时代。基于此，我们充分借鉴中外管理会计教材的先进成果，编写了此书。

本书作为管理会计的入门教材，主要介绍了管理会计的基本理论、方法和实务操作，涉及预测、分析、决策、控制、考核等管理会计的主要职能。全书共九章，第一章到第三章介绍了管理会计的基本概念和传统方法，第四章到第八章介绍了管理会计各项职能在实务工作中的具体应用，第九章作业管理介绍了许多企业实践中尝试应用的管理会计方法。

本书吸收了国内外管理会计发展的一些新的理论知识，同时也对成熟的理论体系和方法进行了系统的阐述，可以使读者在全面系统学习管理会计理论和方法的同时，继续了解和洞悉管理会计发展的前沿内容。为了使初学者迅速进入每一章理论和实务知识的学习，我们在每章安排了一个引例，将本章的主要内容引出来，同时每章结束还设置了小结和思考题，便于学习者进行总结和练习。

本书从中国的实际出发，理论联系实际，除了适合开设管理会计的本、专科院校作为教材使用以外，也可以作为经济管理类和其他对管理会计感兴趣的人员进行自学和研究的参考用书。

本书由李伟任主编，尹美群和陈咏英任副主编。参加本书编写工作的有李伟教授、尹美群教授和陈咏英副教授。初稿完成后，由李伟统一定稿。

　　由于编者水平有限，书中难免存在一些不妥之处以及尚未发现的错误，请广大读者批评指正。

编　者
2021 年 6 月于北京

目　录

第一章　管理会计概论

【引例】

张明是一名刚刚就职于某咨询公司的会计师。上班第一天有一名客户问他，管理会计与财务会计有什么区别？是不是也是用来记录公司账目的？它和公司管理是什么关系？张明想了想，觉得回答这些问题的确需要仔细思索一番。那么本章将对这些问题给予一一阐述。

现代会计是社会经济与管理信息系统的重要组成部分，无论是在微观经济管理还是在宏观经济管理中都起着重要的作用。自 15 世纪复式记账方法问世至今，会计已经历几百年的发展历史。历史表明，会计的发展是随着社会商业的繁荣、科学技术的进步、经济和文化的发展、政治和法律的变革而不断地演变和发展的，可以说会计的发展水平是一个社会经济发展和商业繁荣的重要标志。20 世纪初以来，管理会计迅速发展，并且成为与财务会计并列的会计分支，这是现代社会经济和科学技术及管理水平发展的必然结果。财务会计和管理会计相并列可以说是现代会计的重要特点，两大会计分支各司其职，成为现代社会经济信息系统的重要组成部分，服务于现代企业经营管理和经济发展的需要。

第一节　管理会计的概念

一、管理会计的概念

西方学术界对管理会计所下的定义，可以分为两类：一类属广义定义，以 1981 年美国全国会计师协会（以下简称 NAA）对管理会计所下定义为代表；另一类属狭义定义，以 1988 年国际会计师联合会（以下简称 IFAC）

对管理会计所下定义为代表。

原 NAA 下设的管理会计实务委员会于 1981 年发布的《管理会计公告》中将管理会计定义为:"管理会计是向管理当局提供关于企业内部计划、评价、控制以及确保企业资源的合理使用和经营责任的履行所需财务信息的确认、计量、归集、分析、编报、解释和传递过程。管理会计还包括为诸如股东、债权人、规章制定机构及税务当局等非管理集团编制财务报告。"它将管理会计视为囊括一切的大会计体系,财务会计等只是其中的分支系统,并且这个大会计体系将管理会计作为一个分支系统嵌套其中。

1988 年 IFAC 对管理会计下的定义与 1981 年 NAA 所下定义的最大区别在于:其一,明确了管理会计信息的来源是广泛的,不仅包括财务信息,而且包括经营信息,从而为管理会计理论与技术方法的创新拓展了空间;其二,明确了管理会计信息的使用者是唯一的,是企业内部的管理人员,不包括企业外部的相关组织和人员。这就将财务会计作为一个系统独立于管理会计之外,从而有利于管理会计与财务会计理论与实务的发展。

事实上,IFAC 所下的定义是对 20 世纪 50 年代有关管理会计定义的继承与发展。例如,1958 年美国会计学会(AAA)对管理会计做了如下的定义:"管理会计是运用适当的技术和概念来处理某个主体的历史的和预期的经济数据,帮助管理当局制定具有适当经济目标的计划,并以实现这些目标、做出合理的决策为目的。"这就将管理会计作为一门分支学科服务于企业内部管理。英国、加拿大等国对管理会计也做了类似 IFAC 的定义。这种狭义的定义被学术界与实务界广泛接受。需要指出的是,从实务的角度看,狭义定义所包含的内容是广泛的,并且管理会计同样作为一个子系统嵌套其中。

管理会计是企业管理信息系统的重要组成部分,内容包括信息的收集、分类、加工整理、分析报告和信息传递等。管理会计与财务会计不同,其服务对象不是企业外部的有关利益集团,而是侧重于为企业内部的经营管理服务,管理者依据管理会计提供的信息管理和控制企业的经营活动。管理会计属于管理学中的会计边缘学科,其研究范围有扩大的倾向,不断开辟新领域,发现新方法,成本管理也纳入其研究领域,运用一系列专门的方式方法,通过确认、计量等工作,为管理当局提供管理与决策信息,参与经营管理。

二、管理会计与财务会计的区别

管理会计是从传统的会计系统中分离出来的，与财务会计并列，着重帮助企业改善经营管理、提高经济资产服务的信息系统，它是企业管理信息系统中"决策支持系统"的重要组成部分，形成了管理与会计的交叉学科。管理会计与财务会计相比具有以下主要特点。

（一）侧重为企业内部经营管理服务

会计主要通过定期提供财务报表，为企业外部的投资人、债权人和其他财务相关机构服务。管理会计主要通过财务和管理信息的提供及其分析和解释，侧重为企业管理部门科学地进行优化决策和有效地改善经营生产服务。

（二）方式方法灵活多样

一个企业通常只有一个基本的信息搜集、加工系统，这是以会计为主体的信息收集、加工系统。管理会计要充分利用财务会计记账、算账提供的资料，再加上从其他方面取得有关信息，根据管理要求进行加工计算，为管理提供更为详尽的资料。管理会计以灵活多样的形式对财务会计的有关资料进行加工、改制和延伸；对各种方案的经济效益进行分析对比，并进行加工计算和汇总。例如，按照成本习性进行重新分类、组合，区分为固定成本和变动成本两大类，以此为基础进行成本预测、盈亏临界点和本、量、利的分析，差别成本分析、弹性预算的编制等。实际上都是从另一个侧面对财务会计资料所做的加工、改制和延伸，使之在企业经营管理中发挥更大的作用。

（三）兼顾全局与局部

财务会计主要是以企业作为一个整体，提供集中、概括性强的资料，综合评价和考核企业的财务状况和经营成果。管理会计为了更好地服务于企业的经营管理必须同时兼顾企业生产经营的全局和局部两个方面。例如决策与计划会计，首先要面向整体，从全局着眼，认真考虑各项决策（计划）之间的协调配合、平衡，进行指标分解，形成责任预算，使各个责任中心在完成企业总体目标任务的同时明确各自的目标和任务；并以此为基础，正确组织和实施责任会计，对各个责任中心的工作成果进行评价和考核，既能充分调动各个责任中心的积极性，又能保证各个部门生产、工作的协调配合，实现局部与整体目标一致。

（四）面向未来

财务会计一般只反映实际完成的事项，侧重于对企业生产经营活动做历史性的描述。管理会计面向未来，主要以未发生的事项作为处理对象，依据其所掌握的丰富资料，对生产经营中各个方面采取的有关方案能够取得多大的经济效益，事先进行科学的预测和分析比较，以便为正确选取最优方案提供客观依据。面向未来并不意味着可以忽视过去。管理会计既使用历史数据，也使用各种反映未来发展的与预测、计划和目标有关的数据，它将这些数据进行科学加工、改制，协助管理人员对未来的业务进行筹划。

（五）数学方法的广泛应用

财务会计应用数学范围较小，一般只涉及初等数学，而管理会计越来越多地应用高等数学和现代数学的方法。随着科学技术的不断进步，生产经营的日趋复杂，企业规模的不断扩大，整个企业管理正朝着定量化的方向发展。管理会计为适应企业管理的这些重大转变，把高等数学、运筹学和数理统计学中的数量方法吸收、引进、应用到管理会计中来，把复杂的经济活动用简明而精确的数学模式表述出来，并进行科学的加工处理，揭示有关对象之间的内在联系，以便为管理人员正确地进行经营决策提供客观依据。

第二节　管理会计的产生与发展

一、20 世纪西方管理会计发展的回顾

自从会计学科产生"同源分流"之后，管理会计得到迅速的发展。20世纪管理会计的发展历程大致可以分为四个阶段。

（一）追求效率的管理会计时代（20 世纪初到 50 年代）

20 世纪管理会计的发展源于 1911 年西方管理理论中古典学派的代表人物——泰勒出版了著名的《科学管理原理》一书。伴随着泰勒科学管理理论在实践中的广泛应用，"标准成本""预算控制"和"差异分析"等与泰勒的科学管理直接相联系的技术方法开始被引进到管理会计中来。与此

同时,会计学术界也开始涉及与管理会计有关问题的研究。从 1918 年开始,哈里森一直致力于标准成本的研究,先后发表了《有助于生产的成本会计》《新工业时代的成本会计》和《成本会计的科学基础》等文章。1919 年创立的美国全国成本会计师协会有力地推动了标准成本计算的发展。到 20年代,标准成本已经十分普及,并有了很大发展。1930 年,哈里森还把他对标准成本计算的研究成果写成了《标准成本》一书。1920 年,美国芝加哥大学首先开设了"管理会计"讲座,主持人麦金西被誉为美国管理会计的创始人。1921 年 6 月,美国国会颁布了《预算与会计法》,对当时的私营企业推行预算控制产生了极大的影响。为了全面介绍预算控制的理论,麦金西于 1922 年出版了美国第一部系统论述预算控制的著作《预算控制论》。同年,奎因坦斯出版了《管理会计:财务管理入门》一书,第一次提出了"管理会计"这个名称。1924 年,麦金西又公开刊印了世界上第一部以"管理会计"命名的著作《管理会计》。同时,布利斯所写的一部管理会计方面的著作《通过会计进行经营管理》也问世了。美国会计史学界认为,上述几部著作的出版,标志着管理会计初步具有统一的理论。

以标准成本、预算控制和差异分析为主要内容的管理会计,其基本点是在企业的战略、方向等重大问题已经确定的前提下,协助企业解决在执行过程中如何提高生产效率和生产经营效果的问题。尽管如此,企业管理的全局、企业与外部关系等有关问题还没有在管理会计体系中得到应有的反映。这个时期的管理会计追求的是"效率",它强调的是把事情做好。

(二)追求效益的管理会计时代(20 世纪 50 年代至 80 年代)

从 20 世纪 50 年代开始,西方国家进入了所谓战后期。这时的西方国家经济发展出现许多新的特点。面对突如其来的新形势,战前曾风靡一时的"科学管理学说"就显得非常被动,其重局部、轻整体的根本性缺陷暴露无遗,并不能与之相适应。正是由于泰勒科学管理学说的根本缺陷,不能适应战后西方经济发展的新形势和要求,它被现代管理科学所取代,也就成为历史的必然。现代管理科学的形成和发展,对管理会计的发展,在理论上起着奠基和指导作用,并赋予现代化的管理方法和技术,使其面貌焕然一新。在 50 年代,为了有效地实行内部控制,美国各大企业普遍建立了专门行使控制职能的总会计师制。到 1955 年,美国会计学会拟定计划,对施行控制最常用的成本概念加以明确。在 1958 年的一份研究报告中,又以管理实践中的各种管理会计方法为素材，对其本质意义和使用方法做了说明。该份报告明确指出了管理会计基本方法即标准成本计算、预算管理、盈亏临界点分析、差量分析法、变动预算、边际分析等，由此形成了管理会计方法体系的基础。60 年代，电子计算机和信息科学的发展，产生了"业绩会计"和"决策会计"，从而使管理会计的理论方法体系进一步确定。1962 年，贝格尔和格林发表的《预算编制和职工行为》，对管理会计的另一个重要内容——行为会计做了精辟的论述。进入 70 年代之后，又有柯普兰的《管理会计和行为科学》、霍普伍德的《会计系统和管理行为》等优秀著作问世。上述这些著作对管理会计理论方法体系的形成与完善具有一定的意义。到 70 年代末，美国学术界对于管理会计理论体系的研究达到了高峰，仅以成本（管理）会计命名的专著和教科书就有近百种之多。其中，最有代表性的当属穆尔和杰德凯合著的《管理会计》、纳尔逊和米勒合著的《现代管理会计》等。

这个时期的管理会计追求的是效益，它强调的是首先把事情做对，然后再把事情做好。至此，管理会计形成了以"决策和计划会计"和"执行会计"为主体的管理会计结构体系

（三）管理会计反思时代（20 世纪 80 年代）

进入 80 年代，由于"信息经济学"和"代理理论"的引进，管理会计又有新的发展。但是，面对世界范围内高新技术蓬勃发展并广泛应用于经济领域，管理会计就显得有些落伍了。在西方管理会计的发展历程中，管理会计的研究存在两大流派：传统学派和创新学派。传统学派主张从早期的标准成本、预算控制和差异分析的立场出发，一切以成本为中心，重视历史经验的积累，在总结历史经验的基础上加以发展，并就如何提高企业经营管理水平和经济效益提出一些新课题。查尔斯·亨格瑞教授的《管理会计导论》可以算是传统学派的代表作。创新学派主张尽可能采用诸如数学和行为科学等相关学科的理论与方法研究管理会计问题。他们强调全面创新，偏好数学模型，依靠计算机技术解决预测、分析和决策所面临的复杂问题。卡普兰的《高级管理会计》是创新学派的代表作。70 年代至 80 年代初期，传统学派指责创新学派理论脱离实践，复杂的数学模型远离现实世界。创新学派则指责传统学派视野狭隘、观念陈旧、方法落后，难以适应新经济环境的要求。但"管理会计理论与实践脱节"是西方管理会计

理论研究共同关注的问题。

这场纷争促使西方管理会计理论研究进入一个反思期，也改变了卡普兰的观念。进入 80 年代之后，一贯倡导管理会计研究必须大量引进数学分析方法使之朝着紧密化方向发展著称的创新学派代表人物卡普兰却认为管理会计研究方法必须改弦易辙，主张会计学者必须走出办公室，到实践中去，寻找新的理论与方法。这标志着管理会计进入了一个新的发展阶段——反思期。

早在 1984 年，卡普兰就指出：对于那些尚未从事会计实务的人而言，有关管理会计实务方法的知识纯粹来源于教科书，而管理会计教科书中的方法与实例有相当一部分内容缺乏系统的观察与实验。特别是一些研究人员依然在追求构建高度复杂却日益偏离实际的数学分析模型。实际上，这些缺乏实践基础而又故弄玄虚的数学模型通常使实务工作者感到扑朔迷离，难以在实践中应用。为此，卡普兰认为没有经过实践检验的会计理论是空洞的理论，没有理论指导的会计实践则通常带有盲目性。在会计科学的发展史上，理论与实践常常是不同步的，经验研究方法为解决这个问题提供了一个有效的途径。

1987 年，卡普兰与约翰逊合作出版了轰动西方会计学界的专著《相关性消失：管理会计的兴衰》。他们认为，近年来的管理会计实践一直没有多大变化。目前的管理会计体系是几十年前研究成果的产物，难以适应新的经济环境。这种早已过时的管理会计体系目前存在很大的危机，管理会计信息失去了决策的相关性。他们认为，现行的管理会计体系必须进行根本性的变革，才能适应当今科学技术与管理科学发展的新环境。针对上述观点，西方管理会计学家做出了积极反应。最具有代表性的当属英国伦敦经济学院布拉米奇和比姆尼合作的调研报告《管理会计：发展而不是革命》。该报告回顾了英国对管理会计实践所开展的各项研究，认为尽管近年来英国管理会计在知识体系和技术方法上没有多大的变化，但是，管理会计实践的性质却发生了重要变化。他们并不认为管理会计目前存在着十分严重的危机，即便存在危机的话，也不像约翰逊和卡普兰说得那么严重。由此，他们也不认为管理会计体系需要革命性的彻底变革，而是应该在现有基础上，通过对管理会计实践经验的研究，特别是通过案例研究逐步摸索出一套能够与实践相结合的理论与方法体系。他们强调这个体系的建立应该是对现有管理会计体系的不断发展与完善，而不是对其做出彻底的否定和根本性的变革。英国曼彻斯特大学的斯卡彭斯则认为，探讨管理会计理论与实践之间的差距应该从管理会计的理论本身去找原因，不能仅从客观方面找理由或责备实际工作者。就管理会计理论而言，存在两个比较严重的问题：（1）管理会计的知识体系不能满足决策者的需要；（2）管理会计理论所依据的某些假设与现实不符。为了解决这两个问题，管理会计研究人员需要重新研究管理会计的理论基础，并深入了解实际情况。这是探讨管理会计理论与实践脱节的原因并寻求缩短两者差距的正确办法。

为此，卡普兰等人致力于管理会计信息相关性的研究，迎来了一个以"作业"为核心的"作业管理会计"时代。从1988年到1990年，罗宾·库珀和卡普兰连续在《成本管理》杂志发表多篇论述作业成本计算的文章，从而在西方掀起了一场"作业成本计算"研究浪潮。"作业成本计算"和"作业管理"成为西方管理会计教材的"新宠"。与波特提出的"价值链"观念相呼应，管理会计借助"作业管理"，致力于如何为企业"价值链"优化服务。管理会计在20世纪80年代取得许多引人注目的新研究进展都是围绕管理会计如何为企业"价值链"优化和价值增值提供相关信息而展开的。

纵观20世纪90年代以前管理会计发展历程，管理会计沿着"效率→效益→价值链优化"的轨迹发展。而这个发展轨迹基本上围绕"价值增值"这个主题而展开。

（四）管理会计主题转变的过渡时期（20世纪90年代）

进入90年代，变化是当今世界经济环境的主要特征。基于环境的变化，管理会计信息搜集的任务从管理会计人员转移到了这些信息的使用者，保证了企业能以一种及时的方式搜集相关信息，并据此做出反应。管理会计突破了管理会计师提供信息、管理人员使用信息的旧框框，而由每一个员工直接提供与使用各种信息，由此，管理会计信息提供者与使用者的界限逐渐模糊。当然，管理会计也有助于促进企业适应环境的变化。例如，企业所面临的内外部环境变化导致"作业成本计算"与"作业管理"的产生，而"作业成本计算"与"作业管理"的应用又有助于"企业再造工程"的实施，从而推动企业组织的变革，提高企业的竞争能力。这时，管理会计的主题已经从单纯的价值增值转向企业组织对外部环境变化的适应性上来。因此，20世纪90年代可视为管理会计主题转变的过渡时期。

　　科学的发展总是渐变式的发展，"科学发展的特点之一是继承性"。美国密歇根州立大学希尔兹认为管理会计研究正经历一场复兴，有关管理会计研究方面的著作和研讨会不断增加，在由企业发起的研究活动中，学术研究人员起着越来越关键的作用。希尔兹在美国会计学会主办的《管理会计研究》杂志1997年第9卷上发表了题为《90年代北美管理会计研究》的论文，对1990—1996年刊登在《会计、组织和社会》《当代会计研究》《会计与经济学》等六种主要杂志上有关成本管理会计研究的152篇论文进行了归类分析。从这些论文中可以看出，管理会计研究的主题、理论基础、研究方法和背景都呈现出多元化的格局。与此同时，根据滑铁卢大学阿特金森等学者的研究，20世纪90年代西方管理会计理论研究的发展趋势体现在以下三个研究领域：管理会计在组织变化中的地位与作用、管理会计与组织结构之间的共生互动性、管理会计在决策支持系统中的作用。

　　平衡计分卡是20世纪90年代管理会计理论与实践最为重要的研究成果之一，也引起了管理会计理论研究人员和实务工作者的高度重视。平衡计分卡是一种以"因果关系"为纽带，战略、过程、行为与结果一体化财务指标与非财务指标相融合的绩效评价系统。通过财务维度、顾客维度、内部业务流程维度和学习与成长维度全面评价企业的经营绩效。而所有维度的评价都旨在实现企业的一体化战略，是一种体现战略导向的超越财务的绩效评价系统。

（五）管理会计数字化转型（21世纪初至今）

　　进入新的历史时期，随着科技进步和经济全球化的发展，如何准确获取外部信息以及非财务信息，准确把握市场定位，为客户创造价值就显得更加重要了。特别是移动互联网的出现和使用推广，对会计产生了很大冲击。企业原有价值估值方式、会计要素的定义等都不太适应飞速发展的社会现状，需要变更企业的会计计量方法、成本核算方式以及运营管理模式。移动互联网的出现使得各类活动产生了更多联系，实现互利共赢。一方面，互联网设备的使用过程中会记录使用者的行为信息；另一方面，这类数据也能作用于互联网，进一步创造价值。为此，管理会计强调以价值创造为核心，以数字化为手段，发展一系列新的决策工具和管理工具。

二、我国管理会计发展的回顾

人们普遍认为我国到了 20 世纪 70 年代末才开始引进西方管理会计。其实建国初期我们便有西方管理会计的"责任会计"，只是当时还不称为"管理会计"。

（一）在计划经济体制下，与国有企业制度相适应的管理会计及其中国特色

在计划经济体制下，国有企业的生产计划是由国家统一确定下达的。从管理会计的角度看，国有企业是一个"成本中心"。既然成本是一个效率指标，成本计划及其完成情况便成为国家考核国有企业完成生产任务的重要手段。此外，在计划经济体制下，企业的产品由国家统一定价。国家以企业的成本为基础确定产品价格，即"产品价格=产品成本×（1+成本利润率）"，这也就促使国家必须重视企业成本管理制度建设，通过企业成本管理制度确定企业成本项目和成本开支范围；否则，企业成本失控，将导致产品价格失控，国家非常重视以成本为核心的内部责任会计，以期最大限度地降低成本，提高稀缺资源的使用效率。这种以成本为核心的内部责任会计的重视体现在国家颁布的各种成本管理制度上。

这个时期，我国管理会计具有鲜明的特色。主要体现在：第一，班组核算。通过班组核算和劳动竞赛相结合，降低成本，提高劳动生产率，取得显著成效。班组核算作为具有中国特色的责任会计，解决了西方责任会计难以解决的问题。第二，经济活动分析。1953 年我国开始推广"经济活动分析"。班组核算只能反映问题之所在，而要寻找问题之根源，必须借助于经济活动分析。只有将班组核算与经济活动分析相结合，才能达到发现问题、解决问题的目的。"班组核算"和"经济活动分析"可以说是当时我国企业管理会计的两大法宝。"经济活动分析"实际上已经突破了单纯财务评价指标的局限性，强调采用多元化指标评价企业经营活动。60 年代初期，我国大炼钢厂推行的"五好"小指标竞赛早已体现了"平衡计分卡"的精髓。第三，在成本管理过程中，强调"比、学、赶、帮、超"和"与同行业先进水平比"，其基本思想就是近年来美国很流行的"标杆制度"。此外，还有资金成本归口分级管理、生产费用表、成本管理的群众路线和厂内银行等管理方法都具有鲜明特色。1951 年《大众会计》创刊号发表了

汪慕恒先生的一篇比较详细介绍成本性态及其与利润关系的文章《固定支出与变动支出》，但该文当时并没有得到足够的重视。可见，我国学术界对成本性态及其与利润的研究并不晚，然而，过了将近 30 年之后，这个问题才被作为一件新鲜事物引入我国。

（二）改革开放之后的管理会计

1978 年之后，我国进入了改革开放时期。在企业改革过程中，从利润留成、盈亏包干，到实行企业承包经营责任制，以至进行企业股份制改造和现代企业制度试点，整个改革思路都是沿着对企业放权让利这个中心进行的。其实质是以权力换效率。围绕放权让利展开的企业改革，为生产力的释放和经营者积极性、能动性的发挥提供了契机，也取得了一定的成效。同时，政府在一定程度上对市场功能进行了培育，市场机制开始产生作用。一批能够适应市场变化并有一定活力的国有企业涌现出来，并把目光转向市场和企业内部，向管理要效益。在建立、完善和深化各种形式的经济责任制的同时，将厂内经济核算制纳入经济责任制，形成以企业内部经济责任制为基础的具有中国特色的责任会计体系。80 年代末，与经济责任制配套，许多企业实行了责任会计、厂内银行，由此，我国责任会计进入一个高潮期。不过，与我国经济体制改革相适应，90 年代以前的管理会计应用侧重于企业内部，没有明显的市场特征。进入 90 年代后，管理会计在我国企业的应用有所突破，河北邯郸钢铁公司实行的"模拟市场、成本否决"可谓管理会计在我国企业应用的典范。作业成本计算也开始在我国企业得以运用。

21 世纪初至今，我国进入以"互联网+"和"全面推进"为制度特征的管理会计发展新阶段。进入 21 世纪以来，以"互联网+"为代表的创新理念促进了管理会计的发展，不仅使管理会计中的管理控制系统得到提升，而且使嵌入现代移动通信技术的管理会计信息系统也得到快速发展。2014 年开始，我国管理会计进入"全民推进"的制度化建设阶段，预示着中国管理会计的情景具有权变性特征，这一时期的管理会计注重服务平台建设，突出管理控制系统的"个体定制"，强化信息支持系统的"共同认知"和"平台服务"。这一时期的管理会计注重创新驱动，通过分配全球价值链的各种资源，解决产能过剩，以及创造全球贡献价值等贡献力量。

应该看到管理会计不具有强制性，其应用与否以及应用程度如何完全取决于各个企业的内在意愿和要求。在传统的计划经济体制下，外部政策驱动是企业应用管理会计的重要特征。在市场经济环境下，市场竞争的外部压力转化为企业的内部动力是管理会计产生、发展和备受重视的源泉。

三、管理会计的展望与启示

从总体上说，20世纪管理会计的主题基本上围绕着企业价值增值而展开的。它只能揭示企业实现价值增值的结果，难以揭示价值增值的原因以及价值增值能持续多久。在企业的发展过程中，比利润更重要的是市场份额，比市场份额更重要的是竞争优势，比竞争优势更具有深远影响的是企业发展核心能力，企业只有具备核心能力才能持续获得价值增值。因此，21世纪管理会计的主题应该从企业价值增值转移到核心能力的培植。核心能力对企业组织及其人力资源具有高度的依赖性，21世纪管理会计"以人为本"，围绕企业核心能力的培植构建其基本框架，是未来管理会计研究的方向。

管理会计具有企业化和行为化特征，不能离开企业组织及其管理活动研究管理会计问题。我国管理会计研究应立足于企业实践，应用多种理论和方法，研究和解决企业实践中的问题，总结企业管理会计实践经验。围绕核心能力的培植，"立足中国企业实践，追踪和借鉴国际经验"，以实践为基础的研究将成为我国管理会计研究的重要领域和发展方向。

第三节   管理会计的基本理论

一、管理会计的基本假设

管理会计自产生以来，就对加强企业的经营管理起到了一定的作用。管理会计是现代会计的一个分支，对管理会计的研究仍需要采用一定的会计学的研究方法。会计基本假设是对会计时、空、量进行的限定，是对会计所赖以存在和发展的环境做出的合理判断，是会计活动的前提。此外，也要充分考虑到其交叉学科的特征和知识经济的时代特征。

（一）管理会计的主体假设

管理会计的会计主体是对管理会计存在空间的假设。管理会计的主体必须服务于管理会计的目标，服务于企业的生存发展，为实现企业财富最大化而进行预测、决策、规划控制以及评价。因此，管理会计的主体是每个进行预测、规划控制以及评价的责任中心。

随着知识经济的发展，传统的企业生产模式和经营模式将发生巨大变革。由于信息传递顺畅，传统的大工厂、大车间流水作业的生产方式将被分散在各个作业点的生产小组的"无实体公司"所代替。因此，管理会计也将分化成战略管理会计和战术管理会计，公司的经营者负责企业的战略策划，而各个生产小组甚至个人负责战术策划。新的企业管理方式要求每个人都要参与企业的管理与决策，管理会计的会计主体将有多个会计主体层次。

（二）管理会计的时间假设

由于知识经济对企业存在模式产生了很大影响，对于战略管理会计来说应有持续经营的假设，以保证管理会计方法的连续有效性。而对于战术管理会计，持续经营假设似乎没有存在的必要。因为企业的生产小组或个人通过信息网络随时被企业雇佣，为企业工作时是企业的责任中心，而一旦任务完成，其责任中心的工作也就结束了。

管理会计的会计期间受其灵活、机动的特征的影响，不会像财务会计那样按自然月、季、年来分期，而应该根据企业经营管理的实际情况来分期。

（三）管理会计的计量假设

由于管理会计具有十分重视非货币系统信息的特征，所以管理会计计量方法除利用财务会计中的货币计量方法之外，还利用其他非货币计量方法。尤其在知识经济时代，大量非货币计量的信息充斥于社会经济生活，企业的管理人员及其他各个责任中心需要从中选择对本企业有用的信息，即利用管理会计所提供的货币性和非货币性信息来满足其各个方面的需求。

（四）其他假设

管理会计还有与其他会计学不同的假设。管理会计为满足其目标，企业的各个责任中心往往会根据各自的目标及实际情况制定适应其具体情况的方法或方案，最终形成各种不同的方案并付诸实践。所以，管理会计不像财务会计那样具有强制性和统一性的特点。

二、管理会计的对象

一门科学或学科的对象，是其特定领域有关内容的集中和概括，贯穿于该科学或学科始终的。现代管理会计的对象是现金流动，因为现金流动贯穿于现代管理会计的始终。

从近代西方企业会计中心的转移进行论证，近代西方企业会计中心的转移，大致上经历了以下三个主要阶段。

（一）传统会计阶段（19 世纪中叶以前）

这个阶段的企业会计，是以独资、合伙会计为其主要形式，这种企业组织形式对会计提出的要求不高，通过期初、期末资产与负债差额的对比，就能确定一定期间的盈亏，并简易地进行盈利分配。因而在传统会计阶段，企业会计是把重点放在资产、负债的平衡计算上，资产负债表是这个时期最重要的会计报表。

（二）近代会计阶段（19 世纪中叶到 20 世纪中叶）

这个阶段的企业会计，是以公司会计为其主要形式，它把"收益决定"放在首位，并把损益表看作最重要的会计报表，即着重如何通过收入与成本的配合来正确确定定期的经营成果，并以此为基础合理进行盈利分配。这是因为股份公司的经营管理和上述独资、合伙企业有很大不同，其所有权和经营管理权是分离的，一般是由公司聘请管理专家任经理，负责企业的经营管理，而为数众多的买股票的股东（投资人），则远离企业的实体，并不直接参与企业的经营活动。他们很关心所投资的公司经营状况的好坏，特别是盈利能力和分配情况，因为这是其切身利益之所在。同时，由于公司组织集资能力强，可以创办大规模的企业，从事复杂的生产经营活动。这样，公司的经济活动及其同各方面的经济关系就越来越复杂了，对会计也提出了越来越高的要求，要求把经营成果放在首位，以适应企业内外各方面的需要。在企业生产经营比较复杂的条件下，为把一定期间内实现的收入和相应的成本有经济根据地进行配合，正确地确定各期的经营成果，一些专门性的会计理论问题就须进行研究，如收入实现理论、折旧理论、权责发生制理论、跨期收支摊配理论等。以这一系列理论为指导建立的核算体系，是以"收益决定"为中心，着重于企业经营过程的核算。

（三）现代会计阶段（20 世纪 50 年代以后）

这个阶段的企业会计还是以公司会计为其主要形式，为适应现代化管理的需要，企业会计的内部职能大大地扩展了，重点转移到了现金流动的分析，并把现金流量表看作最重要的会计报表。这种以现金流动为中心的企业会计核算，具有更大的综合性，可对企业生产经营中的成本耗费水平、资金的占用水平和盈利水平等几个方面总括起来进行统一评价，为企业改善生产经营、提高经济效益提供重要的、综合性的信息。（1）企业生产经营中现金流出与流入数量上的差别，制约企业的盈利水平。（2）企业生产经营中现金流出与流入时间上的差别，制约着企业资金占用的水平。（3）企业生产经营中现金流出与流入数量上的差别和时间上的差别还可综合起来进行考察。时间上的差别，可通过"货币时间价值"进行换算，转换为在同一个时点上分析问题，使时间上的差别也通过数量上的差别来表现。

综合以上各方面，以现金流动为中心的核算，具有更大的综合性和敏感性。通过把握现金流动的动态，就可以全面、系统、及时地掌握企业生产经营的主要过程与主要方面，在预测、决策、计划控制等各个环节发挥积极的作用。

由此可见，管理会计以现金流动为对象，同现代化管理的要求相适应，反映了现代会计学科最新的发展水平。

三、管理会计的目标

管理会计的目标是建立管理会计理论结构的一项基础工作，其基本目标是服务于企业内部管理，目的在于提高经济效益，获取尽可能多的利润。结合我国实际情况，管理会计目标就是：协助管理当局做出有关改进经营管理、提高经济效益与社会效益的决策。它的具体目标应与所有的主要职能联系起来，分为以下四个方面：

（一）确定各项经济目标

对目标利润、目标销售量（或销售额）、目标成本、目标资金需要量的预测与确定，协助管理当局对计划期间一次性的重大经济问题做出专门决策（包括短期经营决策与长期投资决策），在上述基础上编制资源最佳配置与流动的全面预算与责任预算。

（二）合理使用经济资源

在责权利相结合的基础上制定适合本企业具体情况的责任会计制度；利用行为科学的原理与激励策略，以及我国思想政治工作的优良传统，充分调动职工的主观能动性，促使他们自觉自愿地以最少的人力、物力和财力来完成计划所规定的各项目标。

（三）调节控制经济活动

事前制定成本控制制度和开展价值工程活动进行预防性和前瞻性的控制与调节；日常根据各责任单位定期编制的业绩报告所反映的实际数与预算数的差异进行反馈性的控制与调节，保证各项目经济目标的实现。

（四）评价考核经济业绩

利用标准成本制度结合变动成本计算法，对日常发生的经济活动进行追踪、收集和计算；定期根据各责任单位编送的业绩报告评价和考核业绩与成果；确定各责任单位履行经管责任的情况和应受的奖罚；总结经验、揭露矛盾，挖掘增产节约、增收节支的潜力；及时提出合理化建议，促进生产力的发展。

四、管理会计的方法

管理会计的方法属于分析性的方法，根据所研究问题的具体特点，运用一定的数学方法对被研究对象进行比较精确的定量描述，找出存在于有关变量之间的相互依赖、相互制约的关系，建立相应的经济数量模型。借助经济数量模型可以确定有关变量在一定条件下的最优数量关系，了解其运动变化的趋势，预测在一定条件下可能出现的情况与问题，为企业在生产经营中做出最优决策提供客观的、科学的依据。

在基础性管理会计中，思维过程运用的具体化专门方法，属于分析性的方法，这些方法的运用得以从动态上掌握企业生产经营的主要方面和主要过程。

"差量分析"作为一种基本的分析方法贯彻管理会计的始终，具体表现形式有：

（一）成本性态分析法

成本性态分析是将成本表述为产量的函数，分析它们之间的依存关系，然后按照成本对产量的依存性，最终把全部成本区分为固定成本与变动成本两大类。成本性态分析法联系成本与产量的增减动态进行差量分析，是构成基础性管理会计的一项重要内容。

（二）本量利分析法

本量利分析法是将成本、产量、利润几个方面的变动所形成的差量相互联系起来进行分析，其核心部分是确定"盈亏临界点"。从动态上掌握有关因素变动对企业盈亏消长的规律性的联系，这对帮助企业在经营决策中根据主客观条件有预见地采取相应措施实现扭亏增盈具有重要意义。

（三）边际分析法

边际分析法是增量分析的一种形式，增量是指自变量的微量变化。由自变量的微量变化所形成的函数的精确变化率，就是边际的概念，在数学上用导数来表现。边际分析的最大特点是，可以作为确定生产经营最优化目标的重要工具。运用边际分析的方法确定其最优的边际点，使企业管理部门具体掌握生产经营中有关变量联系和变化的基本规律性，从而有预见地采取有效措施，最经济有效地运用企业的人力、物力和财力，实现各有关因素的最优组合。

（四）成本－效益分析法

成本－效益分析法是适应不同的情况形成若干独特的"成本"概念（如差别成本、边际成本、机会成本、沉没成本等）和相应的计量方法，以此为基础，对各种可供选择方案的"净效益"（总效益与总成本之差）进行对比分析，以判别有关方案的经济性。这是企业用来进行短期经营决策分析评价的基本方法。

（五）折现的现金流量法

折现的现金流量法是将长期投资方案的现金流出（投资额）及其建成投产后各年能实现的现金流入，按复利法统一换算为同一时点的数值（现值、终值和年值）来表现，然后进行分析对比，以判别有关方案的经济性，使各方案投资效益的分析和评价建立在客观的基础上。这是企业用来进行长期投资决策方案经济评价的基本方法。

五、管理会计的职能

管理会计系统是企业管理信息系统的重要组成部分，管理会计的目标是协助管理者组织、规划和控制企业的经营活动，提供高效率经营管理企

业的有用信息，所以其职能作用和内容体系同企业内部的管理与控制职能
密切相关，与企业的管理控制程序相一致。

（一）为决策提供客观可靠的信息

决策是管理的核心。为了保证企业各项决策的正确性，管理会计通过
收集和分析与该项决策相关的信息，为企业各方面决策提供客观可靠的依
据。从时间上来说，企业决策主要分为两大类型：短期决策和长期决策。
在短期决策分析方面，管理会计主要吸收微观经济学的理论，运用增量分
析、差量分析和本量利分析，分析相关成本和收入对企业利润的影响，为
企业经营过程中一些非常规性的短期决策提供依据。长期决策要重视时间
因素对决策的影响。管理会计以货币的时间价值为基础，归集和分析现金
流量，考察时间价值对现金流量的影响，分析现金流量与相关因素的关系，
从而为长期投资决策提供依据。

（二）为决策目标的实现制定计划，编制预算

决策选定方案的实施和目标的实现，有赖于严密的计划和控制。计划
包括长期财务计划、年度总预算和业务预算等。管理会计通过制定计划和
编制经营预算和资本预算的方式，确定实施决策方案的步骤和目标。预算
是将经营过程中的各项工作和目标逐步分解，使之数量化和具体化，并通
过协作沟通层层落实，成为各执行部门的工作目标和依据。预算也是实施
控制的重要环节。

（三）为企业经营活动提供指导，实施控制

决策所确定的目标能否达到，预算能否顺利实施、考核、评价有赖于
计划和预算实际执行过程中的控制。管理会计通过追踪企业经营活动的预
算执行过程，归集实际经营活动中的各项数据资料，通过预算数据和实际
数据的比较，揭示和分析差异，发现问题并分析原因，帮助管理当局对预
算实施过程进行控制，指导经营活动按既定的目标运行。同时取得反馈信
息，对计划预算的不足之处加以修正，以保证计划和预算的可行性。管理
会计还通过预算与实际执行情况的比较，对企业各部门的工作业绩进行客
观评价，运用激励机制产生激励效果，以调动员工的积极性。同时，应注
意各种管理和激励方式对人的行为的影响，改善企业内部人际关系，提高
员工敬业精神和工作热情。

（四）成本确定和成本计算

企业经营活动的各个环节都离不开成本信息的运用。管理会计在参与企业决策、编制计划和预算、帮助管理部门指导和控制经营活动的过程中，处处贯穿着成本的确定和成本的计算，因此成本确定和成本计算是管理会计职能的重要方面。为了适应管理的不同要求，管理会计对成本进行不同的分类和定义，对成本确定采用不同的分析和计算方法。管理会计的成本确定和计量方法也是随管理的要求而逐渐发展的，如适用于传统管理的标准成本计算和变动成本计算，适用于现代战略管理的质量成本计算、作业成本计算、目标成本计算及生命周期的成本确定与计算等。

六、管理会计信息的质量特征

管理会计为企业管理服务，对管理有用的信息应具备一定的质量要求，即准确性、相关性、可理解性、及时性以及成本－效益平衡性。

（一）准确性

准确性是指所提供的信息在一定范围内是正确的，不正确的信息对管理是无用的，甚至会导致决策的失误，从而影响企业的经营业绩。准确性也称为可靠性，要求提供准确的信息，但并非信息绝对精确。管理会计是面对未来的，许多信息是建立在估计和预测基础上的，主观因素可能会影响信息的准确性，这就要求管理会计在一定的环境和条件下，尽可能提供准确可靠的信息。

（二）相关性

管理会计服务于企业的管理决策、内部规划和控制，其信息不受对外报告规范的约束，大量地使用预测、估计未来事项等信息，这可能达不到财务会计信息的客观性和可验证的要求。对于管理会计而言，信息的相关性价值要高于客观性和可验证性。当然在相关性的基础上，应尽可能真实可靠。

相关性是指管理会计所提供的信息必须与决策有关系，与决策相关的信息会导致决策的差别。提供不相关的信息会贻误决策时机，浪费决策时间，导致决策失误。然而相关性只是与特定决策目的相关，而与其他决策不一定相关。

（三）可理解性

可理解性也称为易懂性，如果提供的信息不为使用者所理解，那么其作用就会降低，甚至不为决策者所用。因此，管理会计所提供的信息应以使用者容易理解为准则，以使用者容易理解和接受的形式及表达方式提供。而提高易懂性的途径就是管理会计师应与信息的使用者加强沟通和协商，在管理会计报告的形式和内容上进行讨论。当然，易懂性是针对具备一定经营管理知识的经营管理者来说的，而非针对那些毫无经营管理知识、又不努力了解这些信息的人而言的。

（四）及时性

及时性是指管理会计适时、快速地对信息使用者提供决策所需要的相关信息。在现代的社会经济环境中，知识日新月异，管理者需要的信息越快越多，只有获得及时的信息才能做出正确合理的决策，才能把握机遇，抓住机会，获取成功。但及时性和准确性往往难以两全其美，为了追求准确性就可能牺牲及时性，反之，为了及时性也可能必须牺牲准确性。因此应根据具体情况权衡利害得失，在及时性和准确性之间进行折中，以满足决策者的需要。

（五）成本－效益平衡性

以上各项管理会计的信息质量特征可以看作为适应管理当局的各种需要提供信息的通用指南。在运用时，必须同时考虑管理人员的各种特定需要，并根据其需要提供管理会计信息。但取得这些信息要花费一定的代价。因此，必须将形成、使用一种信息所花费的代价与其在决策和控制上所取得的效果进行具体对比分析，确定在信息的形成、使用上如何以较小的代价取得较大的效果。无论信息有多重要，只要其成本超过所得，就不应形成、使用这一信息。因此，信息的成本－效益平衡性，可以看作管理会计信息的一个约束条件。

第四节　管理会计人员的行为规范

管理会计的发展和管理会计在管理中的作用，促进了管理会计职业化的发展。在美国等一些发达国家，管理会计师同注册会计师一样，成为专业化的职业队伍。

一、美国管理会计师的职业发展

由于管理会计在管理中的重要作用，管理会计人员的专业地位得到了会计职业界的重视。1972 年，美国全国会计师协会设立了"管理会计证书"项目，并建立了执业管理会计师协会负责实施。同年由管理会计师协会主持，举行了美国第一次执业管理会计师的资格考试。考试的内容包括：经济学和企业财务；组织行为学，包括职业道德；对外财务报告准则、审计和税务；企业内部报告的编制和分析；决策分析，包括决策模型的建立和信息系统。目前国际注册管理会计师（ICMA）负责特许金融分析师（CFA）和注册管理会计师（CMA）项目的实施，负责考试的各项事宜，如命题和阅卷等工作。

注册管理会计师资格考试的目的是促进管理会计职业的发展，使得管理会计师在现代管理活动中发挥积极参与者和贡献者的作用，像注册会计师一样，得到工商界的信任和青睐。自管理会计证书项目实施以来，在管理会计的教育、研究、培训和职业化发展中都取得了显著的成果，执业管理会计师同注册会计师一样得到了社会的认可，报考人数逐年增多，获取管理会计证书已成为一些企业聘用员工的优先条件。许多公司的会计部门和财务管理人员中都有执业管理会计师，他们最初通常是这些部门的职员或部门主管，其后被任命为公司的财务经理或财务主任。而且该项目还得到企业界的广泛支持，许多大公司向公司的职员提供财务上的支持，鼓励他们参加管理会计师的资格考试。可见管理会计师项目的实施，大大提高了管理会计的教育水平，吸引和鼓励更多的人从事这一领域的学习和研究，从而推动管理会计理论与实践水平的提高。

二、美国管理会计的业务水准和职业道德规范

管理会计的职业发展对管理会计业务水平的提高和职业道德方面的规范有很大的促进作用，1969 年管理会计师协会成立了"管理会计实务委员会"，1995 年改名为管理会计委员会，负责管理会计实践中的发展和信息交流等事务。该委员会的工作之一是就有关的会计问题向其他职业组织或政府机构发表见解，表明立场；工作之二是就管理会计的概念、术语、

技术方法和实务，向协会成员和企业管理者提供指南和指导。管理会计委员会关于管理会计技术和实践等方面的见解，是通过发表文告的方式进行的，其文告称为"管理会计公告"，如 1981 年发表的《管理会计的定义》，1985 年 6 月发表的《服务和行政管理成本的分配》，1988 年发表的《管理会计职业教育》和 1997 年发表了《管理会计和财务管理道德规范标准》等。管理会计委员会的工作促进了管理会计技术水平的提高，推动了管理会计概念、术语、方法和道德规范的公认和标准化。

管理会计委员会 1997 年 4 月 30 日发表了《管理会计公告——目标"1C"管理会计和财务管理道德规范标准》，从四个方面对管理会计师提出要求：胜任、严守秘密、诚信、客观。

胜任是从知识能力方面对管理会计师提出的要求，要求管理会计师具备一定的知识、技术和技能水平，熟悉、了解有关的法律和制度，能够根据相关的信息和可靠的数据进行分析、提供报告、胜任管理会计等工作，履行相关职责。

严守秘密要求管理会计师除非出于法律责任的要求，否则应当严守在执行业务过程中所获取的机密。避免在执行业务、履行责任的过程中泄露秘密，防止利用掌握的机密为自己或他人谋取任何利益。

诚信是指管理会计师要正直、诚信、维护信誉，在执行业务的过程中应维护相关各方面的利益，杜绝任何阻碍和破坏合理公正地执行公务、履行职责的行为和活动，拒绝收受礼品和贿赂行为，防止参与或支持有损信誉的活动。

客观要求管理会计师应如实客观地反映情况，对可能影响信息使用者决策的有关信息都应予以充分揭示。

管理会计业务水准和职业道德规范标准的出现，对管理会计的质量提出了更高的要求，也会对管理会计的职业发展和声誉的提高起到重要的促进作用。

三、其他国家或组织管理会计职业化的发展

除美国以外，其他发达国家的管理会计也向职业化和专业化发展。1980 年 4 月，美国、澳大利亚和欧洲 10 个国家的会计人员联合会在法国巴黎举行了一次国际性会议，第一次探讨如何推广和应用管理会计，表明

管理会计的发展和应用得到了世界各国的关注和认可。目前，英国、加拿大、澳大利亚和日本等国都有类似美国管理会计的资格考试和职业组织。如加拿大的管理会计师协会负责组织和管理加拿大管理会计师证书的考试事宜，考试内容与美国相似，包括管理会计、财务会计和管理学。英国的特许管理会计师协会类似于美国的管理会计师协会，负责管理会计师资格考试及课程设置，并为其成员提供教育、职业发展和商业活动等广泛的服务。

英国特许管理会计师公会（CIMA）的考试内容包括基础会计、管理会计基础及运用、企业管理、战略管理会计和管理会计控制系统等。国际会计师联合会所属的财务与管理会计委员会也致力于提高管理会计师的能力与作用，该委员会还发表了一些有关国际管理会计实务方面的文告，如管理会计的概念、项目的管理控制、资本支出决策的内部控制和管理质量改进等，目的在于提高管理会计专业服务的质量水平，扩大管理会计师的专业服务在国际上的认可范围。总之，无论是国际性的还是一些国家的会计职业组织，它们在管理会计教育、推广应用和职业化发展方面都起着重要的推动和促进作用。

我国注册会计师资格考试和职业认可的制度化已运行多年，同时美国注册管理会计师考试已经在中国开展，管理会计专业化正在逐步与国际接轨。我国无论是注册会计师资格考试还是一般会计师的资格考试，都已将管理会计作为考试的重要内容。管理会计方法在我国企业管理中的运用也非常广泛，推动管理会计师职业化在我国的发展，无疑对我国管理会计理论与方法的研究，在企业管理中的实践、推广和应用起到更大的促进作用。

随着科技的发展和企业环境的变化，管理会计的职业化发展将会在更多的国家出现，管理会计的知识和技术将不断创新和发展，在现代管理中发挥更大的作用。

【本章小结】

本章从总体上对管理会计的基础理论知识进行了介绍：管理会计是企业管理信息系统的重要组成部分，其服务对象侧重于为企业内部的经营管理服务。管理会计属于管理学中的会计边缘学科，其研究范围有扩大的倾向。管理会计是从传统的会计系统中分离出来的，与财务会计并列，同财务会计对比，具有自身鲜明的特点。本章对 20 世纪国内外管理会计的发展历程进行了分析，认为 21 世纪管理会计将"以人为本"，围绕企业核心能力的培植构建其基本的框架，并对管理会计的基本假设、目标、对象、方法、职能及其信息质量特征等基本理论加以阐释，最后还对管理会计职业化与管理会计人员的道德行为规范等方面进行了说明。

【思考题】

1. 财务会计和管理会计的主要区别在哪里？

2. 管理会计的形成和发展与企业的经营环境有什么联系？表现在哪些方面？

3. 企业内部的管理控制职能与管理会计的内容有何联系？

4. 管理会计有哪些重要特点？

5. 管理会计的信息应具备哪些质量品质？

6. 20 世纪 50 年代以后管理会计有哪些新的发展？

7. 平衡计分卡包含哪些内容？

8. 管理会计的职业化、专业化发展有何意义？会产生什么影响？

第二章　成本性态分析及变动成本法

【引例】

　　某化工厂 2 月份报告的销售量大于 1 月份，会计部新来的陶乐文预计利润会增加，但 2 月份的财务结果与 1 月份相比，利润反而减少了，这是为什么呢？陶乐文猜想，这可能与该化工厂采用的成本计算方法有关。这就涉及本章主要介绍的成本性态分析和两种成本计算方法：变动成本法和完全成本法。

第一节　成本及其分类

一、成本的一般概念

　　一般来说，成本是指为了达到特定目的所失去或放弃的资源。这里的"资源"既包括物质资源也包括人力资源。"特定目的"是指需要对成本进行单独测量的任何活动，即成本对象，成本对象一般是指一件产品，当然，也可以是一项设计、一个客户、一项服务、一个部门。由此可见，成本与费用不同，成本是对象化的，与一定的对象相联系，一般不讨论其发生在哪一期；费用则与一定时期相联系，与生产的对象无关。"放弃"和"失去"既可以是货币的付出、材料、机器的有形磨损，也可以是由于技术进步等原因所带来的机器设备的无形磨损。

二、成本的分类

（一）成本按经济性质分类

　　企业的生产经营过程也是劳动对象、劳动手段和活劳动的耗费过程。因此，成本按其经济性质可分为劳动对象的耗费、劳动手段的耗费和活劳动的耗费。在实务中，可进一步划分为以下几类：

1. 外购材料，即耗用的一切从外部购入的原料及主要材料、半成品、辅助材料、包装物、修理用配件、低值易耗品和外购商品等。

2. 外购燃料。

3. 外购动力。

4. 工资，是指企业应计入生产经营成本的职工工资。

5. 提取的职工福利费。

6. 折旧费。

7. 税金，是指计入生产经营成本的税金，例如土地使用税、房产税、印花税、车船税等。

8. 其他支出，例如邮电通信费、差旅费、租赁费、外部加工费等。

（二）成本按经济用途分类

成本按经济用途分类如表 2-1 所示。

表 2-1　成本按经济用途分类表

类别	成本项目
生产成本	直接材料
	直接人工
	制造费用
	燃料和动力（比重小则可以并入制造费用项目）
销售费用	营销成本、配送成本、客户服务成本
管理费用	研究开发成本、设计成本、行政管理成本

（三）成本按转为费用的方式分类

产品成本按照转为费用的方式分为产品成本和期间成本。这种分类的目的是经济合理地把成本归属于不同的成本对象。

划分产品成本和期间成本，是为了贯彻配比原则。按照配比原则的要求，收入和为换取收入的费用要在同一会计期间确认。产品成本在产品出售当期收入不能配比，应按"存货"报告，是"可储存的成本"。只有产品出售时才能与当期收入配比，因此在出售时将其成本转为费用。

1. 产品成本。产品成本是指可计入存货价值的成本，包括按特定目的分配给一项产品的成本总和。

2. 期间成本。期间成本是指不计入产品成本的生产进行成本，包括除产品生产成本以外的一切生产经营成本。

无论是产品成本还是期间成本，都是生产经营的耗费，都必须从营业收入中减除，但它们减除的时间不同。期间成本直接从当期收入中减除，而产品成本要待产品销售时才能减除。

（四）成本按其计入成本对象的方式分类

1. 直接成本。直接成本是指与成本对象直接相关的成本中可以用经济合理的方式追溯到成本对象的那一部分成本。如构成产品实体的原材料成本等。值得一提的是，对于只有一种产品的企业来说，所有产品成本都是直接成本。

2. 间接成本。间接成本是指与成本对象相关联的成本中不能用一种经济合理的方式追溯到成本对象的那一部分产品成本。例如厂房的折旧等。

应注意：所谓"不能用经济合理的方式追溯"有两种情况：一种是不能合理地追溯到成本对象；另一种是不能经济地追溯到成本对象。另外，一项成本可能是直接成本，也可能是间接成本，要根据成本对象的选择而定。例如，生产多种产品的企业的维修车间，其工人工资对于"维修车间成本"来说是直接成本，对于"生产车间成本""最终产品成本"来说就是间接成本。

第二节　成本性态分析

成本性态分析是指成本总额与业务活动之间的依存关系。影响成本的业务活动也称为成本动因。引起成本发生的动因有很多，常见的是与数量有关的成本动因，如业务量（企业在一定的生产经营期内投入或完成的经营工作量的统称，可以表现为实物量、价值量和时间量）。成本按其性态可分为固定成本、变动成本和混合成本三大类。

一、固定成本

固定成本是指在特定的产量范围内不受产量变动影响，一定期间的总额能保持相对稳定的成本。例如，固定资产折旧、财产保险费、广告费等。

固定成本具有以下特点：

1. 在一定时期和一定的业务量范围内，成本总额保持不变。

2. 单位固定成本随业务量的增减变动呈反比例变动。

【例2-1】某企业每月发生广告费20 000元，销量为0－200台机器，如果机器数超过200台，则要增加广告费。因此，如果该企业销售的机器数在0－200台，则广告费成本保持相对稳定，是一项固定成本。单位广告费成本随销量的变化呈反比例变动。它们之间的关系如表2-2及图2-1和图2-2所示。

表 2-2   固定成本与业务量的关系

机器数（1）	总成本（2）	单位成本（2）/（1）
50	20 000	400
100	20 000	200
150	20 000	133.33
200	20 000	100

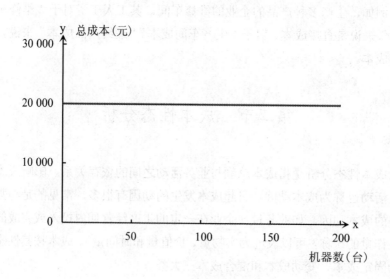

图 2-1   固定成本总额模型

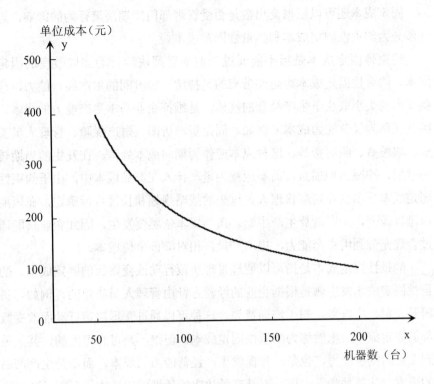

图 2-2　单位固定成本模型

值得注意的是：

1. 一定期间固定成本的稳定性是有条件的，即产量变动的范围是有限的。例如，照明用电一般不受产量变动的影响，属于固定成本。如果产量增加达到一定程度，需要增加生产时间，即增加了照明时间，或者产量低到停产的程度，照明用电的成本也会发生变动。能够使固定成本保持稳定的特定的产量范围，称为相关范围。

2. 一定期间固定成本的稳定性是相对的，即对产量来说是稳定的，但这并不意味着每月该项成本的实际发生额完全一样。例如，照明用电在相关范围内不受产量变动的影响，但每个月实际用电度数和支付的电费仍然会有或多或少的变化。

3. 固定成本的稳定性是针对成本总额而言的，如果从单位产品分摊的固定成本来看，正好相反。产量增加，单位固定成本减少；产量减少，单位固定成本增加。

固定成本还可以根据支出数是否受管理部门短期决策行为的影响，进一步分为约束性固定成本和酌量性固定成本。

约束性固定成本是指不能通过当前的管理决策行动加以改变的固定成本。约束性固定成本给企业带来的是持续一定时间的生产经营能力，这些支出的大小取决于生产经营的规模，是维持企业基本生产能力的成本，因此又称为经营能力成本。例如，固定资产折旧、财产保险、管理人员工资、取暖费、照明费等。这种成本应作为期间成本处理，在发生的当期转为费用，冲减当期损益，而不应视为资产计入在产品成本中。由于约束性固定成本是由企业高层管理人员过去的战略规划和长远目标确定，在短期内难以改变，所以就算生产中断，该项成本依然要发生，因此企业只能通过合理充分利用生产能力，提高产量，相对降低单位成本。

酌量性固定成本是指可以通过管理决策行动改变数额的固定成本。酌量性固定成本发生额是根据企业的经营方针由管理人员决定的，例如，科研开发费、广告费、职工培训费等。这种可以通过管理决策行动而改变数额的固定成本，虽然称为酌量性固定成本，但绝不是可有可无的，其关系到企业的竞争能力，也是一种提供生产经营能力的成本，而不是生产产品的成本。从某种意义上讲，不是产量决定酌量性固定成本，反而是酌量性固定成本影响产量。预算一经确定，这类成本的支出额便与时间相联系，而与产量无关，故也应视为期间成本。当企业陷入财务危机时，管理人员可通过缩减约束性固定成本在一定程度上缓解财务压力。

二、变动成本

变动成本是指在特定的产量范围内其总额随产量变动而呈现正比例变动的成本。例如，直接材料、直接人工、外部加工费等。变动成本总额直接受产量的影响，两者保持正比例关系，比例系数稳定。这个比例系数就是单位产品的变动成本。

变动成本总额模型和单位变动成本模型分别如图 2-3 和图 2-4 所示。

变动成本又可细分为技术性变动成本和酌量性变动成本。

技术性变动成本是由技术或实物关系决定的，例如，一辆汽车要一个电池组、一个发动机、两条风扇皮带等。这种与产量有明确的技术或事物关系的变动成本，称为技术性变动成本。这类成本是利用生产能力所必须发生的成本。不生产产品，则不会发生技术变动成本，并且生产能力利用得越充分，则这种成本发生得越多。

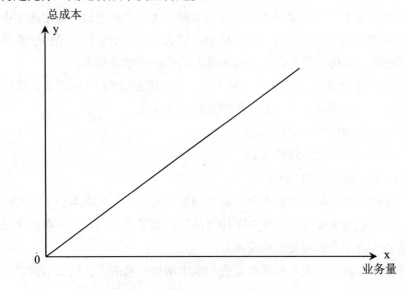

图 2-3　变动成本总量模型

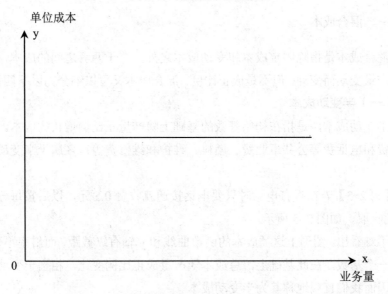

图 2-4　单位变动成本模型

酌量性变动成本的发生额是由经理人员决定的，例如按销售额一定的百分比开支的销售佣金、新产品研制费、技术转让费，以及可按人的意愿投入的辅料等。再如企业可以在不影响产品质量的前提下，从不同供货商那里采购到不同价格的某种原料。

如果把成本分为固定成本和变动成本两大类，产量增加时固定成本不变，只有变动成本随产量的增加而增加，那么总成本的增加额是由于变动成本增加而引起的。因此，变动成本是产品生产的增量成本。

【例 2-2】光华公司只生产一种产品，每月固定成本 10 000 元，单位变动成本 7 元，那么，生产 100 件产品时总成本为：

10 000＋100×7=10 700（元）

生产 101 件产品时总成本为：

10 000＋101×7=10 707（元）

当生产 1 件产品时，由于变动成本增加 7 元，使总成本增加了 7 元，因此，可以认为企业为增产第 101 件产品只追加了 7 元成本，只有这 7 元才是真正为这个产品而支出的成本。

产量增加时，总成本的增加是变动成本增加引起的，变动成本的增量就是总成本的增量，只有变动成本才是真正属于产品的成本。

三、混合成本

混合成本是指除固定成本和变动成本之外，介于两者之间的成本，它们因产量变动而变动，但不是成正比例。混合成本又可以细分为以下四种：

（一）半变动成本

半变动成本，是指在初始基数的基础上随产量正比例增长的成本。例如电费和电话费等公共事业费、燃料、维护和维修费等，多属于半变动成本。

【例 2-3】若在拨打电话时只要电话接通就收费 0.5 元，以后按每分钟 0.5 元收取，如图 2-5 所示。

不难看出，图形上这类成本的函数曲线和 y 轴有纵截距，而斜率不变，即有一个基数，在此基础上，总成本随产量成正比例变化，相当于变动成本，因而我们直观地称其为半变动成本。

（二）阶梯式成本

阶梯式成本，是指总额随产量呈阶梯式增长的成本，亦称步增成本或半固定成本。例如，受开工班次影响的动力费、整车运输费用、检验人员工资等。这类成本在一定产量范围内发生额不变，当产量增长超过一定限度，其发生额会突然跳跃到一个新的水平。如图 2-6 所示。

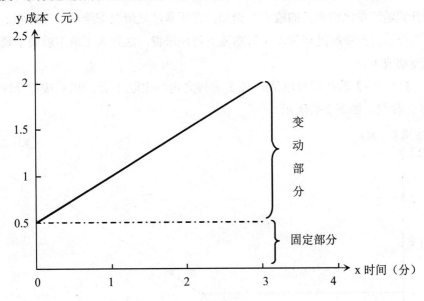

图 2-5　半变动成本模型

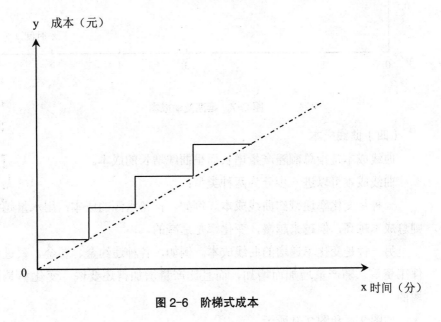

图 2-6　阶梯式成本

（三）延期变动成本

延期变动成本，是指在一定产量范围内总额保持稳定，超过特定产量则开始随产量比例增长的成本。例如，在正常产量情况下给员工支付固定月工资，当产量超过正常水平后则需支付加班费，这种人工成本就属于延期变动成本。

【例 2-4】若在拨打电话时前 3 分钟之内均收取 1 元，以后按每分钟 0.5 元收取，如图 2-7 所示。

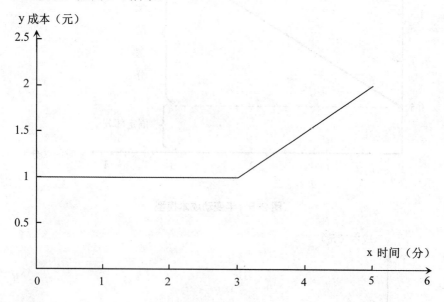

图 2-7　延期变动成本

（四）曲线成本

曲线成本是指总额随产量增长而呈曲线增长的成本。

曲线成本可以进一步分为两种类型：

一种是变化率递减的曲线成本。例如，自备水源的成本，用水量越大则总成本越高，但越来越慢，变化率是递减的。

另一种是变化率递增的曲线成本。例如，各种违约金、罚金、累进计件工资等，随产量增加而增加，而且比产量增加得还要快，变化率是递增的。

如图 2-8 和图 2-9 所示。

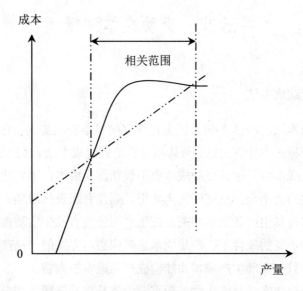

图 2-8　递减曲线成本

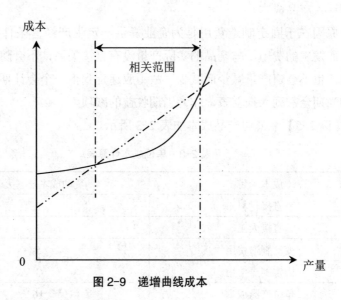

图 2-9　递增曲线成本

第三节　变动成本法概述

一、变动成本法

变动成本法，1963 年由美国会计学家哈里斯首次提出，它是管理会计中常用的一种成本计算方法，与其相对的是完全成本法。按照变动成本法，在计算产品成本时只包括变动成本而不包括固定成本，固定成本作为期间成本在发生的当期全部直接转化为费用，列作利润表的减项。其理论依据是产品成本与其生产量密切相关，在生产工艺没有发生实质性改变以及成本水平保持不变的条件下，产品成本总额应当与完工的产品产量正比例变动，因此，只有变动生产成本才能构成产品成本的内容。

运用变动成本计算成本时，最重要的就是将制造费用划分为固定制造费用和变动制造费用，然后将固定制造费用计入期间费用，而将变动制造费用计入产品成本。

原因在于固定制造费用是为企业提供一定生产经营条件并保持生产能力而发生的费用，与产品的实际产量没有直接关系，不会随产量增加而增加，也不会随产量减少而减少，故不应递延到下一个会计期间，在其发生的当期全额列入损益表，作为当期收益的减项。

【例 2-5】某公司产品成本如表 2-3 所示。

表 2-3　单位成本计算表

成本项目	变动成本法（元）
直接材料	8
直接人工	3
变动制造费用	5
固定制造费用	3
单位产品成本	16

其中,固定制造费 3 元没有计入单位产品成本。单位产品成本=8+3+5=16（元）。

二、完全成本法

完全成本法将生产成本（包括变动成本和固定成本）全部计入产品成本。

三、变动成本法如何提供对外报告成本信息

为了使变动成本法的成本信息能够满足对外报告的需要，应该对变动成本法下的成本计算系统进行必要的调整。调整的主要科目是"固定制造费用"。具体方法是：在该科目下设置两个二级科目——"在产品"和"产成品"，使该科目成为归集和分配固定制造费用的科目。该科目"在产品"是二级科目的借方，记录本期发生的固定制造费用，期末按照一定的方法将发生的固定制造费用在完工产品和在产品之间进行分配，同时将属于完工产品负担的部分，从该"在产品"二级科目的贷方转入该科目"产成品"二级科目的借方。在结转当月产品成本的同时，结转固定制造费用，从"固定制造费用——产成品"科目的贷方，按照已销产品应负担的固定制造费用的数额，转入"产品销售成本"科目的借方。"固定制造费用"所属两个二级科目的期末余额，反映的是期末在产品和库存产成品存货应负担的固定制造费用。需要说明的是，从"固定制造费用——产成品"科目贷方转出的数额，不再直接结转到"本年利润"，作为期间成本抵减当期销售收入，而是转入"产品销售成本"，构成产品销售成本的组成部分。即：

1. 发生时

借：固定制造费用——在产品

　　贷：相关科目

2. 在完工产品和在产品之间分配

借：固定制造费用——产成品

　　贷：固定制造费用——在产品

3. 当产品销售时

借：产品销售成本

　　贷：固定制造费用——产成品

第四节 变动成本法和完全成本法的区别

一、产品成本构成内容不同

完全成本法，在产品成本的计算上，不仅包括产品生产过程中所消耗的直接材料、直接人工，还包括了全部制造费用（变动性制造费用和固定性制造费用）。变动成本法则在产品成本的计算上，只包括生产过程中所消耗的直接材料、直接人工和制造费用中的变动性部分，而不包括制造费用中的固定性部分。如图 2-10 和图 2-11 所示。

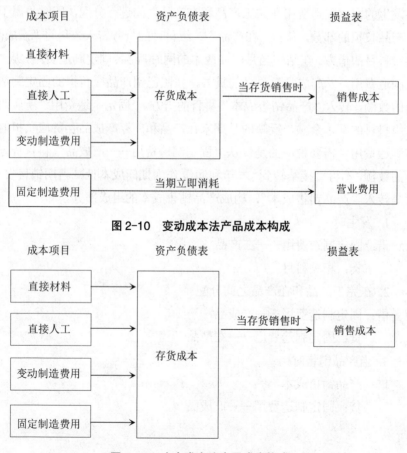

图 2-10 变动成本法产品成本构成

图 2-11 完全成本法产品成本构成

二、产成品和在产品存货估价的区别

由于两种方法下产品成本的构成内容不同，所以存货成本的构成内容也不同。完全成本法下，不论是库存产成品、在产品还是已销产品，其成本中均包括固定性制造费用。变动成本法下不论是库存产成品、在产品还是已销产品，其成本只包括变动性制造费用，而固定性制造费用则作为期间成本。所以变动成本下期末存货的成本必然小于或等于完全成本法下的期末存货成本。

三、盈亏计算的区别

在不考虑税金问题的情况下，完全成本法下，销售收入−销售成本=销售毛利，销售毛利−销售及管理费用=利润。变动成本法下，销售收入−变动成本=边际贡献，边际贡献−固定成本（期间成本）=利润。

【例 2-6】假设某产品 20 件，耗用直接材料 100 元，直接人工 120 元，变动制造费用 80 元，固定制造费用 40 元，售价 30 元/件，变动销售及管理费用 5 元/件，固定销售及管理费用 100 元/月，本期销售 18 件产品，期末库存产成品 2 件，没有在产品存货，采用两种方法分别计算当期利润。

1. 完全成本法

毛利=销售收入−销售成本=30×18−17×18=234（元）

利润=毛利−销售与管理费用=234−5×18−100=44（元）

2. 变动成本法

边际贡献=销售收入−变动成本=30×18−15×18=270（元）

利润=边际贡献−期间成本（固定成本）=270−40−100−5×18=40（元）

3. 差异原因

完全成本法下单位产品的固定制造费用=40/20 =2（元）

在完全成本法下，由于本期只有 2 件产品结转下期，则本期固定制造费用相应结转下期 2×2=4（元）。而在变动成本法下，固定制造费用属于期间费用，全部计入当期利润表，因此，完全成本法的利润就高于变动成本法的利润，即 4 元。

四、特点不同

两种成本计算方法的根本差异在于如何看待固定性制造费用。在完全成本法中，固定性制造费用由本期已销产品和期末未销产品共同负担，固定性制造费用是一种可以在将来换取收益的资产。它与直接材料、直接人工和变动性制造费用一起构成产品成本，从销售收入中得以补偿。在销量一定的情况下，产量越大，期末存货负担的固定性制造费用越大，已销产品负担的固定性制造费用越小，则企业的利润越大，即产量越大利润越高，强调了生产环节对企业利润的贡献。在变动成本法中，固定性制造费用属于期间成本，从本期收入中得以补偿，它是一种为取得收益而丧失的成本。所以销量越大，在期间成本一定的情况下，利润越大，强调了销售环节对企业利润的贡献。

五、对决策的影响不同

完全成本法下产量的波动会导致利润的波动，有时会达到令人无法忍受的程度，即当期增加销售不仅不会提高利润，反而会降低利润。也就是说，完全成本法下的成本信息不仅无助于正确的决策，有时可能导致错误的决策。变动成本法下，多销售可多获利润，可以销定产，增强成本信息的有用性，有利于短期决策。变动成本法广泛用于西方企业的内部管理，我国现在也有越来越多的企业采用变动成本法进行管理决策。

【例 2-7】某工厂生产的产品单位售价为 200 元，成本资料如表 2-4 所示。

表 2-4　某工厂成本资料（1）　　　　　单位：元

直接材料	60
直接人工	50
变动性制造费用	20
固定性制造费用	12 000
变动销售管理费用	2
固定销售管理费用	10 000

某工厂成本资料（2）　　　　　　单位：件

	第一年	第二年	第三年	第四年
产量	600	1 000	800	800
销量	600	800	800	1 000

由表可知，该工厂的产品单位成本如表 2-5 所示。

表 2-5　单位产品成本表

	完全成本法				变动成本法			
	第一年	第二年	第三年	第四年	第一年	第二年	第三年	第四年
产量（件）	600	1 000	800	800	600	1 000	800	800
销量（件）	600	800	800	1 000	600	800	800	1 000
直接材料（元）	60	60	60	60	60	60	60	60
直接人工（元）	50	50	50	50	50	50	50	50
变动性制造费用（元）	20	20	20	20	20	20	20	20
固定性制造费用（元）	20	12	15	15				
单位产品成本（元）（1）	150	142	145	145	130	130	130	130

该单位分别按照变动成本法和完全成本法计算的损益情况如表 2-6 和表 2-7 所示。

表 2-6　损益表（完全成本法）

	第一年	第二年	第三年	第四年
产量（件）	600	1 000	800	800
销量（件）（2）	600	800	800	1 000
期初存货成本	0	0	28 800	29 400
销售收入（2）×200	120 000	160 000	160 000	200 000

续表

	第一年	第二年	第三年	第四年
产品成本（1）×（2）	90 000	113 600	115 400	145 000
销售毛利	30 000	46 400	44 600	55 000
销售及管理费用				
变动销售及管理费用（2）×2	1 200	1 600	1 600	2 000
固定销售及管理费用	10 000	10 000	10 000	10 000
税前利润	18 800	34 800	33 000	43 000
期末存货成本	0	28 800	29 400	0

表 2-7　损益表（变动成本法）

	第一年	第二年	第三年	第四年
产量（件）	600	1 000	800	800
销量（件）（2）	600	800	800	1 000
期初存货成本	0	0	26 400	26 400
销售收入（2）×200	120 000	160 000	160 000	200 000
变动成本				
变动制造成本（2）×130	78 000	104 000	104 000	130 000
变动销售管理费（2）×2	1 200	1 600	1 600	2 000
边际贡献	40 800	54 400	54 400	68 000
固定成本				
固定性制造费用	12 000	12 000	12 000	12 000
固定性销售管理费	10 000	10 000	10 000	10 000
税前利润	18 800	32 400	32 400	46 000
期末存货成本	0	26 400	26 400	0

注：上述销售产品成本采用先进先出法。

　　下面我们对【例 2-7】的数据进行详细的对比分析。

（1）第一年，生产量=销售量，期初存货成本与期末存货成本为0，完全成本法和变动成本法所计算的税前利润相等。

（2）第二年，销售量<生产量，期末存货成本大于期初存货成本，完全成本法计算的所得税税前利润比变动成本法计算的所得税税前利润多2 400元，是由于固定性制造费用在变动成本下全部扣除，而在完全成本法下，把固定性制造费用分摊到1 000件中（每件分到12元），计算税前利润时只扣除了销售掉的800件所分摊到的9 600元（12元×800件），剩余的2 400元（12×200）则计入期末存货成本中，故而又造成了完全成本法计算的期末存货成本比变动成本法计算的期末存货成本高2 400元。

（3）第三年，生产量=销售量，完全成本法计算的所得税税前净利比变动成本法计算的所得税税前净利多600元，是由于出售的800件产品中有200件是存货，存货的单位固定性制造费用是142元，而当期的单位固定性制造费用是145元，差额600=（145-142）×200。并且，完全成本法计算所得期末存货成本大于变动成本法计算所得期末存货成本，只是因为完全成本法计算所得期末存货成本中包含了3 000元（15×200）的固定性制造费用。而完全成本法计算所得期末存货成本比期初存货成本多600元，其实是期初的存货中所包含的单位固定性制造费用是12元，而期末的存货中所包含的单位固定性制造费用是15元（见表2-5），差额为3元×200件=600元。

（4）第四年，销售量>生产量，完全成本法计算的所得税税前利润比变动成本法计算的所得税税前利润少3 000元，是由于完全成本法在计算利润时扣除存货成本中包含的3 000元（15×200）固定性制造费用。

通过上述分析可得到以下结论：

（1）变动成本法下的期末存货固定成本总额等于期初存货固定成本总额，两种成本计算确定的税前净利相等，如同第一年和第三年。

（2）变动成本法下的期末存货固定成本总额大于期初存货固定成本总额，则完全成本法确定的税前净利大于变动成本法计算的税前净利，如同第二年。

（3）变动成本法下的期末存货固定成本总额小于期初存货固定成本总额，则完全成本法确定的税前净利小于变动成本法计算的税前净利，如同第四年。

（4）从总体上看，由于四年的总产量等于总销量，第一年年初和第四年年末都没有存货，所以不论是用完全成本法还是用变动成本法计算，利润总和都是相等的。

以上四点也可用于检查实践中我们的计算是否正确。

注意：不能根据产量和销量的比较判断两种方法计算的利润之间的关系，这是很多初学者易犯的概念性错误。

第五节　变动成本法的优缺点及应用

一、变动成本法的优点

1. 能够促进企业重视销售，防止盲目生产

采用变动成本法计算利润，在销售单价、单位变动成本和产品销售结构水平不变的条件下，企业的营业利润直接与产品的销售量挂钩，随销售量呈同方向变动，即当某期销售量比上期增加时，营业利润也比上期增加；当某期销售量比上期减少时，营业利润也比上期减少；在一个比较长的时间内，当任意两期销售量相同时，营业利润也相同。因此，变动成本法可以促进企业管理部门以销定产，搞好销售，避免盲目生产。

2. 能够为企业管理部门进行预测和短期决策提供有用的信息

变动成本法所提供的变动成本信息能帮助企业管理部门深入进行经营前景预测、规划未来，如预测保本点，对目标利润、目标销售量等进行规划，编制弹性预算等。此外，在进行短期生产经营决策时，利用变动成本信息对各种方法进行边际贡献分析，有利于管理人员做出正确的经营决策。

3. 有利于企业加强成本控制和正确进行业绩评价

采用变动成本法，产品的变动生产成本不受固定成本的影响，因而变动生产成本的升降能够反映企业供应部门和生产部门的工作业绩，通过对变动生产成本事前制定合理的标准成本和建立弹性预算等日常控制，可以直接分析因成本控制工作的好坏而造成的成本升降的原因，并可与因产量变动所引起的成本升降清楚区分开来，正确评价企业各部门业绩的好坏。

4. 简化企业内部成本核算

采用变动成本法，把固定制造费用看作期间成本，从边际贡献下直接扣除，不需要在成本对象之间进行分配，从而大大简化了间接费用的分配过程，避免了间接费用分配中的主观随意性。

二、变动成本法的缺点

1. 变动成本法的产品成本观念不符合会计准则

按照会计准则，存货的成本应当包括固定制造费用成本。因为无论是变动成本还是固定成本，都是生产过程中企业资源的耗费，都应当是存货成本的一部分。

2. 改用变动成本法时会影响有关方面及时获得收益

如果从完全成本法改为变动成本法，就要将存货中的固定成本剔除，并作为当期费用处理，从而影响当期利润减少。这就延迟了所得税和股东分红。从长期来看，变动成本法和完全成本法计算的利润是一致的，但由于两种方法使得利润在各期分布不同，考虑到货币的时间价值，各方面利益受到了影响。

3. 变动成本法提供的资料不能充分满足决策的需要

无论是变动成本法还是完全成本法，都是关于过去经济活动的反映。企业的长期决策需要使用包括全部支出的成本资料，以判断每种产品能否以收抵支。而变动成本法不能提供这种资料，因而不能满足长期决策，尤其是长期定价决策的需要。

三、变动成本法的应用

采用变动成本法时，各成本费用科目要按变动费用和固定费用分别设置，即"变动制造费用""固定制造费用""变动销售费用""固定销售费用""变动管理费用""固定管理费用"等。与此同时，"生产成本"和"产成品"科目也要相应变化，即它们只记录存货的变动成本，而不包括固定成本。

【例 2-8】阳光服饰厂 2020 年 8 月的有关资料如下：

本期完工入库 A 系列服装 800 件，耗用直接材料 100 000 元，直接人工 30 000 元，变动制造费用 20 000 元，固定制造费用 10 000 元，变动销售费用和管理费用每件 20 元，固定销售和管理费用 40 000 元，期初存货

100 件，总成本为 18 000 元，其中含固定制造费用 2 000 元，本期销售产成品 500 件，单价为 300 元/件。

要求：分别在完全成本法和变动成本法下计算本月的生产成本、单位产品成本、本月已销产品的成本和本月利润。

完全成本法下：

（1）本月的生产成本＝100 000＋30 000＋20 000＋10 000＝160 000（元）

单位产品成本＝160 000/800＝200（元）

（2）本月已销产品的成本＝18 000＋（500-100）×200＝98 000（元）

（3）本月利润＝300×500-98 000-500×20-40 000＝2 000（元）

变动成本法下：

（1）本月的生产成本＝100 000＋30 000＋20 000＝150 000（元）

单位产品成本＝150 000/800＝187.5（元）

（2）本月已销产品的成本＝（18 000-2 000）＋（500-100）×187.5＝91 000（元）

（3）本月利润＝300×500-10 000-91 000-500×20-40 000＝-1 000（元）

【本章小结】

成本的内涵是指为了达到特定目的所失去或放弃的资源。

成本按其经济性质可分为劳动对象的耗费、劳动手段的耗费和活劳动的耗费；按经济用途可分为生产成本、销售费用、管理费用；按其转为费用的方式分为产品成本和期间成本；按其计入成本对象的方式分为直接成本、间接成本。

成本性态是指成本总额与业务活动之间的依存关系。成本按其性态可分为固定成本、变动成本和混合成本三大类。固定成本还可以根据其支出数是否受管理部门短期决策行为的影响，进一步分为约束性固定成本和酌量性固定成本。变动成本又可细分为设计变动成本和酌量性变动成本。混合成本可以细分为半变动成本、阶梯式成本、延期变动成本、曲线成本。

变动成本法是本章重点。按照变动成本，在计算产品成本时只包括变动成本，而不包括固定成本，固定成本作为期间成本在发生的当期全部直接转为费用，列作利润表的减项。

完全成本法将生产成本（包括变动成本和固定成本）全部计入产品

成本。

完全成本法和变动成本法的主要区别在于：产品成本构成内容不同；产成品和在产品存货估价的区别；盈亏计算的区别；特点不同；对决策的影响不同。

变动成本法是适合面向未来的需要，为加强企业的内部经营管理而产生的。它具有以下优点：能够促进企业重视销售，防止盲目生产；能提供企业管理部门进行预测和短期决策的有用信息；有利于企业加强成本控制和正确进行业绩评价；简化企业内部成本核算。但也存在诸如产品成本观念不符合会计准则、改用变动成本法时会影响有关方面及时获得收益、变动成本法提供的资料不能充分满足决策的需要等缺点。

在本章的学习中，要注意变动成本法与完全成本法的区别，更清晰地把握变动成本法的原理、思路和计算方法。

【思考题】

1. 什么是成本性态？成本按型态可以划分为哪几种类型？

2. 约束性固定成本和酌量性固定成本的区别？设计变动成本和酌量性变动成本的区别是什么？

3. 变动成本法和完全成本法有何不同？你认为在实际工作中应如何选择并进行相应的核算？

4. 在管理会计中哪些方面运用变动成本法？

5. 什么是相关范围？设定相关范围有何重要意义？

6. 变动成本法有哪些优缺点？

【案例】

材料同【例2-8】，阳光服装厂2020年8月的有关资料如下：

本期完工入库 A 系列服装800件，耗用直接材料100 000元，直接人工30 000元，变动制造费用20 000元，固定制造费用10 000元，变动销售费用和管理费用每件20元，固定销售和管理费用40 000元，期初存货100件，总成本为18 000元，其中含固定制造费用2 000元，本期销售产成品500件，单价为300元/件。

试分析阳光服装厂用两种方法计算出的本月利润产生差异的主要原

因。

提示：两种方法下，计算利润时得出的固定制造费用数值不一样。

在变动成本法下，把本月的固定制造费用 10 000 元作为本期的期间成本，在费用中全部扣除；

在完全成本法下，首先扣除上月存货中的固定制造费用 2 000 元，然后又扣除了本期销售的 400 件产品中的固定性制造费用 10 000/800×400=5 000（元），两者合计 7 000 元。

两者差额 10 000-7 000=3 000（元），正好等于 2 000-（-1 000）=3 000。

本案例同时证明了第四节中提到的结论：变动成本法下的期末存货固定成本总额大于期初存货固定成本总额，则完全成本法确定的税前净利大于变动成本法计算的税前净利。具体原因请同学们参看本章第四节的内容进行分析思考。

第三章 本量利分析

【引例】

　　王新是 ABC 制衣厂的厂长，他在进行生产经营决策时发现需要将成本、业务量、价格和利润结合起来分析。譬如说，在其他因素不变的情况下，单位成本提高 20%，利润将下降 6.67%；在其他因素不变的情况下，销售量提高 100%，利润将上升 133%；在其他因素不变的情况下，销售价格提高 10%，利润将上升 16.67%。王新猜想，这些因素之间一定存在某种规律性的数量关系。关于这些因素之间关系的研究在管理会计理论中称为本量利分析。本章主要内容就是讲述什么是本量利分析以及如何进行本量利分析。

第一节 本量利分析概述

一、本量利分析的基本含义

　　成本、业务量和利润是管理会计定量分析中最常用的三大指标。本—量—利分析（Cost-Volume-Profit analysis，以理简称 CVP 分析）是指在成本按其性态分类的基础上，运用数量化的模型或图示揭示固定成本、变动成本、业务量（产量或销售量）、销售单价和利润等变量之间的内在规律性关系的一种定量分析方法。早在 1904 年美国就已出现了 CVP 关系图的文字记载，1922 年哥伦比亚大学的一位教授提出了完整的保本分析理论。进入 20 世纪 50 年代以后，CVP 分析技术在西方会计实践中得到了广泛的应用。20 世纪 80 年代初，随着管理会计理论传入我国，本量利分析的方法在我国企业的预测、决策、计划和控制等方面也得到了广泛的应用。

二、本量利分析的基本假设

任何理论的成立都是建立在一定的假设基础之上的。本量利分析所建立和使用的模型或图式，是以下面的几个假设为前提条件的。

（一）成本性态和相关范围假设

本量利分析是建立在成本按其性态分类的基础上的。第二章已经讲过，按照成本对业务量的依存关系，可将企业的全部成本分为固定成本、变动成本等类型。但是这种分类有一个前提条件，就是某项成本究竟是固定的还是变动的都有其相关范围，即在一定的时间范围（某一特定区间）和空间范围（某一特定业务量水平）内，固定成本才具有固定性，超过相关范围则可能发生变化了。同样，对于变动成本而言，随业务量的变动而成正比例变动的特性也是在一定的相关范围内才能成立。因而只有在相关范围内，成本性态模型 $y=a+bx$ 才能成立。成本性态模型是本量利分析的基础和重要的模型，因此成本性态和相关范围也构成了本量利分析的一大基本假设。

（二）模型线性假设

这条假设可以说是前一条假设的派生和延续。具体而言可分为：

1. 固定成本不变假设

即在相关范围内，固定成本 a 是固定不变的'。在平面直角坐标系上，表现为原点上方的一条与横轴平行的直线。

2. 变动成本线性变动的假设

即在相关范围内，变动成本 bx 随业务量 x 的变动成正比例变动（其中 b 为单位变动成本，x 为业务量）。在平面直角坐标系上，表现为过原点的一条东北—西南走向的斜线，斜率就是单位变动成本。这一假设是由相关范围内单位变动成本不变的假设派生出来的。

3. 销售收入线性变动假设

即在相关范围内，销售收入随着业务量的变动而成正比例变动，即 $I=px$（其中，I 为销售收入变量，p 为销售单价，x 为业务量）。在平面直角坐标系上，也表现为过原点的一条东北—西南走向的斜线，斜率就是销售单价。销售单价也不是永远不变的，只有在一定的时间和空间范围内，才可将销售单价视为不变的常数。因此，这一假设也是由相关范围假设派生出来的。

（三）产销平衡假设

产量与销量相等也是本量利分析的一大假设。为了使分析更为简洁，避免产销不一致带来的销货成本和存货成本变动的复杂情况，本量利分析假设生产出来的产品总是可以全部销售出去，实现产销平衡，存货的数量则保持一定的水平不变。这一假设有助于将分析的焦点集中在成本、业务量和利润三个关键因素上面。

（四）品种结构稳定假设

如果生产产品的品种多于一种，则假定各种产品的销售收入在总销售收入中的比重不会发生变化。这是因为各个品种的产品的获利能力可能不一样，有的销售利润率高，有的销售利润率低。如果销售利润率高的产品占总销售收入的比重增大，则在其他条件不变的情况下，总的利润水平就会提高，反之则会下降。因此，为了排除品种结构变动带来的干扰，本量利分析假定各种产品的构成比例是稳定不变的。

（五）营业利润假设

在会计理论和实务中，利润有多种情况，如营业利润、息税前利润、利润总额、净利润等。本量利分析中考察的利润主要是营业利润，不考虑营业外收支和所得税对利润的影响。这是因为营业利润与成本、业务量的关系比较密切的缘故。

在上面五项基本假设的限定下，就可以建立简洁的本量利分析的数量模型或图形了。对于初学者而言，这是十分必要的，有利于理解本量利分析的基本原理。但是必须明确的是，实际工作中不能照搬本量利分析的现成公式和结论，应该逐一分析各项假设前提是否成立。如果假设条件不能满足，例如产销量不一致、品种结构发生变动、所得税率也发生了改变等，则应该调整和修正本量利分析的模型，使模型与实际情况相吻合。当然，这是进一步的要求了。

三、本量利分析的基本公式

本量利分析的基本公式就是成本、业务量和利润之间的基本数量模型，即：

利润=销售收入-固定成本-变动成本

销售收入=销售单价×销售数量

变动成本=单位变动成本×销售数量（因为假设产量与销量一致）

因此，利润=（销售单价-单位变动成本）×销售数量-固定成本。

假设销售单价为 p，销售数量为 x，单位变动成本为 b，固定成本为 a，利润为 P，则上式可以表达为：

$$P = px-bx-a = (p-b) x-a$$

这个公式就是本量利分析的基本公式。

【例 3-1】某企业生产甲产品，销售单价为 20 元，销售数量为 100 件，单位变动成本为 10 元，固定成本为 600 元。请计算该企业的营业利润。

由本量利分析的基本公式，可计算如下：

$$P = (p-b) x-a = (20-10)×100-600=1\,000-600=400（元）$$

四、贡献毛益及相关指标

贡献毛益（contribution margin）是本量利分析中一个十分重要的概念，是指销售收入扣除变动成本之后的余额，又称为边际贡献、边际利润、创利额、临界收益等。这一概念是指产品的销售收入扣除自身变动成本以后为企业所做的贡献。由于变动成本既包括产品变动成本，还包括期间变动成本，因此贡献毛益还可分为制造贡献毛益（即只扣除产品制造变动成本后的余额）和最终贡献毛益（即扣除了产品制造变动成本和产品期间变动成本之后的余额）。通常情况下贡献毛益是指最终贡献毛益，即扣除全部变动成本之后的余额。贡献毛益的表现方式有绝对数和相对数两种。

贡献毛益的绝对数又有单位贡献毛益（cm）和贡献毛益总额（Tcm，简称贡献毛益）两种。单位贡献毛益是指销售单价减去单位变动成本之后的余额。计算公式为：

单位贡献毛益（cm）=销售单价-单位变动成本=p-b

单位贡献毛益反映的是单位产品的贡献能力，即每增加销售一个产品可提供的创利额。

贡献毛益总额的计算公式为：

贡献毛益（Tcm）=销售收入-变动成本

$$=px-bx$$

$$=cm × x$$

将本量利分析的基本公式和贡献毛益的计算公式结合起来，可得出本量利分析的基本公式，又可表达为：

利润=贡献毛益-固定成本

　　　=Tcm-a

贡献毛益的相对数形式为贡献毛益率。贡献毛益率为贡献毛益总额占全部销售收入的百分比，或单位贡献毛益占销售单价的百分比。计算公式如下：

$$贡献毛益率=\frac{贡献毛益（Tcm）}{销售收入（px）}\times100\%$$

或

$$贡献毛益率=\frac{单位贡献毛益（cm）}{销售单价（p）}\times100\%$$

相对地，我们还可以计算变动成本率。变动成本率是变动成本总额占全部销售收入的百分比，或单位变动成本占销售单价的百分比。计算公式如下：

$$变动成本率=\frac{变动成本（bx）}{销售收入（px）}\times100\%$$

或

$$变动成本率=\frac{单位变动成本（b）}{销售单价（p）}\times100\%$$

由于贡献毛益与变动成本之和等于销售收入，故贡献毛益率与变动成本率的关系如下：

贡献毛益率+变动成本率=1

或

贡献毛益率=1-变动成本率

可见，贡献毛益率与变动成本率呈现此消彼长的关系，变动成本率高的企业，贡献毛益率必然低，反之则贡献毛益率必然高。因此，降低变动成本率是十分必要的。

【例3-2】某企业生产乙产品，销售单价为10元，销售数量为200件，单位变动成本为7元，固定成本为400元。请计算该企业的贡献毛益率和变动成本率。

由贡献毛益率和变动成本率的计算公式，可得：

$$\text{贡献毛益率}=\frac{\text{贡献毛益（Tcm）}}{\text{销售收入（px）}}\times100\%$$

$$=\frac{(10-7)\times200}{10\times200}\times100\%$$

$$=30\%$$

或

$$\text{贡献毛益率}=\frac{\text{单位贡献毛益（cm）}}{\text{销售单价（p）}}\times100\%$$

$$=\frac{10-7}{10}\times100\%$$

$$=30\%$$

$$\text{变动成本率}=\frac{\text{变动成本（bx）}}{\text{销售收入（px）}}\times100\%$$

$$=\frac{7\times200}{10\times200}\times100\%$$

$$=70\%$$

或

$$\text{变动成本率}=\frac{\text{单位变动成本（b）}}{\text{销售单价（p）}}\times100\%$$

$$=\frac{7}{10}\times100\%$$

$$=70\%$$

第二节　保本分析

一、保本分析的基本概念

所谓保本，是指企业生产经营达到不盈不亏、利润为零的状态。企业的贡献毛益大于零并不一定意味着企业能够保本经营，因为贡献毛益只是销售收入扣除了变动成本后的余额，还没有扣除固定成本。只有当销售收入既能弥补变动成本，又能弥补固定成本的时候，企业才能保本或者盈利。如果贡献毛益恰好与固定成本相等，则企业就处于不盈不亏的保本状态。保本分析就是研究当企业恰好处于保本状态时本量利关系的一种定量分析方法。保本分析是确定企业生产经营的安全程度以及进行保利分析的基础，又称为盈亏临界点分析、损益平衡分析、两平分析等。保本点的确定是保本分析的关键。

（一）保本点的确定

保本点（Break-Even Point，BEP）是指企业达到保本状态的业务量。在该业务量下，企业的销售收入与变动成本之差正好等于固定成本。在我国，保本点又称为盈亏临界点、盈亏平衡点、损益分界点等。单一品种的保本点有两种表现形式：保本点销售量和保本点销售额。前者简称为保本量，后者简称为保本额。在多品种条件下，由于各个品种的销售量不能直接相加，因此只有保本额一种表现形式。

（二）保本图

在本量利分析中，可以通过画图来直观地揭示成本、业务量和利润之间的相互关系。保本图（Break-Even Chart）是一种直观表现保本点确定过程的图示。它围绕保本点，将影响企业利润的有关因素及其相互关系集中在一张图上，通过这张图，可以清晰地看到各种因素的变动对保本点将产生怎样的影响。保本图有多种形式，主要有传统式、贡献毛益式和利量式三种。下面举例说明各种保本图的绘制。

1. 传统式保本图

【例 3-3】某企业生产丙产品，销售单价为 40 元，销售数量为 60 件，单位变动成本为 20 元，全年固定成本为 700 元。绘制保本图如图 3-1 所示。

其中，横轴表示销售量，纵轴表示成本和销售收入的金额。绘制程序如下：

（1）在表示销售量的横轴上选择 60 件，此时的销售收入为 2 400 元（40×60）。找到纵横交叉点（60，2 400），连接交叉点与原点的直线即为销售收入线。

（2）在纵轴上找到 700 元的截点，通过此点画与横轴平行的直线，即为固定成本线。

（3）在表示销售量的横轴上选择 60 件，此时销售总成本为 1 900 元（700+20×60），找到纵横交叉点（60，1 900），连接交叉点与固定成本在纵轴上的截点，这条直线即为总成本线。

（4）销售收入线与总成本线相交的点即为保本点 A（X_0，Y_0）。

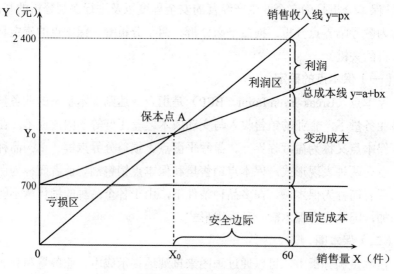

图 3-1 传统式保本图

传统式保本图又称为本量利式保本图。在保本点的左方，总成本线位于销售收入线的上方，表明销售收入不能弥补总的成本，企业处于亏损状态；在保本点的右方，总成本线位于销售收入线的下方，表明销售收入弥补了总成本后还有余额，企业处于盈利状态。

从保本图中可以看出，各因素之间有如下的相互关系：

（1）保本点不变时，销售量越大，利润越多，亏损越少；销售量越小，利润越少，亏损越多。

（2）销售量不变时，保本点越低，利润越多，亏损越少；保本点越高，利润越少，亏损越多。

（3）销售收入不变时，固定成本越大，或单位变动成本越大，保本点越高；固定成本越小，或单位变动成本越小，保本点越低。

2. 贡献毛益式保本图

与传统式保本图相比，贡献毛益式保本图的特点是在绘制了总成本线之外，还绘制了一条变动成本线。两条线之间垂直距离的长度就是固定成本的相应数值。贡献毛益式保本图如图 3-2 所示。

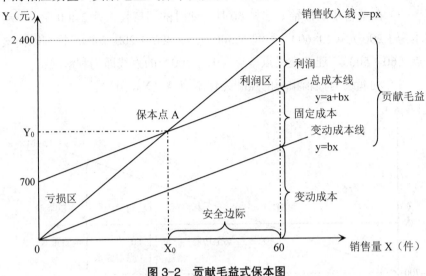

图 3-2 贡献毛益式保本图

与传统式保本图相同，横轴表示销售量，纵轴表示成本和销售收入的金额。绘制程序如下：

（1）在表示销售量的横轴上选择 60 件，此时销售收入为 2400 元。找到纵横交叉点（60，2 400），连接交叉点与原点的直线即为销售收入线。

（2）当销售量为 60 件时，按照变动成本的计算公式算得变动成本为 1 200 元（20×60），通过此点与原点画一条直线，即为变动成本线。

（3）在表示销售量的横轴上选择 60 件，此时销售总成本为 1 900 元，找到纵横交叉点（60，1 900），连接交叉点与固定成本在纵轴上的截点（0，700），这条直线即为总成本线。

（4）销售收入线与总成本线相交的点即为保本点 A（X_0，Y_0）。

绘制贡献毛益式保本图，可以更清晰地看到贡献毛益的形成过程。销售收入线与变动成本线之间的垂直距离即为贡献毛益。在保本点，贡献毛益恰好等于固定成本，超过保本点，贡献毛益大于固定成本，就形成了企业的利润。低于保本点，贡献毛益小于固定成本，就形成了企业的亏损。

3. 利量式保本图

利量式保本图的横轴仍然表示销售量，纵轴表示利润的金额，如图 3-3 所示。绘制程序如下：

（1）在纵轴上找出与固定成本相应的点（0，-700），并过此点画一条与横轴平行的直线；

（2）在销售量的横轴上选择 60 件，此时的销售收入为 2 400 元，变动成本为 1 200 元（20×60），利润为 500 元（2 400-1 200-700）。找到纵横交叉点（60，500），连接交叉点与点（0，-700）的直线即为利润线；

（3）利润线与横轴相交的点即为保本点 A（X_0，0）。

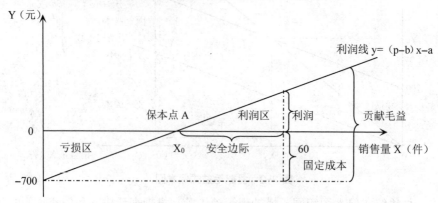

图 3-3　利量式保本图

在利量式保本图中，利润线与横轴的垂直距离即为企业的利润额，与固定成本线的垂直距离即为企业的贡献毛益额。同样可以看出，在保本点，贡献毛益恰好等于固定成本，在保本点的右边，贡献毛益大于固定成本，形成了企业的利润。在保本点的左边，贡献毛益小于固定成本，形成了企业的亏损。在其他条件不变的情况下，贡献毛益率越高，利润线的斜率也越大，产品的获利能力就越强。

二、单一产品保本点的计算

对于生产和销售单一产品的企业，保本点的计算方法通常有三种：图解法、基本等式法和贡献毛益法。

（一）图解法

图解法就是通过绘制保本图来确定保本点位置的方法。这种方法的优点是直观且容易理解；缺点是需要绘图，比较麻烦，结果可能不很准确。可以绘制传统式保本图、贡献毛益式保本图和利量式保本图等多种形式的图形。

【例 3-4】沿用例 3-3 的资料，采用图解法寻找保本点。

1. 传统式保本图

根据例 3-3 的资料，销售收入线的方程为：y=40x；总成本线的方程为：y=700+20x。如图 3-4 所示。

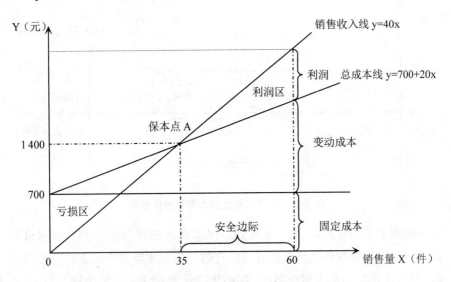

图 3-4　利用传统式保本图寻找保本点

2. 贡献毛益式保本图

根据例 3-3 的资料，变动成本线的方程为：y=20x。如图 3-5 所示。

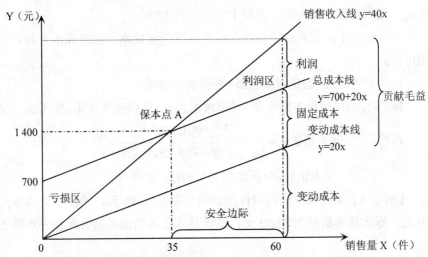

图 3-5　利用贡献毛益式保本图寻找保本点

3. 利量式保本图

根据例 3-3 的资料，利润线的方程为：$y=20x-700$。如图 3-6 所示。

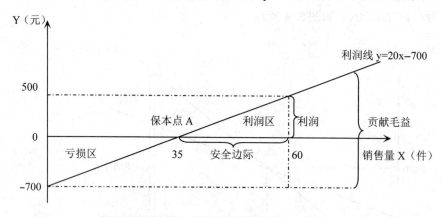

图 3-6　利用利量式保本图寻找保本点

由图 3-4、图 3-5、图 3-6 可知，保本点 A 的横坐标为 35，表示只有当丙产品的销售数量达到或超过 35 件时，企业才能处于保本或盈利的状态。从 3 个图的绘制还可以得出，在销售数量为 60 件时，销售收入为 1 400 元，企业的利润为 500 元。

（二）基本等式法

基本等式法是在本量利分析的基本计算公式的基础上，根据保本点的定义，先求出保本量，再求出保本额的一种方法。

在保本量下，企业的销售收入正好等于固定成本与变动成本之和。由此可得：

销售收入=固定成本总额+变动成本总额

即：销售单价×保本销售量=固定成本总额+单位变动成本×保本销售量

可得：

$$保本销售量=\frac{固定成本总额}{销售单价-单位变动成本}$$

保本销售额=保本销售量×销售单价

【例 3-5】某公司生产的每件服装销售单价为 80 元，单位变动成本为 40 元，固定成本总额为 8 000 元。试计算该公司的保本销售量和保本销售额。

将相关数据代入公式，可得：

$$保本销售量=\frac{固定成本总额}{销售单价-单位变动成本}$$

$$=\frac{8\ 000}{80-40}=200（件）$$

$$保本销售额=保本销售量×销售单价$$

$$=200×80=16\ 000（元）$$

可见，在基本公式法下，知道销售单价 p，单位变动成本 b，固定成本总额 a，就可以计算保本点的销售量和销售额。

（三）贡献毛益法

贡献毛益法是利用贡献毛益与业务量和利润之间的关系来计算保本量和保本额。由贡献毛益的定义可知，当企业处于保本状态时，贡献毛益与固定成本总额是相等的。即：

贡献毛益=固定成本总额

进而推得：

单位贡献毛益×保本销售量=固定成本总额

$$保本销售量=\frac{固定成本总额}{单位贡献毛益}$$

同样可得：

保本销售额=保本销售量×销售单价

$$由于\ 贡献毛益率=\frac{单位贡献毛益}{销售单价}×100\%$$

$$因此\ 保本销售额=\frac{固定成本总额}{贡献毛益率}$$

【例 3-6】某公司生产每件家具的销售单价为 5 000 元，单位变动成本为 3 000 元，固定成本总额为 100 000 元。试采用贡献毛益法计算该公司的保本销售量和保本销售额。

根据公式，可得：

单位贡献毛益=5 000-3 000=2 000（元）

$$贡献毛益率=\frac{单位贡献毛益}{销售单价}×100\%=\frac{2\ 000}{5\ 000}=40\%$$

$$保本销售量=\frac{固定成本总额}{单位贡献毛益}=\frac{100\,000}{2\,000}=50（件）$$

$$保本销售额=\frac{固定成本总额}{贡献毛益率}=\frac{100\,000}{40\%}=250\,000（元）$$

三、多种产品保本点的计算

实际生活中，大多数企业都生产经营多种产品。那么，应该如何计算多种产品的保本点呢？在多种产品的情况下，前面介绍的个别单一产品保本点计算方法就无法应用，因为不同品种产品的销售量不能直接相加，以销售量为横轴的保本图也不能应用，只能以销售收入的金额表示保本点。通常多种产品保本点的计算方法有综合法、联合单位法、主要品种法等。下面分别举例介绍这几种方法的使用。

（一）综合法

综合法是指先计算企业的综合贡献毛益率，再通过保本额、贡献毛益率与固定成本之间的相互关系来计算企业保本额的一种方法。在该种方法下，既可以只计算企业的综合保本额，又可以计算企业各种产品的保本量和保本额。根据计算综合贡献毛益率方法的不同，又可分为总额法和加权平均法两种。

1. 总额法

总额法是指根据企业全部产品创造的贡献毛益总额和销售收入总额之比来确定综合贡献毛益率的方法。计算公式如下：

$$综合贡献毛益率=\frac{贡献毛益总额}{销售收入总额}\times100\%=\frac{\sum Tcm}{\sum px}$$

$$综合保本额=\frac{固定成本总额}{综合贡献毛益率}$$

公式中的总额资料，既可以按照计划资料确定，又可以按照实际资料确定。当按照计划资料确定时，称为计划总额法；当按照实际资料确定时，称为实际总额法。不论采用哪一种方法，分子、分母的归属期必须一致。在总额法下，只计算企业的综合保本额，比较简单。

【例 3-7】利民制衣厂生产甲、乙、丙三种产品。预计 2020 年发生的全部固定成本为 38\,000 元。各种产品的预计产销量、销售单价、单位变动成本的资料如表 3-1 所示。请采用总额法计算该企业的综合贡献毛益率和综合保本销售额。

表 3-1 2020 年 12 月利民制衣厂各产品计划资料

产品名称	产销量（件）	销售单价（元）	单位变动成本（元）	销售收入（元）	变动成本总额（元）	贡献毛益（元）
甲产品	1 000	100	60	100 000	60 000	40 000
乙产品	800	80	50	64 000	40 000	24 000
丙产品	600	60	40	36 000	24 000	12 000
合计	—	—	—	200 000	124 000	76 000

根据资料计算如下：

$$综合贡献毛益率 = \frac{贡献毛益总额}{销售收入总额} \times 100\% = \frac{76\,000}{200\,000} \times 100\% = 38\%$$

$$综合保本额 = \frac{固定成本总额}{综合贡献毛益率} = \frac{38\,000}{38\%} = 100\,000（元）$$

2. 加权平均法

加权平均法是先计算每一种产品的贡献毛益率，再对各种产品的贡献毛益率按照各种产品的销售额占全部销售额的比重进行加权平均，计算综合贡献毛益率的方法。计算公式如下：

$$某种产品的贡献毛益率 = \frac{该产品的贡献毛益}{该产品的销售收入} \times 100\% = \frac{Tcm_i}{px_i}$$

$$综合贡献毛益率 = \sum（某种产品的贡献毛益率 \times 该产品的销售额比重）$$

$$综合保本额 = \frac{固定成本总额}{综合贡献毛益率}$$

仍根据例 3-7 的资料，计算如下：

$$\frac{甲产品的}{贡献毛益率} = \frac{甲产品的贡献毛益}{甲产品的销售收入} \times 100\% = \frac{40\,000}{100\,000} \times 100\% = 40\%$$

$$甲产品的销售额比重 = \frac{100\,000}{200\,000} \times 100\% = 50\%$$

$$乙产品的贡献毛益率=\frac{乙产品的贡献毛益}{乙产品的销售收入}\times100\%=\frac{24\ 000}{64\ 000}\times100\%=37.5\%$$

$$乙产品的销售额比重=\frac{64\ 000}{200\ 000}\times100\%=32\%$$

$$丙产品的贡献毛益率=\frac{丙产品的贡献毛益}{丙产品的销售收入}\times100\%=\frac{12\ 000}{36\ 000}\times100\%=33.33\%$$

$$丙产品的销售额比重=\frac{36\ 000}{200\ 000}\times100\%=18\%$$

$$综合贡献毛益率=\sum(某种产品的贡献毛益率\times该产品的销售额比重)$$
$$=40\%\times50\%+37.5\%\times32\%+33.33\%\times18\%$$
$$=38\%$$

$$综合保本额=\frac{固定成本总额}{综合贡献毛益率}=\frac{38\ 000}{38\%}=100\ 000（元）$$

还可以进一步求得各种产品的保本额和保本量，计算如下：

甲产品保本额=综合保本额×甲产品的销售额比重
$$=100\ 000\times50\%=50\ 000（元）$$

$$甲产品保本量=\frac{甲产品保本额}{甲产品销售单价}=\frac{50\ 000}{100}=500（件）$$

乙产品保本额=综合保本额×乙产品的销售额比重
$$=100\ 000\times32\%=32\ 000（元）$$

$$乙产品保本量=\frac{乙产品保本额}{乙产品销售单价}=\frac{32\ 000}{80}=400（件）$$

丙产品保本额=综合保本额×丙产品的销售额比重
$$=100\ 000\times18\%=18\ 000（元）$$

$$丙产品保本量=\frac{丙产品保本额}{丙产品销售单价}=\frac{18\ 000}{60}=300（件）$$

甲、乙、丙三种产品的贡献毛益率分别是40%、37.5%和33.33%。因此，在其他条件不变的情况下，为了提高综合贡献毛益率，就需要增加贡献毛益率高的产品的销售额比重，降低贡献毛益率低的产品的销售额比重，从而达到最终降低综合保本额的目的。

假定例 3-7 中各种产品的销售额比重调整为 55%、40% 和 5%，其他条件不变，则综合贡献毛益率和综合保本额都将发生改变，计算如下：

$$综合贡献毛益率 = \sum（某种产品的贡献毛益率 \times 该产品的销售额比重）$$
$$= 40\% \times 55\% + 37.5\% \times 40\% + 33.33\% \times 5\%$$
$$= 38.67\%$$

$$综合保本额 = \frac{固定成本总额}{综合贡献毛益率} = \frac{38\ 000}{38.67\%} = 98\ 267.39（元）$$

可以看出，提高贡献毛益率高的产品的销售额比重后，综合贡献毛益率有所上升，综合保本额有所下降。

（二）联合单位法

联合单位法的应用前提是各品种之间存在相对稳定的产销量比例关系。在掌握了各品种之间的稳定产销量比例关系的基础上，确定每一个联合单位的销售单价和单位变动成本，进而计算联合保本量和联合保本额的一种方法。

比如，企业生产销售的产品为 A、B、C 三种，销量比为 1:2:3，则一个联合单位就由一个 A 产品、两个 B 产品和三个 C 产品组成。其中，A 产品为标准产品，以 A 产品为标准可以计算出联合单位的联合单价和联合单位变动成本，进而计算出联合单位的贡献毛益，再根据保本额、贡献毛益与固定成本之间的关系求出联合保本额和联合保本量。

$$联合保本量 = \frac{固定成本总额}{单位联合贡献毛益}$$

联合保本额 = 联合单价 × 联合保本量

某产品保本量 = 联合保本量 × 该产品销量比

某产品保本额 = 该产品保本量 × 该产品销售单价

【例 3-8】枫叶服装厂生产帽子、衬衫、鞋子三种产品。2020 年发生的全部固定成本为 57 000 元。各种产品的产销量、销售单价、单位变动成本的资料如表 3-2 所示。请采用联合单位法计算该企业的联合保本量和联合保本额，以及各种产品的保本量和保本额。

表 3-2　2020 年 12 月枫叶服装厂各产品资料

产品名称	产销量	销售单价（元）	单位变动成本（元）	销售收入（元）	变动成本总额（元）	贡献毛益（元）
帽子（顶）	1 000	30	21	30 000	21 000	9 000
衬衫（件）	3 000	50	35	150 000	105 000	45 000
鞋子（双）	2 000	60	30	120 000	60 000	60 000
合计	—	—	—	300 000	186 000	114 000

首先确定各种产品的销量比：

帽子:衬衫:鞋子=1:3:2

联合单价=30×1+50×3+60×2=300（元/联合单位）

联合单位变动成本=21×1+35×3+30×2=186（元/联合单位）

$$联合保本量=\frac{固定成本总额}{单位联合贡献毛益}=\frac{57\ 000}{300-186}=\frac{57\ 000}{114}=500（联合单位）$$

联合保本额=联合单价×联合保本量=300×500=150 000（元）

再计算各种产品的保本量和保本额：

帽子保本量=500×1=500（顶）

衬衫保本量=500×3=1 500（件）

鞋子保本量=500×2=1 000（双）

帽子保本额=帽子单价×帽子保本量=30×500=15 000（元）

衬衫保本额=衬衫单价×衬衫保本量=50×1 500=75 000（元）

鞋子保本额=鞋子单价×鞋子保本量=60×1 000=60 000（元）

（三）主要品种法

如果企业生产经营的多个产品中，有一种产品提供的贡献毛益在全部贡献毛益中所占的比例很大，相比而言其他产品提供的贡献毛益所占的比重很小，则该产品就可以认定为主要品种。主要品种法就是通过确定企业的主要生产品种，根据该品种的资料进行保本分析的一种方法。

这种方法的依据是既然主要品种提供了大部分的贡献毛益，那么固定成本也应该主要由该主要品种负担。由于其他品种所占比例较小，误差可以忽略不计。

确定主要品种的依据是贡献毛益额的大小。主要品种只能是一个品种。

【例 3-9】某企业生产甲、乙、丙三种产品。2020 年发生的全部固定成本为 10 000 元。各种产品的产销量、销售单价、单位变动成本的资料如表 3-3 所示。请采用主要品种法计算该企业的保本额。

表 3-3 2020 年 12 月某企业各产品资料

产品名称	产销量（件）	销售单价（元）	单位变动成本（元）	销售收入（元）	变动成本总额（元）	贡献毛益（元）
甲产品	100	10	7	1 000	700	300
乙产品	200	20	15	4 000	3 000	1 000
丙产品	500	60	30	30 000	15 000	15 000
合计	—	—	—	35 000	18 700	16 300

显然，在全部产品中，丙产品的贡献毛益额最大，为 15 000 元，占全部贡献毛益总额的 92.02%，因此应该作为该企业的主要品种。

$$丙产品的贡献毛益率 = \frac{丙产品的贡献毛益}{丙产品的销售收入} \times 100\% = \frac{15\ 000}{30\ 000} \times 100\% = 50\%$$

$$该企业的保本额 = \frac{固定成本总额}{丙产品的贡献毛益率} = \frac{10\ 000}{50\%} = 20\ 000（元）$$

以上介绍了多种产品保本点的三种计算方法：综合法、联合单位法和主要品种法。各种方法都有自己的适用条件，如联合单位法需要各品种之间存在相对稳定的产销量比例关系，主要品种法需要品种主次分明等。在实际工作中，应该根据具体情况，选择适合本企业特点的计算方法进行保本分析。

四、与保本点相关的指标

有一些指标与保本点有较密切的关系，这些指标包括：保本作业率、安全边际、危险边际和销售利润率。下面分别加以介绍。

（一）保本作业率

保本作业率是指企业保本点的销售量与企业正常开工完成的销售量的比例。这个指标表示企业要达到保本状态时，其生产的开工率必须达到的水平。这个指标越低，表明企业的获利能力越大，反之则表明企业的获利能力越小。

保本作业率的计算公式如下：

$$保本作业率=\frac{保本销售量}{企业正常开工的销售量}\times100\%$$

【例3-10】某企业保本销售量为10 000件，正常开工完成的销售量为12 500件，则：

$$保本作业率=\frac{保本销售量}{企业正常开工的销售量}\times100\%=\frac{10\ 000}{12\ 500}\times100\%=80\%$$

计算结果说明，该企业的开工率要达到80%以上才能够保本，否则就会发生亏损。

（二）安全边际

安全边际是指现有的销售量（额）超过保本销售量（额）的差额，即保本点以上的销售水平。差额越大，说明企业发生亏损的可能性越小，企业的生产经营越安全。安全边际是衡量企业生产经营安全程度的重要指标。安全边际有绝对数和相对数两种表示方法。绝对数的计算公式为：

安全边际=现有（或预计的）销售量（额）-保本点的销售量（额）

安全边际用相对数表示为安全边际率，是安全边际与现有（或预计的）销售量（额）相除得到的比率。计算公式如下：

$$安全边际率=\frac{安全边际量（额）}{现有（或预计的）销售量（额）}\times100\%$$

【例3-11】沿用例3-10的资料，该企业的安全边际与安全边际率的计算如下：

安全边际=现有（或预计的）销售量（额）-保本点的销售量（额）

=12 500-10 000=2 500（件）

$$安全边际率=\frac{安全边际量（额）}{现有（或预计的）销售量（额）}\times100\%$$

$$=\frac{2\ 500}{12\ 500}\times100\%=20\%$$

通常安全边际率越大，企业的生产经营就越安全。企业经营安全的参考标准如表3-4所示。

表 3-4　企业经营安全性标准表

安全边际率	10%以下	10%—20%	20%—30%	30%—40%	40%以上
安全程度	危险	值得注意	比较安全	安全	非常安全

（三）危险边际

与安全边际相反，危险边际是指保本点的销售量（额）超过正常或现有销售量（额）的部分。该指标越大，说明企业的生产经营越危险，企业的亏损越大。与安全边际相似，该指标也有绝对数和相对数两种表示方法。绝对数的计算公式为：

危险边际= 保本点的销售量（额）-正常（或现有的）销售量（额）

危险边际用相对数表示为危险边际率，是危险边际与保本点的销售量（额）相除得到的比率。计算公式如下：

$$危险边际率=\frac{危险边际量（额）}{保本点的销售量（额）}\times100\%$$

【例 3-12】某企业的保本销售量为 20 000 件，而正常的销售量只有 16000 件。危险边际与危险边际率的计算如下：

危险边际=保本点的销售量-正常销售量

$$=20\ 000-16\ 000=4\ 000（件）$$

$$危险边际率=\frac{危险边际量（额）}{保本点的销售量（额）}\times100\%$$

$$=\frac{4\ 000}{20\ 000}\times100\%=20\%$$

（四）销售利润率

由营业利润的计算公式，可得：

利润=销售收入-变动成本总额-固定成本总额

　　=销售单价×销售数量-单位变动成本×销售数量-固定成本总额

　　=单位贡献毛益×销售数量-固定成本总额

由于销售数量=保本点的销售量+安全边际量，代入上式，得：

利润=单位贡献毛益×（保本点的销售量+安全边际量）-固定成本总额

由于单位贡献毛益×保本点的销售量=固定成本总额

因此，可得：

利润=单位贡献毛益×安全边际量

或者：

利润=单位贡献毛益率×安全边际额

上式两边同时除以销售收入，得到：

销售利润率=单位贡献毛益率×安全边际率

当企业处于保本状态时，安全边际率为0，销售利润率也为0。

【例 3-13】某企业的单位贡献毛益率为30%，安全边际率为20%。计算该企业的销售利润率如下：

销售利润率=单位贡献毛益率×安全边际率=30%×20%=6%

五、产销不平衡对保本点的影响

在第一节本量利分析概述中讲述了本量利分析的基本假设，其中产销平衡假设是指生产出来的产品全部销售出去，产销平衡，存货的数量保持一定的水平不变。然而现实生活中产销量往往是不相等的。产销量不相等会对保本点的确定造成影响。这主要是由于企业对外提供的利润表采用全部成本法而不是制造成本法编制，当期发生的固定成本并不全部计入当期的产品销售成本，期末的库存产品还要分担一部分当期的固定成本。因此，如果产销量不平衡就会对保本点的确定产生一定的影响。此时计算保本销售量时分子固定成本总额必须按照销售产品分摊的固定成本份额来计算，同样，分母贡献毛益总额也只能用销售收入减去销售产品所负担的变动成本来求得。下面举例加以说明。

【例 3-14】假设某企业只生产和销售一种产品，2020 年该企业生产了10 000 件产品，实际销售出去 9 000 件，剩余 1 000 件没有销售出去，导致期末库存增加了 1 000 件存货。2020 年全年该企业的固定成本为 20 000 元，每件产品的变动成本为 4 元，应分摊的固定成本为 2 元（20 000/10 000），销售单价为 10 元。为简便起见，假设该企业 2020 年初的 1 000 件产品中每件产品所分摊的固定成本和变动成本也分别为 2 元和 4 元。期间费用的固定成本部分为 10 000 元，变动成本部分为每销售一件产品 0.2 元。该企业按照完全成本法编制的利润表如表 3-5 所示。

表 3-5　利润表　　　　　　　　　　　　单位：元

产品销售收入（9 000×10）	90 000
产品生产成本（10 000 件）：	
固定成本	20 000
变动成本（每件 4 元）	40 000
合计	60 000
减：期末增加的产成品应负担的生产成本	
固定成本（1 000×2）	2 000
变动成本（1 000×4）	4 000
合计	6 000
产品销售成本	54 000
产品销售毛利	36 000
减：期间费用	
固定成本	10 000
变动成本（9 000×0.2）	1 800
合计	11 800
营业利润	24 200

按照利润表，计算保本销售量和保本销售额如下：

$$保本销售量=\frac{当期由销售产品分摊的固定成本}{销售产品的单位贡献毛益}=\frac{20\ 000-2\ 000+10\ 000}{10-4-0.2}$$

$$=4\ 827.59（件）$$

保本销售额=保本销售量×销售单价=4 827.59×10=48 275.9（元）

如果本期销售了 11 000 件，也就是说除了本期生产的 10 000 件产品之外，还销售了 1 000 件期初存货，则计算保本销售量和保本销售额如下：

$$保本销售量=\frac{当期由销售产品分摊的固定成本}{销售产品的单位贡献毛益}=\frac{20\ 000+2\ 000+10\ 000}{10-4-0.2}$$

$$=5\ 517.24（件）$$

保本销售额=保本销售量×销售单价=5517.24×10=55 172.4（元）

第三节 保利分析

一、保利分析的基本概念

保本分析是研究企业在何种销售量或销售额下才能保本经营，即处于利润为零、不盈不亏的状态，然而企业不会只满足于不亏损，而是要尽可能多地获得利润。通常企业会设定一个目标利润，然后为之而努力。保利分析就是在确定了企业计划要达到的目标利润之后，对成本、业务量和利润之间关系的分析。保利分析是保本分析的延伸和扩展。在进行保利分析时，应首先确定企业计划要达到的目标利润，然后再计算保利点的销售量和销售额。

（一）目标利润的确定

所谓目标利润是指企业根据未来期间内的实际生产能力、生产技术条件、材料供应情况、交通运输条件以及市场环境等因素确定的合理利润。目标利润的确定需要经过周密和谨慎的调查研究，搜集相关数据资料，了解当前同行业的平均利润水平，经过反复测算、调整和验证后才能确定。

（二）保利点的确定

保利点是指在销售单价和成本水平既定的情况下，为确保预先确定的目标利润能够实现而应该达到的销售量和销售额的统称。单一品种的保利点有两种表现形式：保利销售量和保利销售额。前者简称为保利量，后者简称为保利额。在多品种条件下，由于各个品种的销售量不能直接相加，因此只有保利额一种表现形式。

（三）保利图

此处介绍利量式保利图，如图 3-7 所示。与利量式保利图相似，横轴仍然表示销售量，纵轴表示利润的金额。绘制程序如下：

（1）在纵轴上找出与固定成本相应的点（0，-a），并过此点画一条与横轴平行的直线。

（2）由利润线方程可知，当 y=0 时，x=$\dfrac{a}{p-b}$，此即保本点 A（$\dfrac{a}{p-b}$，0）。连接 A 点与点（0，-a）的直线即为利润线。

（3）在纵轴上找出与目标利润相应的点（0，Y_p），并过此点画一条与横轴平行的直线与利润线相交，交点 B 即为保利点（X_p，Y_p）。

由利量式保利图中，可以看出，在保利点的右边，企业的实际利润大于目标利润；在保利点的左边，企业的实际利润小于目标利润。在其他条件不变的情况下，贡献毛益率越高，利润线的斜率也越高，产品的保本点和保利点越低，获利能力也越强。

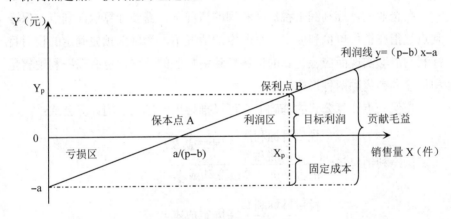

图 3-7 利量式保利图

二、单一产品保利点的计算

（一）保利点的计算

由于：目标利润=（销售单价-单位变动成本）×销售量-固定成本

可推得：

$$保利销售量=\frac{目标利润+固定成本}{销售单价-单位变动成本}=\frac{目标利润+固定成本}{单位贡献毛益}$$

$$保利销售额=\frac{目标利润+固定成本}{贡献毛益率}=保利销售量×销售单价$$

【例 3-15】某企业生产 A 产品，该年生产能力为 12 000 件产品。产品的销售单价为 20 元/件，单位变动成本为 10 元/件，固定成本为 60 000 元。

假设该年企业的目标利润为 40 000 元，请计算该企业当年的保利销售量和保利销售额。

根据计算公式，计算如下：

$$保利销售量=\frac{目标利润+固定成本}{销售单价-单位变动成本}=\frac{40\,000+60\,000}{20-10}=10\,000（件）$$

保利销售额=保利销售量×销售单价=10 000×20=200 000（元）

因此，企业的销售量达到 10 000 件或者销售额达到 200 000 元时，能够实现 40 000 元的目标利润。

（二）保净利点的计算

在企业的目标利润是税后净利润的情况下，需要计算保净利点。保净利点是指在销售单价和成本水平既定的情况下，为确保预先确定的税后目标利润能够实现而应该达到的销售量和销售额的统称，也有保净利销售量和保净利销售额两种形式。

在保利点计算公式的基础上，可以推导出保净利点的计算公式：

$$保净利销售量=\frac{\dfrac{税后目标利润}{1-所得税税率}+固定成本}{销售单价-单位变动成本}$$

$$=\frac{\dfrac{税后目标利润}{1-所得税税率}+固定成本}{单位贡献毛益}$$

$$保净利销售额=\frac{\dfrac{税后目标利润}{1-所得税税率}+固定成本}{贡献毛益率}=保净利销售量×销售单价$$

【例 3-16】仍沿用例 3-15 的资料。假设该年企业的税后目标利润为 40 000 元，适用的企业所得税率为 20%，试计算该企业当年的保净利销售量和保净利销售额。

按照相关公式计算如下：

$$保净利销售量=\frac{\dfrac{税后目标利润}{1-所得税税率}+固定成本}{销售单价-单位变动成本}=\frac{\dfrac{40\,000}{1-20\%}+60\,000}{20-10}$$

$$=11\,000（件）$$

保净利销售额=保净利销售量×销售单价=11 000×20=220 000（元）

三、多种产品保利点的计算

与保本点的计算相似，在多种产品的情况下，不同品种产品的销售量不能直接相加，而只能以销售收入的金额表示保利点，因此不能直接使用单一产品保利点的计算方法。多种产品保利点的计算方法也有综合法、联合单位法、主要品种法等类型。下面分别举例介绍这几种方法的使用。

（一）综合法

在综合法下，先计算企业的综合贡献毛益率，再通过保利额、贡献毛益率与固定成本之间的相互关系来计算企业的保利额。在这种方法下，既可以只计算企业的综合保利额，又可以计算企业各种产品的保利销售量和保利销售额。根据计算综合贡献毛益率方法的不同，又可分为总额法和加权平均法两种。

1. 总额法

在总额法下，综合保利额的计算公式如下：

$$综合保利额=\frac{固定成本总额+目标利润}{综合贡献毛益率}$$

与保本点的计算相类似，在总额法下，只计算企业的综合保利额，比较简单。

【例 3-17】欣欣食品厂生产甲、乙、丙三种产品。2020 年发生的全部固定成本为 5 000 元。各种产品的产销量、销售单价、单位变动成本的资料如表 3-6 所示。假设目标利润为 5 000 元，请采用总额法计算该企业的综合贡献毛益率和综合保利销售额。

表 3-6　欣欣食品厂各产品资料

产品名称	产销量（件）	销售单价（元）	单位变动成本（元）	销售收入（元）	变动成本总额（元）	贡献毛益（元）
甲产品	200	50	33	10 000	6 600	3 400
乙产品	100	40	27	4 000	2 700	1 300
丙产品	300	30	15	9 000	4 500	4 500
合计	—	—	—	23 000	13 800	9 200

根据资料计算如下：

$$综合贡献毛益率 = \frac{贡献毛益总额}{销售收入总额} \times 100\% = \frac{9\,200}{23\,000} \times 100\% = 40\%$$

$$综合保利额 = \frac{固定成本总额 + 目标利润}{综合贡献毛益率} = \frac{5\,000 + 5\,000}{40\%} = 25\,000（元）$$

2. 加权平均法

在加权平均法下，综合保利额的计算公式如下：

$$某种产品的贡献毛益率 = \frac{该产品的贡献毛益}{该产品的销售收入} \times 100\% = \frac{Tcm_i}{px_i}$$

$$综合贡献毛益率 = \sum（某种产品的贡献毛益率 \times 该产品的销售额比重）$$

$$综合保利额 = \frac{固定成本总额 + 目标利润}{综合贡献毛益率}$$

仍根据例 3-17 的资料，计算如下：

$$甲产品的贡献毛益率 = \frac{甲产品的贡献毛益}{甲产品的销售收入} \times 100\% = \frac{3\,400}{10\,000} \times 100\% = 34\%$$

$$甲产品的销售额比重 = \frac{10\,000}{23\,000} \times 100\% = 43.48\%$$

$$乙产品的贡献毛益率 = \frac{乙产品的贡献毛益}{乙产品的销售收入} \times 100\% = \frac{1\,300}{4\,000} \times 100\%$$
$$= 32.5\%$$

$$乙产品的销售额比重 = \frac{4\,000}{23\,000} \times 100\% = 17.39\%$$

$$丙产品的贡献毛益率 = \frac{丙产品的贡献毛益}{丙产品的销售收入} \times 100\% = \frac{4\,500}{9\,000} \times 100\% = 50\%$$

$$丙产品的销售额比重 = \frac{9\,000}{23\,000} \times 100\% = 39.13\%$$

$$综合贡献毛益率 = \sum（某种产品的贡献毛益率 \times 该产品的销售额比重）$$
$$= 34\% \times 43.48\% + 32.5\% \times 17.39\% + 50\% \times 39.13\%$$
$$= 40\%$$

$$综合保利额=\frac{固定成本总额+目标利润}{综合贡献毛益率}=\frac{5\,000+5\,000}{40\%}=25\,000（元）$$

还可以进一步求得各种产品的保利额和保利量，计算如下：

甲产品保利额=综合保利额×甲产品的销售额比重

$$=25\,000×43.48\%=10\,870（元）$$

$$甲产品保利量=\frac{甲产品保本额}{甲产品销售单价}=\frac{10\,870}{50}=217.4（件）$$

乙产品保利额=综合保利额×乙产品的销售额比重

$$=25\,000×17.39\%=4\,347.5（元）$$

$$乙产品保利量=\frac{乙产品保本额}{乙产品销售单价}=\frac{4\,347.5}{40}=108.69（件）$$

丙产品保利额=综合保利额×丙产品的销售额比重

$$=25\,000×39.13\%=9\,782.5（元）$$

$$丙产品保利量=\frac{丙产品保本额}{丙产品销售单价}=\frac{9\,782.5}{30}=326.08（件）$$

　　类似地，也可以通过调整品种结构来提高综合贡献毛益率，降低综合保利额。甲、乙、丙三种产品的贡献毛益率分别是34%、32.5%和50%。因此，在其他条件不变的情况下，为了提高综合贡献毛益率，就需要增加贡献毛益率高的产品的销售额比重，降低贡献毛益率低的产品的销售额比重。

　　假定例3-17中各种产品的销售额比重调整为45%、10%和45%，其他条件不变，则综合贡献毛益率和综合保利额都将发生改变，计算如下：

$$综合贡献毛益率=\sum（某种产品的贡献毛益率×该产品的销售额比重）$$

$$=34\%×45\%+32.5\%×10\%+50\%×45\%$$

$$=41.05\%$$

$$综合保利额=\frac{固定成本总额+目标利润}{综合贡献毛益率}=\frac{5\,000+5\,000}{41.05\%}=24\,360.54（元）$$

　　可以看出，提高贡献毛益率高的产品的销售额比重后，综合贡献毛益率有所上升，综合保利额有所下降。

（二）联合单位法

在联合单位法下，需要先确定每一个联合单位的销售单价以及单位变动成本，再计算联合保利量和联合保利额。

$$联合保利量=\frac{固定成本总额+目标利润}{单位联合贡献毛益}$$

联合保利额=联合单价×联合保利量

某产品保利量=联合保利量×该产品销量比

某产品保利额=该产品保利量×该产品销售单价

【例3-18】华茂服装厂生产休闲装、工装和童装三种产品。2020年发生的全部固定成本为51 000元，目标利润为30 000元。各种产品的产销量、销售单价、单位变动成本的资料如表3-7所示。请采用联合单位法计算该企业的联合保利量和联合保利额，以及各种产品的保利量和保利额。

表3-7　2020年12月华茂服装厂各产品资料

产品名称	产销量	销售单价（元）	单位变动成本（元）	销售收入（元）	变动成本总额（元）	贡献毛益（元）
休闲装（件）	15 000	100	60	1 500 000	900 000	600 000
工装（件）	5 000	200	100	1 000 000	500 000	500 000
童装（件）	10 000	50	25	500 000	250 000	250 000
合计	—	—	—	3 000 000	1 650 000	135 000

首先确定各种产品的销量比：

休闲装:工装:童装=3:1:2

联合单价=100×3+200×1+50×2=600（元/联合单位）

联合单位变动成本=60×3+100×1+25×2=330（元/联合单位）

$$联合保利量=\frac{固定成本总额+目标利润}{单位联合贡献毛益}=\frac{51\ 000+30\ 000}{600-330}=\frac{81\ 000}{270}$$

$$=300（联合单位）$$

联合保利额=联合单价×联合保利量=600×300=180 000（元）

再计算各种产品的保利量和保利额：

休闲装保利量=300×3=900（件）

工装保利量=300×1=300（件）

童装保利量=300×2=600（件）

休闲装保利额=休闲装单价×休闲装保利量=100×900=90 000（元）

工装保利额=工装单价×工装保利量=200×300=60 000（元）

童装保利额=童装单价×童装保利量=50×600=30 000（元）

（三）主要品种法

在主要品种法下，需要先确定企业的主要生产品种，再根据该品种的资料进行保利分析。

【例 3-19】 某企业生产甲、乙、丙三种产品。2020 年发生的全部固定成本为 30 000 元，目标利润为 50 000 元。各种产品的产销量、销售单价、单位变动成本的资料如表 3-8 所示。请采用主要品种法计算该企业的保利额。

表 3-8　2020 年 12 月某企业各产品资料

产品名称	产销量（件）	销售单价（元）	单位变动成本（元）	销售收入（元）	变动成本总额（元）	贡献毛益（元）
甲产品	80	100	70	8 000	5 600	2 400
乙产品	100	120	80	12 000	8 000	4 000
丙产品	300	500	300	150 000	90 000	60 000
合计	—	—	—	170 000	103 600	66 400

显然，在全部产品中，丙产品的贡献毛益额最大，为 60 000 元，占全部贡献毛益总额的 90.36%，因此应该作为该企业的主要品种。

$$丙产品的贡献毛益率=\frac{丙产品的贡献毛益}{丙产品的销售收入}×100\%$$

$$=\frac{60\,000}{150\,000}×100\%=40\%$$

$$该企业的保利额=\frac{固定成本总额+目标利润}{丙产品的贡献毛益率}=\frac{30\,000+50\,000}{40\%}$$

$$=200\,000（元）$$

第四节 敏感性分析

一、敏感性分析概述

敏感性分析就是探讨相关因素变动对关键性数量指标影响程度的一种技术分析方法。在进行预测和决策分析的时候，必须依据一定的关键性数量指标。而这些关键性数量指标又受多种因素的影响，例如在前面的保本分析和保利分析中，销售单价、业务量、单位变动成本、固定成本等因素对保本点和保利点的确定都产生了影响。在一定条件下，关键指标受各种因素影响的敏感程度不同，敏感性分析就是反应敏感程度的指标，称为敏感系数。其计算公式为：

$$敏感系数 = \frac{目标值变动百分比}{因素值变动百分比}$$

对敏感性高（即变化幅度大）的因素应该予以高度重视，对敏感性低（即变化幅度小）的因素则不必作为分析的重点。因此，有必要利用敏感性分析方法来揭示关键指标对各种因素的敏感程度。

各个影响因素之间彼此不相关或相关性很弱是敏感性分析的重要前提。在进行敏感性分析时常常需要在假定其他因素不变的情况下分析关键目标对某个因素变动的敏感程度，如果其他因素也同时发生变动，则无法确定关键目标受这个因素的影响究竟有多大。因此，必须假定各个因素之间不存在相互依存的关系或相关性很弱。

敏感性分析主要包括因素临界值的确定和利润对因素的敏感系数的确定两个方面的内容。下面分别加以介绍。

二、因素临界值的确定

为了达到企业的保本点或保利点，各个因素都有自己的临界值。也就是说，在销售量水平和其他因素不变的情况下，为了使企业盈亏平衡或实现预定的目标利润，某因素必须达到的数值。对于销售单价而言，由于在其他因素不变的情况下，与利润同方向变化，因此需要求得的是保本点或保利点的销售单价的最小允许值，即保本单价或保利单价；对于单位变动成本和固定成本而言，由于在其他因素不变的情况下，与利润反方向变化，因此需要求得的是保本点或保利点的单位变动成本和固定成本的最大允许值，即保本成本或保利成本。

（一）保本成本的计算

保本成本是指在其他因素既定的情况下，企业利润为零时特定成本应该达到的水平，包括保本固定成本和保本单位变动成本两项指标。

1. 保本固定成本

保本固定成本是利润为零时应达到的固定成本水平。计算公式如下：

保本固定成本=（销售单价-单位变动成本）×预计销售量

2. 保本单位变动成本

保本单位变动成本是利润为零时应达到的单位变动成本水平。计算公式如下：

$$保本单位变动成本=销售单价-\frac{固定成本}{预计销售量}$$

【例 3-20】假设某企业生产甲产品一种产品。计划 2020 年度的有关数据如下：固定成本为 30 000 元，销售量为 10 000 件，单位变动成本为 4 元/件，销售单价为 8 元/件，则相关计算如下：

保本固定成本=（销售单价-单位变动成本）×预计销售量

$$=（8-4）×10\ 000$$

$$=40\ 000（元）$$

$$保本单位变动成本=销售单价-\frac{固定成本}{预计销售量}$$

$$=8-\frac{30\ 000}{10\ 000}=5（元/件）$$

（二）保本单价的计算

保本单价是指在其他因素既定的情况下，企业利润为零时销售单价应该达到的水平。计算公式如下：

$$保本单价=单位变动成本+\frac{固定成本}{预计销售量}$$

沿用例 3-20 的资料，计算如下：

$$保本单价=单位变动成本+\frac{固定成本}{预计销售量}$$

$$=4+\frac{30\ 000}{10\ 000}=7（元/件）$$

（三）保利成本的计算

保利成本是指在其他因素既定的情况下，为保证目标利润的实现，特定成本应该达到的水平，包括保利固定成本和保利单位变动成本两项指标。

1. 保利固定成本

保利固定成本是为实现目标利润应达到的固定成本水平。计算公式如下：

保利固定成本=（销售单价-单位变动成本）×预计销售量-目标利润

2. 保利单位变动成本

保利单位变动成本是为实现目标利润应达到的单位变动成本水平。计算公式如下：

$$保利单位变动成本=销售单价-\frac{固定成本+目标利润}{预计销售量}$$

假设例 3-20 中，目标利润为 20 000 元，则相关计算如下：

保利固定成本=（销售单价-单位变动成本）×预计销售量-目标利润

$$=（8-4）×10\ 000-20\ 000$$

$$=20\ 000（元）$$

$$保利单位变动成本=销售单价-\frac{固定成本+目标利润}{预计销售量}$$

$$=8-\frac{30\ 000+20\ 000}{10\ 000}=3（元/件）$$

（四）保利单价的计算

保利单价是指在其他因素既定的情况下，为保证目标利润的实现，销售单价应该达到的水平。计算公式如下：

$$保利单价=单位变动成本+\frac{固定成本+目标利润}{预计销售量}$$

沿用例 3-20 的资料，计算如下：

$$保利单价=单位变动成本+\frac{固定成本+目标利润}{预计销售量}$$

$$=4+\frac{30\,000+20\,000}{10\,000}=9（元/件）$$

三、利润对因素的敏感系数的确定

利润对因素的敏感系数的确定主要是计算利润对各因素的敏感系数。下面举例说明有关因素的敏感系数应如何计算。

【例 3-21】假设某企业只生产 A 产品一种产品，某计划年度的有关预计数据如下：固定成本为 50 000 元，销售量为 20 000 件，单位变动成本为 8 元/件，销售单价为 12 元/件，则目标利润为：

P=20 000×（12-8）-50 000=30 000（元）

有关因素的敏感系数计算如下：

（1）销售单价的敏感系数。若销售单价增长 20%，则有：

销售单价=12×1.2=14.4（元）

P=20 000×（14.4-8）-50 000=78 000（元）

$$利润变动百分比=\frac{78\,000-30\,000}{30\,000}×100\%=160\%$$

$$销售单价的敏感系数=\frac{160\%}{20\%}=8$$

（2）单位变动成本的敏感系数。若单位变动成本增长 20%，则有：

单位变动成本=8×1.2=9.6（元）

P=20 000×（12-9.6）-50 000=-2 000（元）

$$利润变动百分比=\frac{-2\,000-30\,000}{30\,000}×100\%=-106.67\%$$

$$单位变动成本的敏感系数=\frac{-106.67\%}{20\%}=-5.33$$

（3）固定成本的敏感系数。若固定成本增长 20%，则有：

固定成本=50 000×1.2=60 000（元）

P=20 000×（12-8）-60 000=20 000（元）

$$利润变动百分比=\frac{20\ 000-30\ 000}{30\ 000}\times100\%=-33.33\%$$

$$固定成本的敏感系数=\frac{-33.33\%}{20\%}=-1.67$$

（4）销售量的敏感系数。若销售量增长 20%，则有：

销售量=20 000×1.2=24 000（件）

P=24 000×（12-8）-50 000=46 000（元）

$$利润变动百分比=\frac{46\ 000-30\ 000}{30\ 000}\times100\%=53.33\%$$

$$销售量的敏感系数=\frac{53.33\%}{20\%}=2.67$$

由上面的计算可知，销售单价、单位变动成本、固定成本和销售量的敏感系数分别为 8、-5.33、-1.67 和 2.67，可以看出，敏感度最高的是销售单价，其次是单位变动成本，再次是销售量，最后是固定成本。其中，销售单价和销售量的敏感系数是正值，表明这两个因素与利润为同向增减关系；单位变动成本和固定成本的敏感系数是负值，表明这两个因素与利润为反向增减关系。

通常情况下，销售单价的敏感系数是最大的，而且肯定大于销售量的敏感系数。因此，涨价是企业提高盈利水平的最直接有效的手段，反之，降价对企业获利能力的负面影响也最严重。

敏感性分析中的保本临界值的确定和利润敏感系数的确定，实质上是同一问题的两个方面：某一项因素达到保本临界值前的容忍程度越高，则利润对这项因素就越不敏感，敏感系数就越低；反之，则利润对这项因素就越敏感，敏感系数就越高。仍以例 3-21 的资料来分析，计算保本单价、保本成本分别如下：

保本固定成本=（销售单价-单位变动成本）×预计销售量

=（12-8）×20 000

=80 000（元）

$$保本单位变动成本=销售单价-\frac{固定成本}{预计销售量}$$

$$=12-\frac{50\ 000}{20\ 000}=9.5\ (元/件)$$

$$保本单价=单位变动成本+\frac{固定成本}{预计销售量}$$

$$=8+\frac{50\ 000}{20\ 000}=10.5\ (元/件)$$

$$保本销售量=\frac{固定成本}{销售单价-单位变动成本}=\frac{50\ 000}{12-8}=12\ 500\ (件)$$

可以算得，保本固定成本（80 000 元）为计划固定成本（50 000 元）的 160%，即最多允许升高 60%；保本单位变动成本（9.5 元/件）为计划单位变动成本（8 元/件）的 118.75%，即最多允许升高 18.75%；保本单价（10.5 元/件）为计划单价（12 元/件）的 87.5%，即最多允许降低 12.5%；保本销售量（12 500 件）为计划销售量（20 000 件）的 62.5%，即最多允许降低 37.5%。可见，固定成本达到保本临界值的容忍度最高（60%），而敏感系数最低（-1.67）；销售单价达到保本临界值的容忍度最低（12.5%），而敏感系数最高（8）。

【本章小结】

本章的主要内容就是讲述什么是本量利分析以及如何进行本量利分析。

第一节，主要介绍了本量利分析的基本含义、基本假设、基本公式以及贡献毛益及相关指标。本—量—利分析是指在成本按其性态分类的基础上，运用数量化的模型或图示来揭示固定成本、变动成本、业务量、销售单价和利润等变量之间的内在规律性关系的一种定量分析方法。本量利分析的基本假设包括成本性态和相关范围假设、模型线性假设、产销平衡假设、品种结构稳定假设和营业利润假设。本量利分析的基本公式就是成本、业务量和利润之间的基本数量模型。贡献毛益是指销售收入扣除变动成本之后的余额，其表现方式有绝对数和相对数两种形式。

第二节，主要介绍了保本分析的基本概念、单一产品保本点的计算、多种产品保本点的计算、与保本点相关的指标以及产销不平衡对保本点的影响。保本分析是研究当企业恰好处于保本状态时本量利关系的一种定量分析方法。单一产品保本点的计算方法通常有图解法、基本等式法和贡献毛益法三种。多种产品保本点的计算方法有综合法、联合单位法、主要品种法等类型。与保本点相关的指标包括保本作业率、安全边际、危险边际和销售利润率。产销量不相等会对保本点的确定造成影响，计算时分子必须按照销售产品分摊的固定成本份额来计算，分母也只能用销售收入减去销售产品所负担的变动成本来求得。

第三节，主要介绍了保利分析的基本概念、单一产品保利点的计算和多种产品保利点的计算。保利分析就是在确定了企业计划要达到的目标利润之后，对成本、业务量和利润之间关系的分析，是保本分析的延伸和扩展。单一产品保利点的计算包括保利点的计算和保净利点的计算。多种产品保利点的计算方法包括综合法、联合单位法、主要品种法等类型。

第四节，主要介绍了什么是敏感性分析和敏感系数、因素临界值的确定以及利润对因素的敏感系数的确定。敏感性分析是探讨相关因素变动对关键性数量指标影响程度的一种技术分析方法。反应敏感程度的指标称为敏感系数。因素临界值的确定包括保本成本的计算、保本单价的计算、保利成本的计算、保利单价的计算。利润对因素的敏感系数的确定包括销售单价的敏感系数的计算、单位变动成本的敏感系数的计算、固定成本的敏感系数的计算以及销售量的敏感系数的计算。

【思考题】

1. 本量利分析的基本假设有哪些？

2. 什么是贡献毛益？如何计算贡献毛益率与变动成本率？二者的关系是什么？

3. 多种产品保本点的计算方法有哪些？

4. 什么是敏感性分析？如何计算敏感系数？

第四章　预测分析

【引例】

　　张军是利华公司的总经理。2020年底，他面临着一个棘手的问题，就是为了确定生产经营计划和编制全面预算，必须首先对下一年的产品销售、成本费用以及利润水平进行预测。此外，为了制定财务和投资计划，还需要对企业下一年的资金需要量进行预测。管理咨询专家李庆告诉张军，他必须与公司的销售人员、财会人员一起，采用定性或定量的预测分析方法，按照一定的程序逐步进行，才能较为科学准确地完成这些预测任务。

　　凡事预则立，不预则废。在市场经济环境下，企业面临的各项竞争尤为激烈。为了生存和发展，企业必须提前对各项生产经营活动进行预测，及时采取应对的措施。本章将介绍企业应该如何进行预测分析。

第一节　预测分析概述

一、预测分析的基本含义及意义

（一）预测分析的基本含义

　　预测就是对所考察的对象未来状态的预计和推测，是根据已知推测未知的过程。管理会计中的预测分析，是指企业根据现有的经济条件和历史资料，运用专门的方法对生产经营活动的未来发展趋势和状况进行预先的估计和测算。

（二）预测分析的意义

　　对于企业而言，预测分析具有十分重要的意义，表现在以下三个方面：

1. 为生产经营决策提供科学依据

科学决策是企业经营管理的核心，而准确的经营预测则是科学决策的前提。企业的销售决策、定价决策、生产决策、存货决策、目标利润决策和筹资投资决策等，都必须以准确的预测为依据，否则就无法得出正确的结论，出现决策失误。

2. 是编制各项生产经营计划和全面预算的前提

各项生产经营计划必须以准确的预测分析为前提，尤其是全面预算，是以销售预测为起点，进而对生产、各项成本费用和现金收支进行预测，在这些预测的基础上编制各种预算报表以及预计的财务报表。没有准确的预测分析做基础，各项生产经营计划和全面预算报表的编制是不可能完成的。

3. 是加强企业管理、提高经济效益的重要手段

准确的预测分析有助于提高企业的经营管理水平，也是其他各项管理环节的前提。同时，企业通过市场调查和科学的经营预测，有利于产销对路、合理定价、降低成本和加速资金的周转，最终达到以最小的耗费获得最大的收益，不断提高经济效益的目的。

二、预测分析的程序

（一）确定预测目标

预测目标是预测所要达到的目的或要求。预测目标既不能太笼统，又不能太过细致，导致面面俱到、重点不突出，应该根据企业生产经营的总体目标来设计和选择重要的目标。在确定预测目标时，不仅要确定预测对象，还要规定好预测的期限和范围，以及预测结果所要达到的精确程度等。

（二）搜集和整理资料

没有调查就没有发言权，真实而详细的资料是预测分析的重要依据。要做好经营预测，必须搜集和掌握关于预测对象的经济信息和经济指标的数据。对搜集到的资料要进行加工、整理和归纳，去粗取精、去伪存真，尽量完整而可靠，以利于从中发现各因素之间的相互关系。

（三）选择预测方法

选择合适的预测方法也是十分重要的。不同的预测对象应该采用不同的预测方法。对于那些数据资料详细，可以建立数量模型的预测对象，可以运用定量预测方法；对于那些缺乏定量资料或不适合采用定量分析方法的预测对象，应该根据经验选用适当的定性预测方法。当然，如果条件许

可,对于某些预测对象也可以采用定量研究和定性研究相结合的分析方法。

（四）进行分析判断和计算

对于定性预测而言,预测人员根据以往经验和逻辑推理判断,得出初步的预测结果。对于定量预测而言,预测人员根据经济变量之间的数量关系,运用建立的数量模型计算得出初步的预测结果。

（五）检查验证结果

在对预测目标进行首次预测时,还需要对初步预测结果进行检查验证,包括预测结果是否符合实际,预测值与实际值之间的误差是否过大、模型的参数是否合理等。如果预测结果不符合要求,应对预测方法进行修正,甚至重新选择预测方法。

（六）修正预测模型及参数

根据对预测结果的检查,及时修正预测模型和参数,使预测结果更符合实际。此外,预测模型有可能对数量指标考虑得较多,对定性的因素考虑得不够,有必要根据定性因素对预测结果进行补充说明。

（七）报告预测结论

最后,预测人员通过撰写预测报告向管理部门报告修正后的预测的结论。

三、预测分析的方法

预测分析的方法很多,概括而言,可分为定量分析和定性分析两大类。

（一）定量分析法

定量分析法（method of quantitative forecast analysis）,又称为数量分析法,是运用现代数学方法,根据已知的数据资料建立数学模型,对预测对象的未来状况和发展趋势进行预测的分析方法。具体又可分为趋势分析法和因果分析法两大类。

1. 趋势分析法

趋势分析法是假设事物的未来发展是其历史轨迹的自然延续,将时间作为自变量的一类预测方法。这种方法认为,事物过去和现在存在的某种发展趋势将会持续下去,因此可以根据过去的发展趋势预测未来的状况。这种方法又称为时间序列分析法,包括算术平均法、加权平均法、移动平均法、指数平滑法、趋势平均法、修正的时间序列回归法和马尔科夫预测法等。

2. 因果分析法

因果分析法是根据变量之间存在的因果关系，建立起预测对象（因变量）与相关因素（自变量）之间的依存关系的数量模型，据此模型对预测对象的未来发展状况进行预测的一类预测方法。这种方法认为，预测对象受到其他相关因素的影响，因此预测对象的未来状况也由这些相关因素的变化而决定。在确立了它们之间的数量关系模型之后，就可以根据相关因素的变化预测所研究的对象的变化。属于这类方法的有本量利分析法、回归分析法、投入产出法等。

（二）定性分析法

定性分析法（method of qualitative forecast analysis），又称为非数量分析法，是由专业人员根据知识、经验和综合分析能力，对预测对象的未来状况和发展趋势进行预测的分析方法。具体又可分为判断分析法和调查分析法两种。

1. 判断分析法

判断分析法是指由一些经验丰富的企业销售人员、经营管理人员或外界专家对预测对象的未来状况和发展趋势进行预测的分析方法。根据预测主体的不同，又可分为推销员判断法、综合判断法（指综合企业的经营管理人员和销售人员的意见进行判断）和专家判断法等。

2. 调查分析法

调查分析法是指通过调查研究对预测对象的未来状况和发展趋势进行预测的分析方法，又可分为全面调查法、重点调查法、典型调查法和随机抽样调查法等。

（三）两类方法之间的关系

定量分析法和定性分析法各有自己的适用范围和优缺点，在实际应用中并不是互相排斥，而是相互补充，常常结合起来进行。定量分析法虽然比较精确，但是现实生活中的许多因素其实是无法加以量化的，例如国家政治形势的变动、消费者心理的改变、员工情绪的波动等。这些因素所起到的作用往往也是不可小视的，仅采用定量分析有范围过窄、以偏概全之嫌。与此相对应，定性分析法的缺点是估计的准确性在很大程度上受到预测人员经验的影响，主观随意性比较大，但优点是能够将一些不可量化的因素的影响考虑进来。因此，为了取长补短，有必要同时使用这两种方法，以提高预测结果的准确性和可信性。

四、预测分析的主要内容

预测分析主要包括销售预测、成本预测、利润预测和资金预测四大内容。销售预测主要是对企业产品销售量（额）未来发展趋势和状况进行预测；成本预测主要是对企业未来一定时期的产品或劳务的成本费用水平和发展变化趋势进行预测；利润预测主要是对企业未来一定时期可能取得的利润水平及其发展趋势进行预测；资金预测主要是对企业未来一定时期资金需要量及其发展趋势进行预测。下面几节将分别介绍这些内容。

第二节　销售预测

在现代激烈的竞争环境下，企业生产方针再也不能是"以产定销"，而是要变为"以销定产"，因此预测商品的销售量就成为企业的要务。在企业的预测体系中，销售预测处于先导地位，它对于指导成本预测、利润预测和资金预测，安排生产经营计划，组织生产等都起着重要的作用，是制定企业经营决策的最重要的依据。

销售预测的基本方法也可分为定性分析和定量分析两大类。下面分别予以介绍。

一、定性销售预测

（一）判断分析法预测销售

下面以综合判断法和专家判断法为例说明应如何运用判断分析法进行销售预测。

1. 综合判断法

【例4-1】大方公司想采用综合判断法对产品的销售情况进行预测。参与预测的人员包括两名销售主管人员和公司经理。3人分别对经济繁荣、一般和衰退三种情况发生的概率以及产品的销售数量进行预测，最后将三人的期望值进行加权平均，算出综合预测结果。假设经理的预测结果的权重为 50%，两名销售主管预测结果的权重分别为 25%。相关数据及计算如表 4-1 所示。

表 4-1 大方公司销售量判断分析

	销售量（件）	概率	销售量×概率
销售主管甲：			
繁荣	3 000	0.3	900
一般	2 500	0.5	1 250
衰退	2 000	0.2	400
期望值	—	—	2 550
销售主管乙：			
繁荣	2 500	0.2	500
一般	2 000	0.5	1 000
衰退	1 700	0.3	510
期望值	—		2 010
公司经理：			
繁荣	2 800	0.4	1 120
一般	2 400	0.4	960
衰退	2 000	0.2	400
期望值	—	—	2 480

综合预测销售量=2 550×25%+2 010×25%+2 480×50%=2 380（件）

2. 专家判断法

【例 4-2】宏利公司计划推出一种新产品，准备采用专家判断法中的特尔菲法对产品的销售情况进行预测。参与预测的专家共有 6 人。特尔菲法是指通过函询的方式向专家分别征求意见。各位专家在不知道他人意见的情况下，根据自己的观点和方法进行预测。然后企业将各个专家的预测汇集在一起，采用匿名的方式反馈给各位专家，请他们参考别人的意见修改自己原来的结论，如此反复数次，最后确定预测结果。宏利公司的预测结果如表 4-2 所示。

表 4-2 宏利公司销售量判断分析　　　　　单位：件

专家编号	第一次判断			第二次判断			第三次判断		
	最高值	最可能	最小值	最高值	最可能	最小值	最高值	最可能	最小值
1	1 000	800	700	980	780	680	990	770	670
2	900	800	750	920	830	770	930	840	780
3	950	850	800	940	840	790	930	830	780
4	920	840	780	900	820	760	910	810	750
5	880	820	750	870	810	740	860	800	750
6	860	800	740	870	810	750	870	820	760
平均值	918.33	818.33	753.33	913.33	815	748.33	915	811.67	748.33

按照最后一次判断结果，采用算术平均法计算如下：

预测销售量=（915+811.67+748.33）/3=825（件）

（二）调查分析法预测销售

下面以随机抽样调查法为例说明应如何运用调查分析法进行销售预测。

【例 4-3】裕丰公司生产电动摩托车，想采用随机抽样调查法对产品明年的销售情况进行预测。该公司从全市 500 万用户中随机抽取了 5 000 户样本进行调查，调查结果如表 4-3 所示。

表 4-3 裕丰公司销售调查分析

计算与分析项目	数　据
1. 全市总户数	500 万户
2. 抽样调查户数	5 000 户
3. 已购电动摩托车户数	1 000 户
4. 未购电动摩托车户数	4 000 户
5. 未购户中拟明年购买电动摩托车户数	800 户
6. 拟购户数占样本数量的比例	$\dfrac{800}{5\ 000}$ =16%
7. 按照样本数量推算全市拟购户数	500×16%=80 万户
8. 考虑不确定因素影响的调整数	80×（±10%）=±8 万户
9. 全市电动摩托车需求量	72 万台－88 万台

二、定量销售预测

（一）趋势分析法预测销售

下面分别以算术平均法、加权平均法、移动平均法、指数平滑法和马尔科夫预测法为例说明应如何运用趋势分析法进行销售预测。

1. 算术平均法

采用算术平均法进行销售预测，就是以企业过去若干期的销售量或销售额的算术平均数作为下期销售的预测值。这种方法的前提是假定产品的销售过去是怎样的，未来还是怎样的。如果产品的销售量或销售额在选定的历史时期中呈现某种上升或下降的趋势，就不能简单地采用这种方法，因为算术平均法不能体现这种上升或下降的趋势。

【例 4-4】海利公司 2013 年到 2020 年各年生产办公桌的实际销售量如表 4-4 所示。假定该公司的销售比较平稳，试采用算术平均法对产品 2021 年的销售情况进行预测。

表 4-4　海利公司销售情况预测　　　　　单位：件

年份	2013	2014	2015	2016	2017	2018	2019	2020
销售量	5 000	4 800	5 100	4 900	5 000	5 100	5 050	4 950

$$2021 \text{ 年的预测值} = \frac{\sum_{1}^{8} x_i}{8}$$

$$= \frac{(5\,000+4\,800+5\,100+4\,900+5\,000+5\,100+5\,050+4\,950)}{8}$$

$$= \frac{39\,900}{8} = 4\,987.5 \text{（件）}$$

2. 加权平均法

采用加权平均法进行销售预测，同样是以企业过去若干期的销售量或销售额作为预测下期销售的观测值，各个观测值与各自的权重之积的代数和就是下期销售的预测值。确定适当的权数是加权平均法的关键。为了使预测值更接近近期的观测值，有必要将近期观测值的权重设得大一些，将远期观测值的权重设得小一些。

【例4-5】利民服装厂生产衬衫，2016年到2020年各年的销售量如表4-5所示。假定各年的权重分别为0.1、0.1、0.2、0.3、0.3，试采用加权平均法对产品2021年的销售情况进行预测。

表4-5 利民服装厂销售情况预测　　　　　　单位：件

年份	2016	2017	2018	2019	2020
销售量	1 000	1 100	1 200	1 300	1 450

$$\bar{X}_w = \frac{X_1W_1 + X_2W_2 + X_3W_3 + X_4W_4 + X_5W_5}{W_1 + W_2 + W_3 + W_4 + W_5}$$

$$= \frac{1\,000 \times 0.1 + 1\,100 \times 0.1 + 1\,200 \times 0.2 + 1\,300 \times 0.3 + 1\,450 \times 0.3}{0.1 + 0.1 + 0.2 + 0.3 + 0.3}$$

$$= \frac{1\,275}{1} = 1\,275 \text{（件）}$$

3. 移动平均法

算术平均法与加权平均法由于平均化作用过大而反映不出客观事物的发展过程和演变趋势，移动平均法可以克服这种缺陷。移动平均法是指对一组时间序列观测值（n个），按照某一固定的数据点个数（m个）逐点推移计算算术平均值，并以最后一个m期的平均数作为未来n+1期预测销售量的方法。此方法虽然具有消除随机波动影响的作用，但是存在只考虑n期数据中的最后m期资料，不能利用全部数据信息的缺点。按照移动平均的次数，移动平均法又可分为一次移动平均法和二次移动平均法等。此处介绍一次移动平均法。

【例4-6】风华公司生产洗衣机，2015年到2020年各年的销售数据如表4-6所示。假设m=3，试采用移动平均法对产品2021年的销售情况进行预测。

表4-6 风华公司销售情况预测　　　　　　单位：件

年份	2015	2016	2017	2018	2019	2020
销售量	2 000	2 100	1 950	2 050	2 000	1 950

$$2021 \text{ 年的预测值} = \frac{2\,050 + 2\,000 + 1\,950}{3} = 2\,000 \text{（件）}$$

4. 指数平滑法

指数平滑法又称为指数修匀法，是加权平均法的一种变化，是在综合考虑前期预测销售量和实际销售量的基础上，利用事先确定的平滑指数预测未来销售量的一种方法。计算公式如下：

某期预测销售量（S_t）= αX_{t-1} +（$1-\alpha$）S_{t-1}

其中，S_t 是第 t 期的指数平滑值，即预测值；

X_{t-1} 是第 t-1 期的实际观测值；

S_{t-1} 是第 t-1 期的指数平滑值；

α 是平滑系数，取值范围为 0—1。

平滑系数 α 的取值对时间序列实际观测值有修匀的作用，α 取值越大，近期实际观测值对预测结果的影响就越大；反之，当 α 取值越小，近期实际观测值对预测结果的影响就越小。

【例 4-7】华盛公司 2020 年 1—5 月电视机的销售情况如表 4-7 所示。如果假设 α 为 0.2，1 月销售量预测值为 800 台，试采用指数平滑法对 2020 年 2—6 月的销售情况进行预测，如表 4-8 所示。

表 4-7　华盛公司 2020 年 1—5 月销售情况　　　　单位：件

月份 t	实际销售量 X_t
1	780
2	800
3	820
4	810
5	830

表 4-8　华盛公司 2020 年 2—6 月销售情况预测　　　　单位：件

月份 t	αX_{t-1}	（$1-\alpha$）S_{t-1}	S_t（四舍五入到个位）
1			800
2	0.2×780	0.8×800	796
3	0.2×800	0.8×796	797
4	0.2×820	0.8×797	802
5	0.2×810	0.8×802	804
6	0.2×830	0.8×804	809

与加权平均法相比，指数平滑法的优点：一是 α 的值可以灵活选取，比较方便；二是考虑了以往期间的预测值，比较全面。此处介绍的是一次指数平滑法，实际工作中还有二次指数平滑法，即对一次指数平滑值数列再次进行平滑计算，求得二次指数平滑值。

5. 马尔科夫预测法

一个运行系统随着时间的推移，由一种状态转移到另一种状态的过程，称为马尔科夫过程。预测分析中的马尔科夫法，是把预测对象视作一个运行的系统，系统在运行中状态可能发生转移。状态转移可能性的大小，用"转移概率"表示。马尔科夫过程有两个重要的特性：一是从一种状态转移到另一种状态的过程，仅与当前状态有关，而与以前的状态无关，亦即事物发展过程的过去历史只能通过当前的状态去影响它未来的发展，这称为无后效性；二是在较长时间的推移之后，马尔科夫过程逐渐趋于稳定状态而与原始条件无关。马尔科夫预测模型如下：

$M_n = M_{n-1}P$

其中：

M_n 为预测期状态概率向量，即预测值；

M_{n-1} 为预测期的前一期状态概率向量；

P 为转移概率矩阵，这个矩阵是 n×n 方阵，且在状态转移过程中保持不变，即：

$$P = \begin{bmatrix} P_{11} & P_{12} & \cdots P_{1n} \\ P_{21} & P_{22} & \cdots P_{2n} \\ \vdots & \vdots & \vdots \\ P_{n1} & P_{n2} & \cdots P_{nn} \end{bmatrix}$$

下面以销售状态预测为例，介绍如何采用马尔科夫法进行预测分析。企业生产经营的产品，由于受到内外部因素的影响，销售状态会经常发生改变，时而畅销，时而滞销，时而从畅销转为滞销，时而又从滞销转为畅销。所谓销售状态预测，就是依据当前的销售状态和转移概率，预测未来的销售状态。

【例 4-8】健民食品厂生产的某种食品，有畅销和滞销两种状态。调查得知，若该产品某月份为畅销状态，则下一个月继续保持畅销状态的概率为 0.8，由畅销转为滞销的概率为 0.2；若该产品某月份为滞销状态，则下一个月继续保持滞销状态的概率为 0.9，由滞销状态转为畅销状态的概率为 0.1。这个转移概率在较长时期内保持不变。假设该产品目前（本月）处于畅销状态，试用马尔科夫法预测该产品今后 6 个月的销售状态。

该产品目前处于畅销状态，则初始状态的状态概率向量为 $M_0 = [1, 0]$，状态转移概率矩阵为：

$$P = \begin{bmatrix} 0.8 & 0.2 \\ 0.1 & 0.9 \end{bmatrix}$$

运用矩阵乘法公式，可以算得今后 6 个月的状态概率向量如下：

$$M_1 = M_0 P = [1, 0] \begin{bmatrix} 0.8 & 0.2 \\ 0.1 & 0.9 \end{bmatrix} = [0.8, 0.2]$$

$$M_2 = M_1 P = [0.8, 0.2] \begin{bmatrix} 0.8 & 0.2 \\ 0.1 & 0.9 \end{bmatrix} = [0.66, 0.34]$$

$$M_3 = M_2 P = [0.66, 0.34] \begin{bmatrix} 0.8 & 0.2 \\ 0.1 & 0.9 \end{bmatrix} = [0.562, 0.438]$$

$$M_4 = M_3 P = [0.562, 0.438] \begin{bmatrix} 0.8 & 0.2 \\ 0.1 & 0.9 \end{bmatrix} = [0.4934, 0.5066]$$

$$M_5 = M_4 P = [0.4934, 0.5066] \begin{bmatrix} 0.8 & 0.2 \\ 0.1 & 0.9 \end{bmatrix} = [0.44538, 0.55462]$$

$$M_6 = M_5 P = [0.44538, 0.55462] \begin{bmatrix} 0.8 & 0.2 \\ 0.1 & 0.9 \end{bmatrix} = [0.411766, 0.588234]$$

根据计算编制从当前月份起后 6 个月的状态概率向量表，如表 4-9 所示。

表 4-9　本月及后 6 个月的状态概率向量表

月份	0	1	2	3	4	5	6
畅销	1	0.8	0.66	0.562	0.4934	0.44538	0.411766
滞销	0	0.2	0.34	0.438	0.5066	0.55462	0.588234

（二）因果分析法预测销售

此处重点介绍因果分析法中的回归分析法。具体而言，回归分析法又可分为一元线性回归法和多元线性回归法。下面以这两种方法为例说明应如何运用因果分析法进行销售预测。

1. 一元线性回归法

这种方法假定影响预测对象的变量只有一个，按照数学上最小二乘法的原理确定一条误差最小，且能正确反映影响因素 x 和预测对象 y 之间的因果关系的直线 y=a+bx。常数项 a 和 b 可以按照下面的公式计算：

$$b=\frac{n\sum_{i=1}^{n}x_iy_i-\sum_{i=1}^{n}x_i\sum_{i=1}^{n}y_i}{n\sum_{i=1}^{n}(x_i)^2-(\sum_{i=1}^{n}x_i)^2}$$

$$a=\frac{\sum_{i=1}^{n}y_i-b\sum_{i=1}^{n}x_i}{n}$$

需要注意的是，利用这种方法进行销售预测前，必须对预测对象和影响因素的相关性进行检验，只有当相关程度较高时，才能运用此方法进行预测。

【例 4-9】ABC 公司生产空调和空调的主要配件压缩机，2016－2020 年公司空调和空调压缩机的销售资料如表 4-10 所示。预计该公司 2021 年的空调销售量为 200 万台，试采用一元线性回归法对产品 2021 年空调压缩机的销售情况进行预测。

表 4-10　ABC 公司 2016－2020 年销售情况　　　　单位：万台

年度	2016	2017	2018	2019	2020
空调销售量	100	120	140	160	180
压缩机销售量	320	370	420	450	500

首先，根据历史资料对空调销售量与压缩机销售量的相关性进行分析，设 y 为压缩机的销售量，x 为空调的销售量，根据相关系数的公式计算如下：

$$R=\frac{n\sum_{i=1}^{n}x_iy_i-\sum_{i=1}^{n}x_i\sum_{i=1}^{n}y_i}{\sqrt{\left[n\sum_{i=1}^{n}x_i^2-\left(\sum_{i=1}^{n}x_i\right)^2\right]\left[n\sum_{i=1}^{n}y_i^2-\left(\sum_{i=1}^{n}y_i\right)^2\right]}}$$

计算结果如表 4-11 所示。

表 4-11 ABC 公司相关系数计算表   单位：万台

年度	X	Y	XY	X^2	Y^2
2016	100	320	32 000	10 000	102 400
2017	120	370	44 400	14 400	136 900
2018	140	420	58 800	19 600	176 400
2019	160	450	72 000	25 600	202 500
2020	180	500	90 000	32 400	250 000
N=5	$\sum X=700$	$\sum Y=2\,060$	$\sum XY=29\,7200$	$\sum X^2=$ 102 000	$\sum Y^2=$ 868 200

计算得（可利用 Excel、SPSS 等软件来帮助计算）：

$R^2 \approx 0.994$

计算结果说明二者之间存在高度的相关性，可以采用一元线性回归法进行计算。

其次，建立一元线性方程 y=a+bx，常数项 a、b 计算如下：

$$b=\frac{n\sum_{i=1}^{n}x_iy_i-\sum_{i=1}^{n}x_i\sum_{i=1}^{n}y_i}{n\sum_{i=1}^{n}(x_i)^2-(\sum_{i=1}^{n}x_i)^2}=\frac{5\times297\,200-700\times2\,060}{5\times102\,000-700^2}=2.2$$

$$a=\frac{\sum_{i=1}^{n}y_i-b\sum_{i=1}^{n}x_i}{n}=\frac{2\,060-2.2\times700}{5}=104$$

则一元线性方程为：y=104+2.2x，将 x=200 代入该方程，求得 y=544（万台），即 2021 年空调压缩机的预测值为 544 万台。

2. 多元线性回归法

一元线性回归法下，影响因变量的因素只有一个，然而实际生活中影响因素往往是多种多样的。在这种情况下，要预测因变量的未来值必须考虑多个变量的影响，建立多元线性回归方程来解决。其表达式为：

$y=a+b_1x_1+b_2x_2+b_3x_3+b_4x_4+b_5x_5+\cdots+b_nx_n$

在多元线性方程下，不仅要计算各个影响因素与因变量之间的单相关系数，还要计算因变量与所有影响因素之间拟合程度的指标——复相关系数。复相关系数的计算公式如下：

$$R^2 = \frac{\sum\limits_{i=1}^{n}(\hat{y}_i - \overline{y})^2}{\sum\limits_{i=1}^{n}(y_i - \overline{y})^2}$$

其中：

y_i 是因变量的数值；

$\overline{y}$ 是因变量的平均值；

$\hat{y}_i$ 是因变量水平的预测值。

【例 4-10】ABC 公司生产空调和空调的主要配件压缩机，2016－2020年公司空调和空调压缩机的销售资料如表 4-12 所示。预计该公司 2021 年的空调销售量为 200 万台，广告费为 6 万元。假设该公司空调压缩机的销售主要受到空调的销售量以及广告费用的影响。试采用多元线性回归法对产品 2021 年空调压缩机的销售情况进行预测。

表 4-12　ABC 公司 2016－2020 年销售情况　　单位：万台

年度	2016	2017	2018	2019	2020
空调销售量	100	120	140	160	180
广告费（万元）	2	2	3	4	5
压缩机销售量	285	330	410	450	525

首先，建立多元回归模型：

$y = a + b_1x_1 + b_2x_2$

其中：

y 是压缩机的销售量；

x_1 是广告费用的支出；

x_2 是空调销售量。

通过下面的三元一次方程组求 a、b_1、b_2 的值：

$$\begin{cases} \sum y_i = na + b_1\sum x_{1i} + b_2\sum x_{2i} \\ \sum x_{1i}y_i = a\sum x_{1i} + b_1\sum x_{1i}^2 + b_2\sum x_{1i}x_{2i} \\ \sum x_{2i}y_i = a\sum x_{2i} + b_1\sum x_{1i}x_{2i} + b_2\sum x_{2i}^2 \end{cases}$$

根据给定的资料，计算结果如表 4-13 所示。

表 4-13　ABC 公司计算表　　　　　　　　单位：万台

Y_i	X_{1i}	X_{2i}	x_{1i}^2	x_{2i}^2	$X_{1i}X_{2i}$	y_iX_{1i}	y_iX_{2i}
285	2	100	4	10 000	200	570	28 500
330	2	120	4	14 400	240	660	39 600
410	3	140	9	19 600	420	1 230	57 400
450	4	160	16	25 600	640	1 800	72 000
525	5	180	25	32 400	900	2 625	94 500
$\sum y_i$ =2 000	$\sum x_{1i}$ =16	$\sum x_{2i}$ =700	$\sum x_{1i}^2$ =58	$\sum x_{2i}^2$ =102 000	$\sum x_{1i}x_{2i}$ =2 400	$\sum y_ix_{1i}$ =6 885	$\sum y_ix_{2i}$ =292 000

将表 4-12 的数值代入方程组：

$$\begin{cases} 2\,000 = 5a + 16b_1 + 700b_2 \\ 6\,885 = 16a + 58b_1 + 2\,400b_2 \\ 292\,000 = 700a + 2\,400b_1 + 102\,000b_2 \end{cases}$$

解方程组，得：a=10，b_1=12.5，b_2=2.5，因此方程模型为：

y=10+12.5x_1+2.5x_2

将 x_1=6，x_2=200 代入上式，得：

Y=10+12.5×6+2.5×200=585（件）

根据复相关系数的公式计算复相关系数如下：

$$R^2 = \frac{\sum_{i=1}^{n}(\hat{y}_i - \overline{y})^2}{\sum_{i=1}^{n}(y_i - \overline{y})^2} = 0.992$$

亦即，在空调压缩机销售量取值的变差中，能被空调销售量和广告支出的多元回归方程所解释的比例为 99.2%，方程的准确度非常高。

第三节　成本预测

成本预测是企业进行成本管理的首要环节，是在编制成本预算之前，根据企业的相关资料，结合企业的经营现状和发展前景，运用科学的方法对企业未来一定时期的产品或劳务的成本费用水平和发展变化趋势进行预计和估算。准确的成本预测有助于企业挖掘降低成本的潜力，是企业进行产品设计方案选择、零件外购或自制等生产经营决策的基础，对于企业有效实现成本控制、提高经济效益具有十分重要的意义。

按照预测期间的长短，成本预测可以分为近期预测（预测期在一年以内）和远期预测（预测期在一年以上）。远期预测通常用于分析宏观经济变动对企业造成的影响，为企业确定中长期预算提供资料。近期预测用于分析影响成本的各个因素的近期变动，测算各种方案的成本，选择最优方案据以制定成本计划和预算。在近期预测中，侧重点是年度成本预测。成本预测内容主要包括成本水平变动趋势预测和目标成本预测。

一、成本水平变动趋势预测

成本水平变动趋势预测主要是根据历史资料，采用定量分析法，对成本未来可能达到的水平和变动趋势进行预测。与销售预测类似，成本水平变动趋势的预测所采用的方法同样有加权平均法和回归分析法，此外还有高低点法等简化计算方法。

（一）加权平均法

【例 4-11】红星制品厂近 5 年来的成本相关资料如表 4-14 所示。假设各年的权数分别为 0.15、0.15、0.2、0.2、0.3，试利用加权平均法预测 2021年产量为 1 000 台时的产品总成本和单位成本。

表 4-14 红星制品厂 2016－2020 年成本相关资料

年度	产量（台）	固定成本总额(元)	单位变动成本(元)	总成本（元）
2016	300	60 000	400	180 000
2017	400	62 000	420	230 000
2018	500	65 000	390	260 000
2019	600	66 000	410	312 000
2020	800	68 000	380	372 000

利用加权平均法计算如下：

2021 年产品总成本＝（60 000×0.15+62 000×0.15+65 000×0.2+66 000×0.2

+68 000×0.3）＋（400×0.15+420×0.15+390×0.2

+410×0.2+380×0.3）×1 000

=461 900（元）

产品单位成本=461 900/1 000=461.9（元）

（二）高低点法

前面已经介绍过，按照成本与业务量的依存关系，可将企业的全部成本分为固定成本、变动成本等类型。假设以 y 代表一定期间内的成本总额，x 代表业务量，a 代表该期间内的固定成本总额，b 代表单位变动成本，则成本可以按照 y=a＋bx 的公式计算。

为了预测成本的未来水平，在给定未来生产的业务量的情况下，如果能根据历史资料计算出 a 和 b 的值，则可利用该公式计算出总成本的预测值。第二节销售预测已经介绍了如何利用最小二乘法计算一元线性回归方程的常数项 a 和 b。这种方法在计算时采用了全部历史数据，信息量比较大，但计算过程也比较烦琐。对于生产经营比较平稳，成本波动较小的企业，可以采用高低点法进行简化计算。高低点法是选用一定历史资料中的最高业务量与最低业务量的总成本之差Δy，与两者业务量之差Δx 进行对比，求出 b，然后再求出 a 的预测方法。单位变动成本 b 可按如下公式计算：

b=（最高业务量总成本-最低业务量总成本）/（最高业务量-最低业务量）

=高低点总成本之差／高低点业务量之差

求得 b 值之后，可根据公式 y=a＋bx 用最高业务量或最低业务量有关数据代入，求得 a 值。高低点法在计算时只要有最高和最低两个时期的业务量和总成本的数据，就可求解，简便易行；缺点是无法避免各期产量变动幅度所造成的误差，计算结果往往不够精确。

下面利用例 4-11 的数据，采用高低点法测算 2021 年产量为 1 000 台时的产品总成本和单位成本。

b=（最高业务量总成本-最低业务量总成本）/（最高业务量-最低业务量）

=（372 000-180 000）/（800-300）=384

a=y-bx=372 000-384×800=64 800（元）

因此，总成本的计算方程式为：y=64 800+384x

则 2021 年的预计总成本=64 800+384×1 000=448 800（元）

产品单位成本=448 800/1 000=448.8（元）

（三）回归分析法

某些成本项目受多个因素的影响，因此有必要采用多元线性回归法进行预测求解。多元线性回归法的计算方法在第二节销售预测时已经做过介绍，此处举例说明如何应用该方法预测成本的未来水平。

【例 4-12】宏力机械制造公司的制造费用受直接人工小时和机器工作小时的影响较大。2020 年 1－5 月该公司制造费用、直接人工小时和机器工作小时的资料如表 4-15 所示。预计该公司 2020 年 6 月直接人工小时为 200 小时，机器工作小时为 410 小时。试采用多元线性回归法对该公司 2020 年 6 月的制造费用进行预测。

表 4-15　宏力公司 2020 年 1－5 月销售情况

月份	制造费用（元）	直接人工小时	机器工作小时
1	902	120	250
2	970	130	270
3	1 065	140	300
4	1 133	150	320
5	1 204	160	340
合计	5 274	700	1 480

首先，建立多元回归模型：

$y=a+b_1x_1+b_2x_2$

其中：

y 是因变量的数值；

x_1 是直接人工小时；

x_2 是机器工作小时。

通过下面的三元一次方程组求 a、b_1、b_2 的值：

$$\begin{cases} \Sigma y_i = na + b_1\Sigma x_{1i} + b_2\Sigma x_{2i} \\ \Sigma x_{1i}y_i = a\Sigma x_{1i} + b_1\Sigma x_{1i}^2 + b_2\Sigma x_{1i}x_{2i} \\ \Sigma x_{2i}y_i = a\Sigma x_{2i} + b_1\Sigma x_{1i}x_{2i} + b_2\Sigma x_{2i}^2 \end{cases}$$

根据给定的资料，计算结果如表 4-16 所示。

表 4-16 宏力公司计算表

Y_i	X_{1i}	X_{2i}	X_{1i}^2	X_{2i}^2	$X_{1i}X_{2i}$	y_iX_{1i}	y_iX_{2i}
902	120	250	14 400	62 500	30 000	108 240	225 500
970	130	270	16 900	72 900	35 100	126 100	261 900
1 065	140	300	19 600	90 000	42 000	149 100	319 500
1 133	150	320	22 500	102 400	48 000	169 950	362 560
1 204	160	340	25 600	115 600	54 400	192 640	409 360
$\Sigma y_i =$ 5274	$\Sigma X_{1i} =$ 700	$\Sigma X_{2i} =$ 1 480	$\Sigma X_{1i}^2 =$ 99 000	$\Sigma X_{2i}^2 =$ 443 400	$\Sigma X_{1i}X_{2i} =$ 209 500	$\Sigma y_iX_{1i} =$ 746 030	$\Sigma y_iX_{2i} =$ 1 578 820

将表 4-12 的数值代入方程组：

$$\begin{cases} 5\ 274 = 5a + 700b_1 + 1\ 480b_2 \\ 746\ 030 = 700a + 99\ 000b_1 + 209\ 500b_2 \\ 1\ 578\ 820 = 1\ 480a + 209\ 500b_1 + 443\ 400b_2 \end{cases}$$

解方程组，得：a=46，b_1=1.92，b_2=2.5，因此方程模型为：

y=46+1.92x_1+2.5x_2

将 x_1=200，x_2=410 代入上式，得：

Y=46+1.92×200+2.5×410=1 455（元）

根据复相关系数的公式计算复相关系数如下：

$$R^2 = \frac{\sum_{i=1}^{n}(\hat{y}_i - \overline{y})^2}{\sum_{i=1}^{n}(y_i - \overline{y})^2} \approx 0.999$$

亦即，在空调压缩机销售量取值的变差中，能被空调销售量和广告支出的多元回归方程所解释的比例为 99.9%，方程的准确度非常高。

二、目标成本预测

目标成本是企业预期要达到的成本目标，是企业成本控制未来努力的方向。确定目标成本，有利于企业不断降低产品成本，实现目标利润，提高经济效益。企业的产品按照在往年是否正常地生产过，可分为可比产品和不可比产品。可比产品由于具有历史成本资料，可以根据往年的成本水平预测成本并提出各种成本降低的方案。不可比产品由于没有历史资料可依据，只能采取其他方法来确定目标成本。本节先介绍可比产品和不可比产品在确定目标成本时都可采用的一般方法，然后再介绍如何进行可比产品的目标成本预测。

（一）确定目标成本的一般方法

1. 根据技术测定法确定

对于品种较少、技术资料比较齐全的企业，可以采用技术测定法来确定目标成本。技术测定法是指在充分挖掘生产潜力的基础上，根据产品设计结构、生产技术条件和工艺方法，对影响人力和物力消耗的各种因素进行技术测试和分析计算，从而确定产品目标成本的方法。这种方法比较科学，但缺点是工作量比较大。

2. 根据目标利润确定

先确定企业预测期的目标利润，再根据目标利润、销售收入、应纳税金和目标成本之间的数量关系来确定目标成本。其计算公式为：

$$\frac{\text{目标}}{\text{成本}} = \frac{\text{预计产品}}{\text{销售收入}} - \frac{\text{预计产品}}{\text{销售税金}} - \frac{\text{预计产品}}{\text{目标利润}}$$

【例 4-13】欣兴器材厂生产甲产品，预计下年度产品的销售收入为 500 万元，预计产品销售税金为 100 万元，确定的目标利润为 100 万元，试计算甲产品的预计目标成本。

按照公式，甲产品的预计目标成本=500-100-100=300（万元）

这种目标成本确定方法按照目标利润确定方法的不同还可细分为销售利润率法和资金利润率法。销售利润率法是指企业根据预定的销售利润率计算出目标利润，再据以确定目标成本的方法。资金利润率法是指企业根据预定的资金利润率计算出目标利润，再据以确定目标成本的方法。

【例 4-14】兴旺磨具厂生产 A 产品，预计下年度产品的销售收入为 1 000 万元，预计产品销售税金为 200 万元，确定的销售利润率为 20%，试计算甲产品的预计目标成本。

目标利润=销售收入×销售利润率=1 000×20%=200（万元）

A 产品的预计目标成本=1 000-200-200=400（万元）

【例 4-15】红旗家具厂生产家具，预计下年度产品的销售收入为 600 万元，预计产品销售税金为 120 万元。预计资金平均占用额为 2 000 万元，确定的资金利润率为10%。试计算产品的预计目标成本。

目标利润=预计资金平均占用额×资金利润率=2 000×10%=200（万元）

产品的预计目标成本=600-120-200=280（万元）

3. 根据产值成本率确定

产品的生产过程同时也是生产的耗费过程，产品的产值反映了生产的成果，同时产品的成本也反映了生产的耗费，二者之间存在一定的比例关系。因此，企业在确定目标成本时，也可以根据预定的产值成本率来确定。计算公式如下：

产品的预计目标成本=产品的总产值×产值成本率

【例4-16】阳光造纸厂预计下年度产品的总产值为800万元，预计的产值成本率为60%，试计算产品的目标成本。

产品的预计目标成本=800×60%=480（万元）

4. 根据同行业先进的成本水平确定

企业为了寻找落后差距，赶超先进水平，可以将同行业中先进成本水平作为奋斗目标。例如，通过同行业各企业人工成本的横向比较，可以判断本企业的人工成本过高还是过低，是否合理，对本企业人工成本实施更为有效的监控。这种方法实施的困难是通常各个企业不会公开自己的详细成本状况，因此在搜集数据上具有一定难度。

（二）可比产品的目标成本预测

可比产品是指往年曾经正常生产过的产品。一般来说，可比产品的目标成本预测的步骤如下：

首先，根据企业的经营目标，提出初选目标成本；

其次，根据历史资料预测在当前的生产条件下可能达到的成本水平，找出与初选目标成本的差距；

再次，提出各种成本降低方案，选择成本降低的措施；

最后，测算各项措施对产品成本的影响，正式确定目标成本。

下面，分别对各个步骤加以详细说明。

1. 提出初选目标成本

如前所述，企业可以根据技术测定、目标利润、产值成本率和同行业先进成本水平提出初步的目标成本。对于可比产品而言，由于有历史成本资料，还可以根据本企业的历史先进水平提出初选成本目标。

2. 估算预测期可比产品成本

企业需要根据历史资料估算在当前的生产条件下，预测期可能达到的成本水平，据以找出与初选目标成本的差距。按照所参照的历史资料期限的不同，估算预测期可比产品成本一般有根据上年成本估算和根据前三年成本估算两种方法。

（1）根据上年成本估算预测期可比产品成本。在这种方法下，需要先确定上年平均单位成本。由于企业的成本计划通常是在上一一年第四季度编制的，因此上年平均单位成本需要进行预计，计算公式如下：

$$上年预计平均单位成本 = \frac{\left(\begin{array}{c}上年一至三季度\\平均单位成本\end{array}\right) \times \left(\begin{array}{c}上年一至三季度\\实\ 际\ 产\ 量\end{array}\right) + \left(\begin{array}{c}上年第四季度\\预计单位成本\end{array}\right) \times \left(\begin{array}{c}上年第四季度\\预\ 计\ 产\ 量\end{array}\right)}{\left(\begin{array}{c}上年一至三季度\\实\ 际\ 产\ 量\end{array}\right) + \left(\begin{array}{c}上年第四季度\\预\ 计\ 产\ 量\end{array}\right)}$$

公式中，上年一至三季度的平均单位成本可以由历史资料求得，上年第四季度的产量和单位成本可以根据往年的情况或根据一至三季度的计划完成结果预算测定。确定了上年预计平均单位成本之后，可以进一步计算预测期可比产品总成本，计算公式如下：

$$\begin{array}{c}按上年预计平均单位\\成本计算的预测期可\\比\ 产\ 品\ 总\ 成\ 本\end{array} = \Sigma\left[\left(\begin{array}{c}各种可比产品上年\\预计平均单位成本\end{array}\right) \times \left(\begin{array}{c}预测期各种可比\\产品预计产量\end{array}\right)\right]$$

（2）根据前三年成本资料估算预测期可比产品成本。根据前三年成本资料进行测算时，首先，对过去三年的成本资料进行必要的调整，剔除偶然费用，例如因为自然灾害或意外事故造成的停工损失、被盗损失等；其次，对由于产品设计、工艺改变造成的价格变动进行调整；最后，按照成本性态将前三年可比产品成本划分为变动成本和固定成本，以便进行计算。具体计算方法包括算术平均法和加权平均法等。

①算术平均法。算术平均法适用于前三年销售和成本比较稳定的产品成本的预测。计算公式如下：

预计期可比产品总成本 =

$$\frac{\Sigma前三年单位变动成本}{3} \times 预测年度计划产销量 + \frac{\Sigma前三年固定成本}{3}$$

②加权平均法。加权平均法适用于前三年销售和成本变动比较大的产品成本的预测。在设定权重时，由于近期年度的成本变动对预测期成本的影响较大，因此对近期年度的成本设定较大的权重，对远期年度的成本设定较小的权重。假设预测前一年的权重设定为 50%，预测前两年的权重设定为 30%，预测前三年的权重设定为 20%，则计算公式如下：

预计期可比产品总成本 ＝

$$
\left[\binom{前一年}{单位变动成本}\times 50\% + \binom{前二年}{单位变动成本}\times 30\% + \binom{前三年}{单位变动成本}\times 20\%\right]
$$

$$
\times\binom{预测年度}{计划产量} + \binom{前一年}{固定成本总额}\times 50\% + \binom{前二年}{固定成本总额}\times 30\% + \binom{前三年}{固定成本总额}\times 20\%
$$

3. 提出各种成本降低方案

可比产品的初选目标成本往往与根据历史资料估算的成本不一致。为了向初选目标成本靠拢，企业需要深入挖掘降低成本的潜力，提出和制定各种降低成本方案。企业降低成本可以从以下三方面入手：一是改进产品设计，提高功能与成本的比值；二是改善生产经营管理，合理组织生产；三是控制费用开支，降低期间费用。

（1）改进产品设计，提高功能与成本的比值。

产品工艺设计是否合理，对成本具有重要的影响。如果产品的工艺设计不合理，不但会使产品的功能受到限制，而且还可能造成较大的浪费。这是因为产品的体积、重量和规格基本上决定了原材料、人工等成本费用的消耗程度。因此要降低成本水平，首要的步骤就是改进产品的设计，在产品功能不变的情况下，降低产品的成本；或者在产品成本不变的情况下，提高产品的功能。功能与成本的关系可以用下面的公式表示：

$$
功能成本比 = \frac{产品功能}{产品成本}
$$

需要注意的是，改进产品的设计并不只是一味地降低产品的成本。如果在产品成本略有上升的情况下，产品的功能提高得更多，则这样的改进设计也是可以接受的，因为它也提高了产品的功能成本比。

（2）改善生产经营管理，合理组织生产。

在产品的工艺设计既定的前提下，如何更加合理地组织生产，更科学地进行生产经营管理就成为企业成本控制的关键点。车间的合理设置、劳动力的合理配置、设备修理或更新、零部件的外购或自制等生产管理决策都会影响产品的成本。优秀的生产管理能够较大地提高劳动生产率和机器开工率，降低停工损失和废品损失，节省边角余料，经济合理地组织生产批次和批量，最终降低成本。因此企业应该积极研究生产经营管理中存在的问题，集思广益地提出改进方案，选择实施最合理的方案。

（3）控制费用开支，降低管理费用。

企业的成本包括制造成本和非制造成本两大类。非制造成本包括销售费用、管理费用和财务费用等期间费用。其中，管理费用是所有费用中外延最广的项目，在全部成本中占有相当的比重。管理费用"兼容并蓄"的特点，使得该项目往往成为五花八门的不合理消费的"避风港"。因此，控制管理费用规模，减少不合理的管理费用支出也是降低产品成本的一个重要环节。企业应该制定严格的费用开支制度，对各项费用实施预算控制，以达到节约成本的目的。

4. 测算各项措施的影响，正式确定目标成本

确定了企业的成本降低方案之后，就可以测算各项方案对产品成本的影响，并据此修订初选目标成本，得出最后的正式目标成本。

总的来说，影响可比产品成本降低额的因素有三个：产品产量、产品品种构成和产品单位成本。此处以生产单一产品的企业为例，介绍如何测算各项成本降低措施对成本的影响程度。

（1）直接材料的变动对成本的影响。

原材料是企业产品成本的主要构成项目之一，在产品成本中所占比重较大。在产品质量不变的前提下，降低原材料费用，是降低产品成本的重要途径。原材料成本的降低途径包括降低单位产品原材料消耗定额和降低原材料单位价格两种途径。降低原材料消耗定额的方式主要是改进产品生产工艺，提高产品的功能成本比，使产品能够利用尽量少的原料提供尽量多的功能。此外，在产品原材料组成结构不变、重量不变的情况下，提高原材料利用率也能降低单位产品的原材料消耗定额，节约成本费用。这就需要企业利用好边角余料，精打细算，避免浪费。降低材料单位价格主要

是通过完善采购管理，加强对请购、采购、收料、进货等各环节的控制来实现。

在其他条件不变的情况下，单位原材料消耗定额降低导致的成本降低的计算公式如下：

$$\text{材料消耗定额降低导致的成本降低率} = \text{材料费用占成本的\%} \times \text{材料消耗定额降低的\%}$$

【例 4-17】益力机械厂按照上年预计平均单位成本计算的预测期可比产品总成本为 5 000 万元，原材料占总成本的比重为 70%。经过调查，该厂确定单位产品材料消耗定额可下降 5%。试计算材料消耗定额降低导致的成本降低率。

由公式可得：

$$\text{材料消耗定额降低导致的成本降低率} = \text{材料费用占成本的\%} \times \text{材料消耗定额降低的\%}$$
$$= 70\% \times 5\% = 3.5\%$$

在其他条件不变的情况下，单位原材料价格降低导致的成本降低的计算公式如下：

$$\text{材料单位价格降低导致的成本降低率} = \text{材料费用占成本的\%} \times \text{材料单位价格降低的\%}$$

【例 4-18】红星灯具厂按照上年预计平均单位成本计算的预测期可比产品总成本为 8 000 万元，原材料占总成本的比重为 75%。经过调查，该厂确定单位产品材料价格可下降 10%。试计算材料单位价格降低导致的成本降低率。

由公式可得：

$$\text{材料单位价格降低导致的成本降低率} = \text{材料费用占成本的\%} \times \text{材料单位价格降低的\%}$$
$$= 75\% \times 10\% = 7.5\%$$

如果在材料单位消耗定额下降的同时，单位原材料的价格也下降，则计算材料价格下降导致成本降低的公式为：

$$\text{材料单位价格降低导致的成本降低率} = \text{材料费用占成本的\%} \times \left(1 - \text{材料消耗定额降低的\%}\right) \times \text{材料单位价格降低的\%}$$

仍采用例 4-17 的数据资料，假设益力机械厂经过测算认为除材料的单位消耗定额可以下降之外，材料的单位价格也可下降 10%。则材料价格下降对成本降低的影响应该计算如下：

$$\text{材料单位价格降低导致的成本降低率} = \frac{\text{材料费用}}{\text{占成本的\%}} \times \left(1 - \frac{\text{材料消耗}}{\text{定额降低的\%}}\right) \times \frac{\text{材料单位}}{\text{价格降低的\%}}$$

$$= 70\% \times (1-5\%) \times 10\% = 6.65\%$$

如果原材料既有单位消耗定额下降，又有单位材料价格下降，则原材料消耗定额和价格同时变动对成本下降影响的计算公式为：

$$\text{材料消耗定额和价格同时降低影响的成本降低率} = \frac{\text{材料费用}}{\text{占成本的\%}} \times \left[1 - \left(1 - \frac{\text{材料消耗}}{\text{定额降低的\%}}\right) \times \left(1 - \frac{\text{材料单位}}{\text{价格降低的\%}}\right)\right]$$

仍使用例 4-17 的数据资料，计算益力机械厂原材料的单位消耗定额和价格同时下降对成本降低的影响如下：

$$\text{材料消耗定额和价格同时降低影响的成本降低率} = \frac{\text{材料费用}}{\text{占成本的\%}} \times \left[1 - \left(1 - \frac{\text{材料消耗}}{\text{定额降低的\%}}\right) \times \left(1 - \frac{\text{材料单位}}{\text{价格降低的\%}}\right)\right]$$

$$= 70\% \times [1 - (1-5\%) \times (1-10\%)]$$

$$= 10.15\%$$

提高原材料利用率对成本降低的影响的计算公式为：

$$\text{原材料利用率提高导致的成本降低率} = \frac{\text{材料费用}}{\text{占成本的\%}} \times \left(1 - \frac{\text{上年原材料利用率与预测}}{\text{年度原材料利用率之比}}\right)$$

【例 4-19】彩虹造纸厂按照上年预计平均单位成本计算的预测期可比产品总成本中原材料占总成本的比重为 65%。上年预计的原材料利用率为 80%，经过调查，该厂确定原材料利用率可上升至 90%。试计算原材料利用率上升对成本降低的影响。

由公式可得：

$$\text{原材料利用率提高导致的成本降低率} = \frac{\text{材料费用}}{\text{占成本的\%}} \times \left(1 - \frac{\text{上年原材料利用率与预测}}{\text{年度原材料利用率之比}}\right)$$

$$= 65\% \times \left(1 - \frac{80\%}{90\%}\right) = 7.22\%$$

（2）工资水平和劳动生产率的变动对成本的影响。

劳动生产率的提高会降低单位产品的生产工时，在其他条件不变的情况下，能够降低单位产品分担的工资费用。劳动生产率的提高对成本降低的影响计算公式如下：

$$\text{劳动生产率提高影响的成本降低率} = \frac{\text{生产工人工资}}{\text{占成本的\%}} \times \left(1 - \frac{1}{1 + \text{劳动生产率提高的\%}}\right)$$

【例 4-20】古曲酿酒厂按照上年预计平均单位成本计算的预测期可比产品总成本中生产工人工资占总成本的比重为20%。经过调查，该厂确定劳动生产率可提高10%。试计算劳动生产率上升对成本降低的影响。

$$\begin{matrix}劳动生产率\\提高影响的\\成本降低率\end{matrix} = \begin{matrix}生产工人工资\\占成本的\%\end{matrix} \times \left(1 - \frac{1}{1+劳动生产率提高的\%}\right)$$

$$=20\% \times \left(1 - \frac{1}{1+10\%}\right) = 1.82\%$$

当平均工资水平上升的时候，单位产品分担的工资费用也会上升。当同时存在平均工资水平上升和劳动生产率提高的情况下，二者同时作用对成本降低影响的计算公式如下：

$$\begin{matrix}劳动生产率和平均\\工资同时作用影响\\的成本降低率\end{matrix} = \begin{matrix}生产工人工资\\占成本的\%\end{matrix} \times \left(1 - \frac{1+平均工资增长的\%}{1+劳动生产率提高的\%}\right)$$

沿用例 4-20 的数据资料，假设古曲酿酒厂预计预测期内平均工资水平将增长 10%，则计算平均工资水平和劳动生产率同时作用对成本降低的影响如下：

$$\begin{matrix}劳动生产率和平均\\工资同时作用影响\\的成本降低率\end{matrix} = \begin{matrix}生产工人工资\\占成本的\%\end{matrix} \times \left(1 - \frac{1+平均工资增长的\%}{1+劳动生产率提高的\%}\right)$$

$$=20\% \times \left(1 - \frac{1+10\%}{1+10\%}\right) = 0$$

虽然劳动生产率提高了 10%，但由于平均工资水平也提高了 10%，因此工资费用对成本总的影响为零。

此外，由于劳动生产率的提高意味着单位产品的工时定额下降了，因此当同时存在平均工资水平上升和工时定额下降的情况下，二者同时作用对成本降低影响的计算公式如下：

$$\begin{matrix}工时定额和平\\均工资同时作\\用影响的成本\\降低率\end{matrix} = \begin{matrix}生产工人工资\\占成本的\%\end{matrix} \times \left(1 - \frac{1+平均工资增长的\%}{1+工时定额降低的\%}\right)$$

举例略。

（3）废品损失的变动对成本的影响。

企业在生产过程中往往会产生一定的废品。废品损失也是单位产品生产成本的组成部分。生产中发生的废品损失越多，单位产品分担的损失费用也越多。因此，降低废品损失也可以降低企业的成本。废品损失的变动对成本影响的计算公式如下：

$$\frac{\text{废品损失减少}}{\text{影响的成本降低率}} = \frac{\text{废品损失}}{\text{占成本的\%}} \times \frac{\text{废品损失}}{\text{减少的\%}}$$

举例略。

（4）停工损失的变动对成本的影响。

由于一些不可避免的因素（如季节性和固定资产修理期间），企业有时会暂时停止生产。除非正常因素引起的损失以外，一般情况下停工损失也应计入单位产品的生产成本。因此，降低停工损失也可以降低企业的成本。停工损失的变动对成本影响的计算公式如下：

$$\frac{\text{停工损失减少}}{\text{影响的成本降低率}} = \frac{\text{停工损失}}{\text{占成本的\%}} \times \frac{\text{停工损失}}{\text{减少的\%}}$$

举例略。

（5）产量变动对单位成本的影响。

在企业的制造费用、管理费用中，有一些费用属于固定费用，如管理人员的工资、差旅费、办公费、折旧费等。在一定时期和产量的范围内，这些固定费用不会随产量的变动而变动。因此，随着产量的增加，单位产品分担的固定费用将减少。产量的变动对单位产品成本影响的计算公式如下：

$$\frac{\text{产量变动对单}}{\text{位成本的影响}} = \frac{\text{固定成本}}{\text{占}} \times \left(1 - \frac{1}{1+\text{产量提高的\%}}\right)$$
$$\text{成本降低率} \quad \text{成本的\%}$$

此外，也可能存在这种情况：固定费用随着产量的增加也有所增加，但增加的速度小于产量增加的速度。在这种情况下，产量变动对单位产品成本影响的计算公式如下：

$$\frac{\text{产量变动对单}}{\text{位成本的影响}} = \frac{\text{固定成本占}}{\text{成本的\%}} \times \left(1 - \frac{1+\text{固定成本增加的\%}}{1+\text{产量提高的\%}}\right)$$
$$\text{成本降低率}$$

【例 4-21】四季服装厂按照上年预计平均单位成本计算的预测期可比产品总成本中固定成本占总成本的比重为 15%。经过调查，该厂确定预测期的产量可提高 20%，固定成本也将增加 5%。试计算产量上升对单位成本降低的影响。

由公式可得：

$$\begin{matrix} 产量变动对单 \\ 位成本的影响 \\ 成本降低率 \end{matrix} = \begin{matrix} 固定成本占 \\ 成本的\% \end{matrix} \times \left(1 - \frac{1+固定成本增加的\%}{1+产量提高的\%}\right)$$

$$=15\% \times \left(1 - \frac{1+5\%}{1+20\%}\right) = 1.875\%$$

【例4-22】鹏飞公司希望预测期的可比产品单位成本降低率达到10%。经过论证，确定影响预测期可比产品单位成本的因素如下：

可比产品产量增长	20%
原材料单位消耗定额下降	10%
原材料单位价格下降	5%
劳动生产率提高	10%
平均工资水平增加	15%
固定成本增加	5%
废品损失下降	5%
停工损失下降	10%

可比产品各成本项目的比重分别为：

原材料	60%
生产工人工资	20%
固定成本	10%
废品损失	5%
停工损失	5%

试计算各因素对单位成本降低的影响，并判断预测期的可比产品单位成本降低率是否能达到10%？

①由于原材料单位消耗定额下降和单位价格下降对单位成本造成的影响：

成本降低率=材料费用占成本的%×[1-（1-材料消耗定额降低的%）×（1-材料单位价格降低的%）]

=60%×（1-0.9×0.95）

=8.7%

②由于劳动生产率提高和平均工资水平上升对单位成本造成的影响：

$$成本降低率=生产工人工资占成本的\% \times \left(1-\frac{1+平均工资增长的\%}{1+劳动生产率提高的\%}\right)$$

$$=20\% \times (1-1.15/1.1)$$

$$\approx -0.91\%$$

③由于产量上升对单位成本造成的影响：

$$成本降低率=固定成本占总成本的\% \times \left(1-\frac{1+固定成本增加的\%}{1+产量提高的\%}\right)$$

$$=10\% \times (1-1.05/1.2)$$

$$=1.25\%$$

④由于废品损失下降对单位成本造成的影响：

$$成本降低率=废品损失占成本的比重 \times 废品损失降低率$$

$$=5\% \times 5\%=0.25\%$$

⑤由于停工损失下降对单位成本造成的影响：

$$成本降低率=停工损失占成本的比重 \times 停工损失降低率$$

$$=5\% \times 10\%=0.5\%$$

综合以上计算结果，可得：

$$可比产品单位成本总的降低率 = 8.7\%+(-0.91\%)+1.25\%+0.25\%+0.5\%$$

$$=9.79\%$$

这个结果小于 10%，因此预测期的可比产品单位成本降低率不能达到10%，除非进一步挖掘成本降低的潜力。

第四节 利润预测

利润是企业一定时期生产经营活动最终的财务成果，是企业生存和发展的命脉。如果不能盈利，企业就无法在社会上立足。利润预测是企业进行利润管理的一个重要环节，是根据企业经营管理目标的要求，通过对销售收入、成本价格等因素的分析，测算企业未来一定时期的利润水平和发展变化趋势。利润预测的内容主要包括利润水平变动趋势预测和目标利润预测。

一、利润水平变动趋势预测

利润水平变动趋势预测主要是根据历史资料，采用定量分析法，对企业利润未来可能达到的水平和变动趋势进行预测。利润水平变动趋势的预测所采用的方法主要是回归分析法。一般情况下，企业只有取得了销售收入才能赚取利润，因此企业在一定时期内的销售利润随着销售收入的增减而增减，二者具有较强的相关关系。因此，估算利润水平的变动趋势主要是采用一元线性回归模型进行预测。

【例 4-23】华强公司近 8 年来的销售收入和销售利润的数据资料如表 4-17 所示。试采用一元线性回归法预测该公司 2021 年销售收入为 2 600 万元时的销售利润值。

表 4-17   华强公司销售收入与利润资料表   单位：万元

年度	销售收入	销售利润	年度	销售收入	销售利润
2013	800	35	2017	1 600	127
2014	1 000	61	2018	1 800	160
2015	1 200	82	2019	2 100	187
2016	1 400	112	2020	2 400	234

首先，计算销售收入（X）与销售利润（Y）之间的相关系数，如表 4-18 所示。

表 4-18   华强公司相关系数计算表   单位：万元

年度	X	Y	XY	X²	Y²
2013	800	35	28 000	640 000	1 225
2014	1 000	61	61 000	1 000 000	3 721
2015	1 200	82	98 400	1 440 000	6 724
2016	1 400	112	156 800	1 960 000	12 544
2017	1 600	127	203 200	2 560 000	16 129
2018	1 800	160	288 000	3 240 000	25 600
2019	2 100	187	392 700	4 410 000	34 969
2020	2 400	234	561 600	5 760 000	54 756
N=8	Σ X=12 300	Σ Y=998	Σ XY=1 789 700	Σ X²=21 010 000	Σ Y²=155 668

计算得（也可利用 Excel、SPSS 等软件来帮助计算）：

$R^2 \approx 0.996$

计算结果说明二者之间存在高度的相关性，可以采用一元线性回归法进行计算。

然后建立一元线性方程 y=a+bx，常数项 a、b 计算如下：

$$b = \frac{n\sum\limits_{i=1}^{n}x_i y_i - \sum\limits_{i=1}^{n}x_i \sum\limits_{i=1}^{n}y_i}{n\sum\limits_{i=1}^{n}(x_i)^2 - (\sum\limits_{i=1}^{n}x_i)^2} = \frac{8 \times 1\,789\,700 - 12\,300 \times 998}{8 \times 21\,010\,000 - 12\,300^2} \approx 0.122$$

$$a = \frac{\sum\limits_{i=1}^{n}y_i - b\sum\limits_{i=1}^{n}x_i}{n} = \frac{998 - 0.122 \times 12\,300}{8} \approx -62.83$$

则一元线性方程为：y=-62.83+0.122X，将 X=2\,600 代入该方程，求得 y≈254.37（万元），即 2021 年华强公司销售利润的预测值为 254.37 万元。

二、目标利润预测

目标利润就是企业在未来一定期间内要求达到的利润水平。通常它是企业经过努力应该达到的最优利润水平，是企业生产经营的重要战略目标。

目标利润的确定应该遵循以下四个原则：

1. 可行性。目标利润应该是企业经过努力可以达到的目标。

2. 客观性。目标利润的预测必须以客观的市场环境和技术状况为依据。

3. 严肃性。目标利润的确定必须经过周密的论证和测算，一旦确定就不能轻易更改。

4. 指导性。目标利润不应只是现有业务量、价格和成本的计算结果，而应对现有业务量、价格和成本有所约束和制约。确定了目标利润之后，应组织实施为实现目标利润而在业务量、价格和成本方面必须达到的各项指标和有关措施，作为编制全面预算的基础。

目标利润预测的方法主要有比率预测法、平均利润增长率法、经营杠杆系数法和本量利分析法等。在确定了预测期的目标销售单价、目标销售量和目标成本之后，也可以根据本量利分析法来确定目标利润。

（一）比率预测法

目标利润的比率预测法在第三节目标成本预测时已有所介绍，就是根据利润与销售收入、销售成本或资金占用额之间的比例关系，来计算预测期内利润水平的一种方法。具体而言又可分为销售利润率法、销售成本利润率法和资金利润率法。下面举例说明这种方法的应用。

【例 4-24】胜利公司基期的销售成本利润率为 40%，预测期的销售成本利润率与基期相同。预测期的销售成本估算为 1 000 万元，试计算预测期的目标利润。

目标利润=预计的销售成本×销售成本利润率

=1 000×40%=400（万元）

【例 4-25】大力公司本年度固定资产平均占用额为 800 万元，流动资金平均占用额为 200 万元。计划在下年度扩大生产规模，固定资产和流动资产投资规模均扩大 10%。预计的资金利润率为 20%，试计算预测期的目标利润。

目标利润=预计的资金规模×资金利润率

=（800+200）×（1+10%）×20%=220（万元）

（二）平均利润增长率法

这种方法首先要根据历史数据计算利润的平均增长率，以此作为未来时期的利润增长率，然后根据某时期实现的实际利润来预测目标利润。计算公式为：

目标利润=某期的实际利润额×（1+预计平均利润增长率）

【例 4-26】海涛公司本年度实际利润额为 200 万元，历史数据利润的平均增长率为 8%，计算该企业下一年的目标利润。

目标利润=某期的实际利润额×（1+预计平均利润增长率）

=200×（1+8%）

=216（万元）

（三）经营杠杆系数法

经营杠杆是指由于固定成本的存在，利润变动率大于销售变动率的一种经济现象，经营杠杆系数反映了企业经营风险的大小。经营杠杆系数法就是根据企业的经营杠杆系数，结合企业预测期的销售增长率来预测目标利润的方法。计算公式如下：

目标利润=基期利润×（1+预测期销售增长率×经营杠杆系数）

【例 4-27】丰盛公司本年度实际利润额为 500 万元，经营杠杆系数为 2.5，预测下年度的销售增长率为 10%。计算该公司的目标利润。

目标利润=基期利润×（1+预测期销售增长率×经营杠杆系数）

$$=500×（1+10%×2.5）=625（万元）$$

（四）本量利分析法

企业的成本、业务量和利润之间的关系是相辅相成的。实际操作中既可以先确定目标利润，再根据目标利润确定目标成本和业务量，又可以先确定目标成本和业务量，再根据本量利之间的数量关系确定目标利润。目标利润的本量利分析法就是在估算了企业预测期的销售单价、固定成本、单位变动成本和业务量的基础上，确定企业目标利润的一种方法。计算公式如下：

$$\text{目标利润} = \text{预计销售单价} × \text{预计的销售量} - \left(\text{固定成本总额} + \text{预计单位变动成本} × \text{预计的销售量} \right)$$

【例 4-28】宏力公司预计 2021 年的销售量为 5 万件，销售单价为 25 元，固定成本总额为 30 万元，单位变动成本为 15 元。计算 2021 年度的目标利润。

根据计算公式，可得：

$$\text{目标利润} = \text{预计销售单价} × \text{预计的销售量} - \left(\text{固定成本总额} + \text{预计单位变动成本} × \text{预计的销售量} \right)$$

$$=25×5-（30+15×5）$$

$$=20（万元）$$

第五节　资金需要量预测

资金是企业从事生产经营的物质基础，资金短缺常常阻碍企业前进的步伐，资金过剩又会造成浪费，降低资源利用效率，因此企业有必要对资金需要量进行预测分析。资金预测主要是在销售预测的基础上，分析资金量随销售量变化的规律，从而对企业未来一定时期资金需要量及其发展趋势进行预测。资金预测主要包括资金需求量预测和资金追加需求量预测。

一、资金需求量预测

资金需求量预测一般是根据资金需求量随销售量（额）变化的规律，根据未来的销售量（额）预测未来的资金需求，所采用的方法是一元线性回归法。

【例 4-29】红星公司近 7 年来的资金需求量随销售收入变动的数据资料如表 4-19 所示。试采用一元线性回归法预测该公司 2021 年销售收入为 240 万元时的资金需求量。

表 4-19   红星公司资金需求量随销售收入变动资料表   单位：万元

年度	销售收入	资金需要量	年度	销售收入	资金需要量
2014	100	79	2018	180	102
2015	120	87	2019	200	113
2016	140	93	2020	230	121
2017	150	92			

首先，计算销售收入（X）与资金需要量（Y）之间的相关系数。计算结果如表 4-20 所示。

表 4-20   红星公司相关系数计算表   单位：万元

年度	X	Y	XY	X^2	Y^2
2014	100	79	7 900	10 000	6 241
2015	120	87	10 440	14 400	7 569
2016	140	93	13 020	19 600	8 649
2017	150	92	13 800	22 500	8 464
2018	180	102	18 360	32 400	10 404
2019	200	113	22 600	40 000	12 769
2020	230	121	27 830	52 900	14 641
N=7	$\Sigma X=1\ 120$	$\Sigma Y=687$	$\Sigma XY=113\ 950$	$\Sigma X^2=191\ 800$	$\Sigma Y^2=68\ 737$

计算得（也可利用 Excel、SPSS 等软件来帮助计算）：

$R^2 \approx 0.982$

计算结果说明二者之间存在高度的相关性，可以采用一元线性回归法进行计算。

然后建立一元线性方程 y=a+bx，常数项 a、b 计算如下：

$$b=\frac{n\sum\limits_{i=1}^{n}x_iy_i-\sum\limits_{i=1}^{n}x_i\sum\limits_{i=1}^{n}y_i}{n\sum\limits_{i=1}^{n}(x_i)^2-(\sum\limits_{i=1}^{n}x_i)^2}=\frac{7\times113\ 950-1\ 120\times687}{7\times191\ 800-1\ 120^2}\approx0.320$$

$$a=\frac{\sum\limits_{i=1}^{n}y_i-b\sum\limits_{i=1}^{n}x_i}{n}=\frac{687-0.320\times1\ 120}{7}\approx46.94$$

则一元线性方程为：y=46.94+0.320X，将 X=240 代入该方程，求得 y≈123.74（万元），即 2021 年红星公司资金需求量的预测值为 123.74 万元。

二、资金追加需求量预测

资金追加需求量是由于企业未来时期销售规模的扩大而必须相应增加的资金数量，是在企业现有资金基础上再增加的资金数额，故称为追加需求量。计算资金追加需求量的常用方法是销售百分比法，是根据资产负债表中的各个项目与销售收入之间的依存关系，计算其占销售收入的百分比，然后在确定未来期间销售收入增长率的基础上估算需要追加的资金量的一种方法。其计算公式为：

$$\Delta F=(S_1-S_0)\times(A/S_0-L/S_0)-S_1\times R\times(1-d)$$

其中：

ΔF 是企业预计要追加的资金额；

S_0 是基期的销售收入总额；

S_1 是预测期的销售收入总额；

A 是随销售额变动的基期资产项目的总额；

L 是随销售额变动的基期负债项目的总额；

R 是基期的税后销售利润率；

d 是基期税后利润的股利发放率。

销售百分比法的计算步骤如下：

（1）根据资产负债表中各个项目与销售收入的依存关系选择出敏感资产项目和敏感负债项目，计算其销售百分比。

一般而言，敏感资产项目包括货币资金、应收项目、预付款项、存货，它们随着销售收入的增加而增加；敏感负债项目包括应付项目、应交税金、预收款项、短期借款，它们也随着销售收入的增加而增加。固定资产是否是敏感性项目，需视基期固定资产的利用率而定。若利用率已达饱和状态，则增加销售收入就要增加固定资产，反之则不需要增加固定资产。找出敏感项目后，将这些项目的金额分别除以基期的销售收入总额，求得各项目的销售收入百分比。

（2）根据预测期销售收入与基期的销售收入计算预测期销售收入的变动额；根据基期的税后销售利润率和股利发放率以及预测期的销售收入计算预测期的税后利润发放股利之后的余额，这部分余额可作为内部资金来源。

（3）将所有数据代入计算公式，求得预测期资金追加需求量。

【例 4-30】亚华公司 2020 年销售收入为 1 000 万元，税后利润为 80 万元，股利发放率为 60%。2020 年资产负债表中的敏感项目随销售收入变动的数据资料如表 4-21 所示。预测 2021 年销售收入为 1 200 万元，试采用销售百分比法估算 2021 年应追加的资金需求量。

首先，计算各敏感项目的销售百分比：

表 4-21　亚华公司资产负债表敏感项目销售百分比计算表

资产敏感项目	占销售收入的百分比	负债及所有者权益敏感项目	占销售收入的百分比
货币资金（万元）	=50/1 000=5%	应付项目（万元）	=180/1 000=18%
应收项目（万元）	=300/1 000=30%	应交税金（万元）	=60/1 000=6%
预付款项（万元）	=100/1 000=10%	预收款项（万元）	=80/1 000=8%
存货（万元）	=300/1 000=30%	短期借款（万元）	=200/1 000=20%
合计	75%	合计	52%

资产项目销售百分比与负债项目销售百分比之差=75%-52%=23%，亦即每增加 1 元的销售收入，需要追加资金量为 0.23 元。

其次，计算预测期由于销售收入的增加而需要增加的资金量：

（1 200-1 000）×23%=46（万元）

再次，计算可作为内部资金来源的 2021 年税后利润在发放股利后的留存利润：

$$1\ 200\times\frac{80}{1\ 000}\times（1-60\%）=38.4（万元）$$

最后，根据总的计算公式算得 2021 年的追加资金需求量为：

ΔF =46-38.4=7.6（万元）

【本章小结】

本章的主要内容是讲述什么是预测分析以及应该如何进行预测分析。

第一节，主要介绍了预测分析的基本含义及意义、预测分析的程序、预测分析的方法以及预测分析的主要内容。预测分析是指企业根据现有的经济条件和历史资料，运用专门的方法对生产经营活动的未来发展趋势和状况进行预先的估计和测算。预测分析的意义包括为生产经营决策提供科学依据等三个方面。预测分析的程序包括确定预测目标、搜集和整理资料、选择预测方法、进行分析判断和计算、检查验证结果、修正预测模型及参数、报告预测结论。预测分析的方法主要可分为定量分析法和定性分析法，两种方法各有自己的适用范围和优缺点。定量分析法又可分为趋势分析法和因果分析法两大种类。定性分析法又可分为判断分析法和调查分析法两种。预测分析包括销售预测、成本预测、利润预测和资金预测四项内容。

第二节，主要介绍了如何进行定性销售预测和定量销售预测。定性销售预测主要介绍了判断分析法和调查分析法。本节以综合判断法和专家判断法为例来说明应如何运用判断分析法来进行销售预测；以随机抽样调查法为例来说明如何运用调查分析法来进行销售预测。定量销售预测主要介绍了趋势分析法和因果分析法。本节分别以算术平均法、加权平均法、移动平均法、指数平滑法和马尔科夫预测法为例来说明应如何运用趋势分析法进行销售预测；以一元线性回归法和多元线性回归法来说明如何运用因果分析法进行销售预测。

第三节，主要介绍了成本预测的内容。成本预测内容主要包括成本水平变动趋势预测和目标成本预测。成本水平变动趋势预测介绍了加权平均法、高低点法和回归分析法。目标成本预测介绍了确定目标成本的一般方法和如何进行可比产品的目标成本预测。

第四节，主要介绍了利润预测的内容。利润预测的内容主要包括利润水平变动趋势预测和目标利润预测。估算利润水平的变动趋势主要是采用一元线性回归模型进行预测。目标利润预测的方法主要有比率预测法、平均利润增长率法、经营杠杆系数法等。

第五节，主要介绍了资金需要量预测的内容。资金预测主要包括资金需求量预测和资金追加需求量预测。资金需求量预测所采用的方法是一元线性回归法。资金追加需求量预测的常用方法是销售百分比法。

【思考题】

1. 预测分析的基本含义是什么？包括哪些程序？

2. 定量分析法和定性分析法各有哪些优缺点？

3. 如何采用马尔科夫法来进行销售状态的预测？如何运用因果分析法来预测销售？

4. 影响可比产品成本降低额的因素有哪些？如何测算各项成本降低措施对成本的影响程度？

第五章　短期经营决策

【引例】

　　为了加强生产经营管理，腾达自行车制造公司聘请职业经理人韩亮为公司的总经理。2020年底刚刚走马上任，韩亮就面临着一系列的问题：（1）企业现有的剩余生产能力既可以生产A型号的儿童三轮车，也可以生产B型号的成人两轮自行车，究竟应该选择哪种产品进行生产呢？（2）生产的C型号自行车产品处于亏损状态，应该立即停产还是继续生产？（3）D型号自行车的零部件可以自制也可以外购，应该选择哪一种方式？（4）企业的一些外购零部件的供应常常跟不上生产进度，但是存货储备过多又增加资金占用成本，如何确定提前订货的时点和保险储备量呢？（5）为了保证产品质量，公司采取了加强职工培训、增加质检人员、向专家进行质量管理咨询等多种措施，这些措施最终增加了产品的成本。那么能否在产品质量一定的情况下，降低企业为保证质量所发生的成本呢？

　　韩亮所面临的这些问题都属于企业的短期经营决策。本章介绍短期经营决策所包括的内容以及企业应该如何进行短期经营决策。

第一节　短期经营决策的相关概念和一般方法

一、决策以及决策分析中的相关成本与无关成本

　　决策就是为实现特定的目标，从若干备选方案中寻找最优方案的过程。在生产经营中，企业的管理者要面临大量的经营决策问题，因此学习科学的决策方法是很有必要的。按照涉及时期的长短，企业决策可分为短期经营决策和长期投资决策。短期经营决策是针对企业在一年或一个营业周期内的生产经营业务做出的决策，包括生产决策（是否生产、生产品种、

如何生产等）、定价决策、存货决策、质量决策等。与长期投资决策相比，短期经营决策由于决策项目涉及的时间较短，通常只分析一年或一个营业周期内的成本与收益，因此不考虑货币的时间价值和风险因素。

管理会计进行决策时所应用的成本概念与财务会计有较大的不同，为了进一步学习，必须熟悉这些新的成本概念。

（一）相关成本与无关成本的分类

企业在进行决策分析时，可供选择的方案中涉及各种成本，有些与方案的选择有关，有些与方案的选择无关。能导致不同方案之间产生差异的成本称为相关成本，不能导致不同方案之间产生差异的成本称为无关成本。各种成本按照属于相关成本还是无关成本可划分为两大类，归纳如表 5-1 所示。

表 5-1　相关成本与无关成本归纳表

相关成本	无关成本	相关成本	无关成本
重置成本	历史成本	可避免成本	不可避免成本
付现成本	沉没成本	可延缓成本	不可延缓成本
机会成本	实支成本	专属成本	共同成本
差量成本		可分成本	联合成本
边际成本			

（二）重置成本与历史成本

重置成本是指从目前的市场上重新购置相同的现有资产所需要付出的成本，又称为现时成本或现行成本。在实务中，重置成本多用于盘盈固定资产的计量等。历史成本是指经济业务发生时的实际耗费或支出。我国企业会计准则规定，企业应当以实际发生的交易或事项为依据进行确认、计量和报告，保证会计信息的真实可靠和完整，因此绝大部分资产与负债都是以历史成本为计量基础。在管理会计的决策分析中，历史成本是已经发生或支出的过去的成本，对未来的决策不构成影响，需要考虑的是重置成本。例如，企业拥有一批存货，历史成本为 2 000 元，现有一客户希望以 2 500 元购买。表面上看似乎可以盈利 500 元，通过市场调查发现该批存货的重置成本为 2 600 元，因此如果以 2 500 元成交，事实上亏损 100 元。

（三）付现成本与沉没成本

付现成本是指实施某种决策方案时，必须动用现金支付的成本。在企业现金短缺的情况下，企业必须以付现成本而不是总成本作为方案取舍的标准。这是因为在资金紧张的情况下，尽管付现成本较低的方案总成本可能较高，但可以用较少的资金获得急需的资产，可以及时开发新产品占领市场，提前取得收益。沉没成本是指过去已经发生的现在和未来都无法改变的成本，例如企业拥有的固定资产或存货的账面净值。假设某企业欲采用以旧换新的方式购入一台大型机器，旧机器的账面净值为 30 万元，目前市场价格为 15 万元，新机器的价格为 50 万元，则 30 万元为沉没成本，15 万元为旧机器的重置成本，需要支付的现金 35 万元为付现成本。

（四）机会成本与实支成本

机会成本是指为选择某一方案所付出的代价，如果企业选择了某一方案作为最优方案，则放弃的次优方案的潜在收益就是企业选择最优方案的机会成本。机会成本并不构成企业的实际成本支出，不计入账簿。与之相对应，实支成本是指企业过去或现在实际发生的现金流出，例如企业的预付项目和长期待摊费用，是与企业未来决策无关的成本。例如企业贷款买入了一条生产线，每个月支付的按揭款为 1 万元，如果该生产线不用于生产而用于出租，则每月的租金为 8 000 元，则 8 000 元就是企业每月使用生产线进行产品生产的机会成本，1 万元则是实支成本。

（五）可避免成本与不可避免成本

可避免成本是指并非绝对必要的，通过管理者的决策可以避免发生的成本，如酌量性成本；与之相反，不可避免成本是指管理者的任何决策都不能避免其发生的成本，如约束性成本。企业对员工的培训费用可以随着企业效益的好坏而增减，在资金十分紧张的情况下，可以取消所有培训，属于可避免成本。企业的固定资产每月发生的折旧费用不会随生产与否而消失，属于不可避免成本。对于经营决策而言，可避免成本是相关成本。

（六）可延缓成本与不可延缓成本

如果一项方案的推迟对企业的正常生产经营不会造成大的影响，该方案的成本就称为可延缓成本；反之，则称为不可延缓成本。不可延缓成本是必须支出的，没有任何弹性，因此与企业的经营决策无关。企业在未来决策时需要考虑的是可延缓成本。

（七）专属成本与共同成本

专属成本是能够明确归属于特定决策方案的固定成本或混合成本，它往往是为了弥补生产能力不足的缺陷、增加有关设备工具而产生的，例如新增设备的购置成本、租入设备的租金成本等。共同成本是指由多个方案所共同负担的固定成本或混合成本，例如行政人员的工资、厂房的取暖费和照明费等。共同费用通常是必须支出的，与特定方案的选择无关。

（八）可分成本与联合成本

可分成本是指联产品分离后各自进一步加工所发生的成本，又称为再加工成本。是否对分离后的产品继续进行加工属于企业的经营决策。联合成本是指联产品分离前发生的应由所有联产品共同负担的成本。联合成本与企业对分离后的联产品是否进一步加工的经营决策无关，是无关成本。

（九）差量成本

差量成本是指企业在经营决策时各种备选方案之间的成本差额。差量成本的正负和大小在很大程度上决定了最优方案的确定，属于相关成本。

（十）边际成本

边际成本是指产量每增加或减少 1 个单位时，成本变动的数额。例如，企业生产 1 000 件产品时的成本为 5 000 元，生产 1 001 件产品时的成本为 5 010 元，则边际成本为 10 元。在一定的产量范围内，边际成本表现为单位变动成本。在企业增产还是减产的决策中常常需要计算边际成本，只要销售价格高于边际成本，则需要增产，否则就停止增产或减产。

二、短期经营决策及短期经营决策的基本方法

常用的短期经营决策的方法包括差量分析法、贡献毛益分析法和成本无差别点法等。与前面两章相同，本章所述的产品成本也是完全成本的概念，既包括产品的制造成本，也包括产品的非制造成本。相应地，产品的变动成本既包括产品的制造变动成本，也包括产品的期间变动成本，产品的固定成本既包括产品应分摊的制造固定成本，还包括产品应分摊的期间固定成本。同样，本章所谈及的贡献毛益也是最终贡献毛益的概念（即产品的销售收入扣除了包括制造变动成本和期间变动成本在内的全部变动成本之后的余额）。

（一）差量分析法

差量分析法就是根据不同方案的差量收入与差量成本计算出的差量收益，评价各方案的优劣，进行最优方案选择的方法。首先对差量分析法的几个概念予以说明：

1. 差量收入，是指两个备选方案预期收入之间的数量差异。

2. 差量成本，是指两个备选方案预期专属成本之间的数量差异，在完全成本法下，专属成本包括产品变动成本和专属固定成本。

3. 差量损益，是指差量收入与差量成本之间的数量差异。当差量收入大于差量成本时，数量差异为差量收益；当差量收入大于差量成本时，数量差异为差量损失。差量损益就是备选方案的预期收益的差异。如果方案1与方案2比较，差量损益为正，则方案1为佳；若差量损益为负，则方案2为佳。在采用差量分析法时，要注意保持比较顺序的一致性。

如果在计算差量收入时用方案1减去方案2，则在计算差量成本时也应该用方案1减去方案2，顺序不能颠倒。此外，在两个以上的方案进行比较时，需要逐对进行差量比较，最后得出最优的方案。

【例5-1】大方公司想采用差量分析法对生产A产品和生产B产品两个备选方案进行选择。两种产品的预期销售单价、销售量和单位变动成本如表5-2所示，均没有专属固定成本。请根据资料，确定应生产哪一种产品。

表5-2 大方公司产品生产决策差量分析表

分析项目	A产品	B产品
预期销售单价（元）	30	35
预期销售数量（件）	500	600
单位变动成本（元）	20	28

首先，计算A产品与B产品的差量收入：

差量收入=（30×500）-（35×600）=15 000-21 000=-6 000（元）

其次，计算A产品与B产品的差量成本：

差量成本=（20×500）-（28×600）=10 000-16 800=-6 800（元）

最后，计算A产品与B产品的差量损益：

差量损益=差量收入-差量成本=-6 000-（-6 800）=800（元）

因为差量损益大于零，因此应该选择生产 A 产品。

（二）贡献毛益分析法

贡献毛益分析法是通过比较各备选方案的贡献毛益来选择最优方案的分析方法。在运用贡献毛益分析法时，需要注意以下几点：

1. 由于产品贡献毛益总额的大小既取决于单位产品贡献毛益的大小，也取决于产品的销售量，因而比较时应该按照贡献毛益总额进行，而不能按照单位产品贡献毛益的大小进行。

2. 在某些方案存在专属固定成本的情况下，首先应计算各方案扣除专属固定成本后的剩余贡献毛益，然后再比较各方案的剩余贡献毛益，确定最优方案。

3. 在企业的资源受到限制，生产能力有限的情况下，应选择单位资源贡献毛益最大的方案。

【例 5-2】利源公司准备利用剩余生产能力开发新产品，备选项目有甲、乙、丙三种产品。各产品的预计资料如表 5-3 所示。试采用贡献毛益分析法对三个备选方案进行选择。

表 5-3   利源公司产品生产决策贡献毛益分析表

分析项目	甲产品	乙产品	丙产品
预期销售单价（元）	100	80	70
预期销售数量（件）	1 200	2 000	1 600
单位变动成本（元）	70	50	45

甲产品的贡献毛益总额=（100-70）×1 200=36 000（元）

乙产品的贡献毛益总额=（80-50）×2 000=60 000（元）

丙产品的贡献毛益总额=（70-45）×1 600=40 000（元）

由于乙产品的贡献毛益总额最大，因此应选择生产乙产品。

若利源公司生产乙产品需要租入专属设备，租金总额为 30 000 元，则甲产品的剩余贡献毛益为：

60 000-30 000=30 000（元）

此时，丙产品的剩余贡献毛益总额最大，应选择生产丙产品。

假如利源公司剩余生产能力有限，只有 10 000 个工时，各产品的单位产品定额工时分别为 10 小时、20 小时和 8 小时，则计算结果如表 5-4 所示。

表 5-4　资源限制下的利源公司产品生产决策贡献毛益分析表

分析项目	甲产品	乙产品	丙产品
预期销售单价（元）	100	80	70
预期产销数量（件）	10 000/10=1 000	10 000/20=500	10 000/8=1250
单位变动成本（元）	70	50	45
单位贡献毛益（元）	30	30	25
贡献毛益总额	30 000	15 000	31 250
专属固定成本		30 000	
剩余贡献毛益总额	30 000	−15 000	31250
单位工时贡献毛益	30 000/10 000=3	−15 000/10 000=−1.5	31 250/10 000=3.125

在资源受限时，丙产品剩余贡献毛益总额和单位工时贡献毛益都最大，应该选择生产丙产品。

实际上，贡献毛益分析法与差量分析法没有本质区别，二者都是通过计算并比较销售收入减去专属成本的余额（即剩余贡献毛益额）来做出选择，只不过是计算的方式和步骤有所不同而已。可采用贡献毛益分析法求解的问题，同样也可以用差量分析法求解。

（三）成本无差别点法

一些生产方案只涉及成本不涉及收入，例如不同加工工艺的选择、零部件自制还是外购等。这些方案的选择主要是比较哪种方案的总成本最低，就选择哪种方案。成本无差别点法就是一种比较不同方案的成本的方法。

在成本按习性分类的基础上，总成本可以按照 $y=a+bx$ 来计算。其中，a 是固定成本，b 是单位变动成本，x 是产销量。成本无差别点法就是先计算出两种方案的总成本相同时的产销量，再按照预计产销量大于还是小于无差别点的产销量进行方案的选择。

假设：方案 1 的总成本计算公式为：$y=a_1+b_1x$

方案 2 的总成本计算公式为：$y=a_2+b_2x$

则两种方案总成本相等时，$y=a_1+b_1x=a_2+b_2x$

求得：$x_0=(a_1-a_2)/(b_2-b_1)$

x_0 就是无差别点的产销量。

根据图 5-1 可知，当业务量在 $0-x_0$ 范围时，方案 1 的总成本较小，应选择方案 1；当业务量在 $x_0-+\infty$ 时，方案 2 的总成本较小，应选择方案 2。

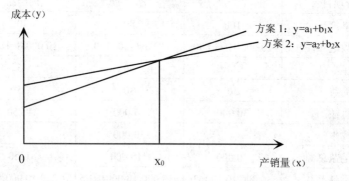

图 5-1　成本无差别点法

【例 5-3】欣欣公司开发生产新产品，有两种工艺可供选择。有关成本数据如表 5-5 所示。

表 5-5　欣欣公司生产决策数据表　　　　　　　单位：元

工艺方案	固定成本总额	单位变动成本
A 方案	8 000	80
B 方案	6 000	100

则可得：

$y_1=8\,000+80x$

$y_2=6\,000+100x$

则无差别点的产销量 $=(8\,000-6\,000)/(100-80)=100$（件）

当产量大于 100 件，假定为 120 件时，则：

$y_1=8\,000+80\times120=17\,600$（元）

$y_2=6\,000+100\times120=18\,000$（元）

此时，由于 A 方案的成本小于 B 方案的成本，应该选择 A 方案。

当产量小于 100 件，假定为 40 件时，则：

$y_1=8\,000+80\times40=11\,200$（元）

$y_2=6\ 000+100×40=10\ 000$（元）

此时，由于 A 方案的成本大于 B 方案的成本，应该选择 B 方案。

第二节 是否生产决策

企业经常需要在组织生产还是不组织生产中做出选择。本节介绍如何进行是否生产的决策，包括是否继续生产亏损产品的决策、是否增产亏损产品的决策、是否接受低价追加订货的决策等内容。

一、是否继续生产亏损产品的决策

对于多品种生产的企业来说，个别品种的产品出现亏损是很正常的现象。那么是否应该停止这些亏损产品的生产呢？首先我们要明白亏损的含义。亏损是指产品的销售收入不能完全弥补产品的成本。由于产品的成本包括变动成本和固定成本两类，因此亏损产品又可分为两种情况：一种情况是销售收入小于产品的变动成本，此时应该立即停产，以减少损失；另一种情况是销售收入大于产品的变动成本，但小于产品的全部成本，这种情况下不应停产，因为此时产品的贡献毛益大于零，销售收入能弥补一部分产品分担的固定成本（当然前提是产品分担的固定成本属于共同成本而不是该产品的专属成本）。此外，即使亏损产品的贡献毛益大于零，如果存在更为有利可图的机会（如转产其他产品、闲置厂房机器出租）能使企业获得更多的贡献毛益，也应该立即停产。

【例 5-4】四季青公司生产甲、乙、丙三种产品，其中乙产品是亏损产品。按照全部成本法计算的产品盈亏资料如表 5-6 所示。请判断是否应该停止生产亏损的乙产品。

表 5-6 四季青公司产品盈亏资料   单位：元

项目	甲产品	乙产品	丙产品	合计
销售收入	5 000	4 000	3 000	12 000
产品成本	3 500	4 500	2 600	10 600
营业利润	1 500	−500	400	1 400

如果只是根据表 5-6，则可能做出停止生产乙产品的决定。但是要做出正确的判断，还应该根据成本形态分析产品成本所包含的具体内容。乙产品的产品成本资料如表 5-7 所示。

表 5-7　乙产品成本资料　　　　　　　　单位：元

项目	乙产品
销售收入	4 000
变动成本	3 000
贡献毛益	1 000
分摊的固定成本	1 000-（-500）=1 500

由表 5-7 可以看出，乙产品的贡献毛益为 1 000 元，该产品实际上为企业分担了 1 500 元的固定成本，在不存在其他更有利可图的情况下，不应停止乙产品的生产。

沿用例 5-4 的资料，假设四季青公司停产乙产品后可以将生产能力转产丁产品，丁产品的预计销售收入为 5 000 元，预计变动成本为 2 800 元，转产丁产品需要租入设备，租金为 800 元。请问是否应该停产乙产品，转产丁产品？

要判断是否应该停产乙产品，转产丁产品，需要比较乙产品和丁产品的剩余贡献毛益哪个更大。

丁产品的剩余贡献毛益计算如表 5-8 所示。

表 5-8　丁产品剩余贡献毛益计算　　　　　　　　单位：元

项目	丁产品
销售收入	5 000
变动成本	2 800
贡献毛益	2 200
专属成本	800
剩余贡献毛益	1 400

因为丁产品的剩余贡献毛益（1 400 元）大于乙产品的剩余贡献毛益（1 000 元），因此应该停止生产乙产品，转产丁产品。

仍然沿用例 5-4 的资料，假设四季青公司停产乙产品后闲置的厂房和机器不能用于其他产品的生产，但可以将闲置的厂房和机器出租，出租净收入为 900 元。则由于闲置厂房和机器出租的贡献（900 元）小于乙产品的贡献毛益（1 000 元），仍然应该继续生产乙产品。

二、是否增产亏损产品的决策

有时，虽然企业某种产品的生产按照全部成本法计算是亏损的，但是市场对该产品仍然有大量的需求，有进一步扩大销售的潜力。那么是否应该增加生产该亏损产品呢？通常只有在企业决定继续生产该亏损产品的前提下，才会考虑是否应该增产该亏损产品。也就是说，该亏损产品的贡献毛益大于零且不存在其他更为有利可图的机会。企业在做出是否增产亏损产品的决策时，可能面对三种不同的情况：（1）企业的剩余生产能力能够满足增产的需要，且这种剩余生产能力无法转移生产别的产品或对外出租；（2）企业的剩余生产能力能够满足增产的需要，但这种剩余生产能力也可用于别的产品的生产或对外出租；（3）企业尚不具备增产的生产能力，需要租入专属设备才能进行增产[①]。下面分别介绍这三种情况下企业应如何做出是否增产亏损产品的决策。

1. 企业剩余生产能力能够满足增产的需要，且这种剩余生产能力无法转移生产别的产品或对外出租。

在这种情况下，因为增产前亏损产品的贡献毛益大于零，说明单位贡献毛益也大于零，每多生产 1 件产品就能多弥补一点固定成本，应该增加生产亏损产品。

【例 5-5】沿用例 5-4 的资料，假定四季青公司具备增产 50%乙产品的能力，且这种剩余生产能力无法转移生产别的产品或对外出租。试判断是否应该增产乙产品。

计算并比较乙产品增产前和增产后的贡献毛益如表 5-9 所示。

---

① 当然，企业也可以通过购买的方式来增加设备，但这属于固定资产投资的问题，涉及多个年度或多个企业的营业周期，超出了本章短期经营决策研究的范围。如何对需要进行固定资产投资的长期项目进行分析是第六章研究的问题。

表 5-9　乙产品增产前和增产后贡献毛益计算表　　　单位：元

方案	增产乙产品	继续按原有规模生产乙产品
销售收入	4 000×（1+50%）=6 000	4 000
变动成本	3 000×（1+50%）=4 500	3 000
贡献毛益	1 500	1 000

可见，增产的贡献毛益大于不增产的贡献毛益，因此应该增产该亏损产品。

2. 企业剩余生产能力能够满足增产的需要，但这种剩余生产能力也可用于别的产品的生产或对外出租。

在这种情况下，如果亏损产品增产部分的贡献毛益大于剩余生产能力转产或对外出租的机会成本，则应该增加生产亏损产品；否则就不应该增产。

【例 5-6】沿用例 5-4 的资料，假定四季青公司具备增产 50%乙产品的生产能力，但这种剩余生产能力可用于对外出租，出租的净收入为 600 元，则计算并比较乙产品增产和不增产的收益如表 5-10 所示。

表 5-10　乙产品增产和不增产的收益比较计算表　　　单位：元

方案	增产乙产品	剩余生产能力对外出租
销售收入	4 000×50%=2 000	
变动成本	3 000×50%=1 500	
贡献毛益	500	600

可见，乙产品增产部分提供的贡献毛益为 500 元，小于剩余生产能力对外出租的收益，因此不应该增产乙产品。

3. 企业尚不具备增产的生产能力，需要租入专属设备才能进行增产。

在这种情况下，需要比较增产部分提供的贡献毛益与租入专属设备成本哪一个更大，若增产部分提供的贡献毛益大于租入专属设备成本，则应该增产该亏损产品。

【例 5-7】沿用例 5-4 的资料，假定乙产品受到市场欢迎，四季青公司可增产 50%的乙产品，但需要租入专属机器设备，租金为 300 元，则计算乙产品增产的收益如表 5-11 所示。

表 5-11　乙产品增产的收益计算表　　　　单位：元

方案	增产乙产品
销售收入	4 000×50%=2 000
变动成本	3 000×50%=1 500
专属成本	300
剩余贡献毛益	200

因为增产部分的剩余贡献毛益为 200 元，大于零，因此应该增产该亏损产品。

三、是否接受低价追加订货的决策

通常企业根据客户的订货要求安排生产。但有时客户会根据市场销售的情况临时提出额外的订货需求，但出价可能低于产品的正常销售价格。那么企业是否应该接受低价追加订货呢？与是否增产亏损产品的决策相类似，企业也可能面对三种不同的情况：（1）企业的剩余生产能力能够满足追加订货的需要，且这种剩余生产能力无法转移生产别的产品或对外出租；（2）企业的剩余生产能力能够满足追加订货的需要，但这种剩余生产能力也可用于别的产品的生产或对外出租；（3）企业尚不具备追加订货的生产能力，需要租入专属设备才能进行生产。

1. 企业剩余生产能力能够满足追加订货的需要，且这种剩余生产能力无法转移生产别的产品或对外出租。

在这种情况下，利用企业闲置的生产能力不会增加固定成本，只要追加订货的贡献毛益大于零，就应该接受低价追加订货的要求。

【例 5-8】鹏飞公司具备生产 20 000 件 A 产品的能力，目前的生产任务为 15 000 件，剩余的生产能力无法转移生产别的产品或对外出租。A 产品的销售单价为 30 元，单位变动成本为 16 元。由于市场销售情况很好，客户要求按照 22 元每件追加订货 3 000 件。试判断公司是否应该接受该低价追加订货的要求。

计算低价订货产品的贡献毛益如表 5-12 所示。

表 5-12   A 产品低价追加订货贡献毛益计算表   单位：元

项目	低价订货 A 产品
销售收入	3 000×22=66 000
变动成本	3 000×16=48 000
贡献毛益	18 000

因为低价订货部分的贡献毛益大于零，因此应该接受该低价追加订货的要求。

2. 企业剩余生产能力能够满足追加订货的需要，但这种剩余生产能力也可用于别的产品的生产或对外出租。

在这种情况下，如果产品追加订货部分的贡献毛益大于剩余生产能力转产或对外出租的机会成本，则应该接受低价追加订货的要求；否则就不接受。

【例 5-9】沿用例 5-8 的资料，假定四季青公司剩余生产能力可用于对外出租，出租的净收入为 2 万元，则计算并比较接受追加订货和不接受追加订货的收益如表 5-13 所示。

表 5-13   接受追加订货和不接受追加订货的收益比较计算表   单位：元

方案	接受追加订货	剩余生产能力对外出租
销售收入	3 000×22=66 000	
变动成本	3 000×16=48 000	
贡献毛益	18 000	20 000

可见，A 产品追加订货提供的贡献毛益为 18 000 元，小于剩余生产能力对外出租的收益，因此不应该接受该追加订货要求。

3. 企业尚不具备追加订货的生产能力，需要租入专属设备才能进行生产。

在这种情况下，需要比较追加订货部分提供的贡献毛益与专属设备成本哪一个更大，若追加订货部分提供的贡献毛益大于专属设备成本，则应该接受该低价追加订货的要求。

【例 5-10】沿用例 5-8 的资料，假定 A 产品为完成追加订货任务需要支付 8 000 元租入专属机器设备，则计算 A 产品低价追加订货的收益如表 5-14 所示。

表 5-14 A 产品追加订货的收益计算表 单位：元

方案	接受追加订货
销售收入	3 000×22=66 000
变动成本	3 000×16=48 000
专属成本	8 000
剩余贡献毛益	10 000

因为追加订货部分的剩余贡献毛益为 10 000 元，大于零，因此应该接受该追加订货要求。

第三节 生产品种决策

生产品种决策主要是解决生产什么品种产品的问题。例如，多个备选方案中应选择哪种产品进行生产、零部件是自制还是外购、产品是否深加工等。第一节已经介绍了如何运用差量分析法和贡献毛益分析法在不同的产品备选方案中进行选择，此处不再赘述。本节主要介绍零部件自制还是外购与产品是否深加工两部分内容。

一、零部件自制还是外购的决策

对于某些企业，零部件可以自己生产也可以向外部供应商购买，这时就需要在零部件自制还是外购中做出选择。从短期经营决策的角度，主要决策方法是比较二者的相关成本，选择成本更低的方案。企业同样可能会遇到三种情况：（1）企业的生产能力能够满足自制零部件的需要，且这种生产能力无法转移生产别的产品或对外出租；（2）企业的生产能力能够满足自制零部件的需要，但这种生产能力也可用于别的产品的生产或对外出租；（3）企业尚不具备自制零部件的生产能力，需要租入专属设备才能进行生产。

1. 企业生产能力能够满足自制零部件的需要，且这种生产能力无法转移生产别的产品或对外出租。

在这种情况下，利用企业闲置的生产能力不会增加企业的固定成本，只需要对自制零部件相关的变动成本与外购零部件的相关成本进行比较，哪个更低就采用哪种方案。

【例5-11】益民公司每年需要甲零件10 000件，该公司具备生产甲零件的能力且该生产能力无法转移生产别的产品或对外出租。甲零件的外购单价为36元，自制的单位直接材料费用为15元，单位直接人工费用为10元，单位制造费用变动成本为3元，单位期间费用变动成本为2元。试判断公司所需要的甲零件应该自制还是外购。

首先，计算甲零件自制的单位变动成本如表5-15所示。

表5-15   甲零件自制的单位变动成本计算表   单位：元

项目	甲零件自制的单位变动成本
直接材料	15
直接人工	10
制造费用变动成本	3
期间费用变动成本	2
合计	30

因为甲零件外购的价格大于自制的成本，因此该公司应该选择自行生产甲零件。

2. 企业生产能力能够满足自制零部件的需要，但这种生产能力也可用于别的产品的生产或对外出租。

在这种情况下，如果企业的剩余生产能力用于别的产品的生产可以节约别的产品的外购成本，或者剩余生产能力对外出租能够产生收益，则都属于企业自制零部件的机会成本，自制零部件的总成本应包括生产相关的变动成本与机会成本之和，然后再与外购零部件的相关成本进行比较，哪个更低就采用哪种方案。

【例5-12】沿用例5-11的资料，假定益民公司的剩余生产能力用于丙产品的生产可以节约丙产品的外购成本0元，则计算并比较自制零部件和外购零部件的相关成本如表 5-16 所示。

表 5-16　自制零部件和外购零部件的相关成本比较计算表　　单位：元

项目	自制零部件	外购零部件	差量
变动成本或 外购价格	30×10 000=300 000	36×100 000=360 000	-60 000
机会成本	80 000		80 000
相关成本合计	380 000	360 000	20 000

可见，自制零部件的总成本大于外购零部件的成本，因此应该选择外购零部件的方案。

3. 企业尚不具备自制零部件的生产能力，需要租入专属设备才能进行生产。

在这种情况下，需要比较自制零部件提供的贡献毛益与租入专属设备的成本哪一个更大，若自制零部件提供的贡献毛益大于租入专属设备的租金，则应该接受该自制零部件的要求。

【例 5-13】沿用例 5-11 的资料，假定 A 产品为完成自制零部件任务需要支付 50 000 元租入机器设备，则计算并比较自制零部件和外购零部件的相关成本如表 5-17 所示。

表 5-17　自制零部件和外购零部件的相关成本比较计算表　　单位：元

项目	自制零部件	外购零部件	差量
变动成本或 外购价格	30×100 000=300 000	36×100 000=360 000	-60 000
专属固定成本	50 000		50 000
相关成本合计	350 000	360 000	-10 000

由于自制零部件的总成本小于外购零部件的成本，因此应该选择自制零部件的方案。

二、产品是否深加工的决策

企业的有些产品既可以直接出售，又可以进一步加工后再出售。这些产品包括半成品、联产品、副产品等。下面着重介绍半成品是否深加工的决策和联产品是否深加工的决策。

（一）半成品是否深加工的决策

半成品是指已经过初步加工、具备独立使用价值，但仍有进一步加工余地的产品。半成品经过深加工就可以变成其他半成品或产成品。例如，棉花经过初步加工，可以制造成棉纱，棉纱经过进一步加工可以制造成布匹；铁矿石经过初步加工，可以制造成生铁，生铁经过进一步加工可以造成钢坯，钢坯再经过加工可以制造成钢材。其中，棉纱、生铁和钢坯都属于半成品，布匹和钢坯属于产成品。是否对半成品进行深加工，主要是考虑进一步加工后增加的收入是否超过增加的成本，如果前者大于后者，则应该进一步加工后再出售；反之，则不需要进一步加工，直接出售。进行这类决策，企业可以采用差量分析法或贡献毛益分析法来求解。以半成品深加工后变为产成品为例，采用差量分析法的有关计算方法如表 5-18 所示。

表 5-18　半成品是否深加工的差量损益计算表　　　　　单位：元

项目	加工半成品	直接出售半成品	差额
相关收入	产成品单价×产成品销量	半成品单价×半成品销量	差量收入
相关成本：			差量成本
加工成本	单位加工成本×加工数量	—	
专属成本	为完成加工任务租入机器的成本	—	
机会成本	放弃的其他最大获利机会的收益值	—	
小计	……	……	……
差额			差量损益

类似地，企业同样可能会遇到三种情况：（1）企业具备将全部半成品深加工为产成品的能力，且这种生产能力无法转移生产别的产品或对外出租；（2）企业的生产能力能够满足半成品深加工为产成品的需要，但这种生产能力也可用于别的产品的生产或对外出租；（3）企业尚不具备将全部半成品深加工为产成品的能力，需要租入专属设备才能完成生产。

1. 企业具备将全部半成品深加工为产成品的能力，且这种生产能力无法转移生产别的产品或对外出租。

在这种情况下，利用企业闲置的生产能力不会增加企业的固定成本，相关成本只有加工成本一项。计算加工半成品与直接出售半成品的差量损益，若差量损益大于零则选择继续加工半成品，反之则选择直接出售半成品。

【例 5-14】飞翔公司每年生产乙半成品 50 000 件，该公司具备将半成品继续加工成丙产成品的能力且该生产能力无法转移或出租。乙半成品的销售单价为 20 元，加工成产成品的比例为 1:1，单位加工成本为 25 元。丙产成品的销售单价为 50 元。试利用差量分析法决定是否对乙半成品进行深加工。

飞翔公司半成品深加工的差量分析如表 5-19 所示。

表 5-19　飞翔公司半成品是否深加工的差量损益计算表　　单位：元

项目	加工半成品	直接出售半成品	差额
相关收入	50×50 000	20×50 000	1 500 000
相关成本：			
加工成本	25×50 000	—	1 250 000
小计	1 250 000	0	
差额			250 000

因为差量损益大于零，因此该公司应该选择对乙半成品继续深加工。

2. 企业的生产能力能够满足半成品深加工为产成品的需要，但这种生产能力也可用于别的产品的生产或对外出租。

在这种情况下，继续深加工半成品的总成本应包括加工成本与生产能力转产或出租的机会成本。同样地，计算加工半成品与直接出售半成品的差量损益，若差量损益大于零则选择继续加工半成品，反之则选择直接出售半成品。

【例 5-15】沿用例 5-14 的资料，假定飞翔公司的剩余生产能力用于出租可以产生 300 000 元的净收益，则差量分析法计算如表 5-20 所示。

表 5-20   可出租情况下飞翔公司半成品是否深加工的差量损益计算表   单位：元

项目	加工半成品	直接出售半成品	差额
相关收入	50×50 000	20×50 000	1 500 000
相关成本：			
加工成本	25×50 000	—	
机会成本	300 000		
小计	1 550 000		1 550 000
差额			−50 000

因为差量损益小于零，因此该公司应选择直接出售乙半成品。

3. 企业尚不具备将全部半成品深加工为产成品的能力，需要租入专属设备才能完成生产。

在这种情况下，继续深加工半成品的总成本应包括加工成本、生产能力转产或出租的机会成本和专属固定成本。同样地，计算加工半成品与直接出售半成品的差量损益，若差量损益大于零则选择继续加工半成品，反之则选择直接出售半成品。

【例 5-16】沿用例 5-14 的资料，假定飞翔公司的剩余生产能力只能加工 30 000 件乙半成品，剩余生产能力用于出租可以产生 100 000 元的净收益。若需完成对剩余 20 000 件乙半成品加工，则需支付 120 000 元租入机器设备。试判断该公司对乙半成品应该继续加工还是直接出售。

需要将乙半成品分为 30 000 件和 20 000 件两部分分别判断。采用差量分析法分别计算如表 5-21 和表 5-22 所示。

表 5-21   飞翔公司 30 000 件乙半成品深加工的差量损益计算表   单位：元

项目	加工 30 000 件半成品	直接出售 30 000 件半成品	差额
相关收入	50×30 000	20×30 000	900 000
相关成本：			
加工成本	25×30 000	—	
机会成本	100 000		
小计	850 000		850 000
差额			50 000

因为差量损益大于零，因此该公司应该选择对 30 000 件乙半成品继续深加工。

表 5-22　飞翔公司 20 000 件乙半成品深加工的差量损益计算表　　单位：元

项目	加工 20 000 件半成品	直接出售 20 000 件半成品	差额
相关收入	50×20 000	20×20 000	600 000
相关成本：			
加工成本	25×20 000	—	
专属成本	120 000		
小计	620 000		620 000
差额			-20 000

因为差量损益小于零，因此该公司应该选择对其余 20 000 件乙半成品直接出售。

（二）联产品是否深加工的决策

有些企业对同一种原材料进行加工可以生产出多种主要产品。例如，对原油进行提炼可以同时生产出汽油、柴油、煤油，水分解之后可以得到氢气和氧气，对甘蔗进行加工同时生产出白砂糖和赤砂糖等。这些联合生产出的产品称为联产品。联产品一般到生产结束才能分离开，但也有在生产过程中就分离的。分离以后，一些联产品还需要进一步加工，才能制成产成品。在分离之前的成本属于联合成本，要按照销售单价等标准分配给各个产品。在分离之后，个别联产品发生的继续加工费用和专属固定成本称为可分成本。联合成本属于沉没成本，企业在进行联产品是否进行深加工的决策时，主要考虑进一步加工后增加的收入是否超过可分成本，如果前者大于后者，则应该进一步加工后再出售；反之，则不需要进一步加工，直接出售。同样，企业也可以采用差量分析法或贡献毛益分析法来求解。类似地，企业继续对联产品进行深加工发生的可分成本也包括加工成本、机会成本、专属成本等。

【例 5-17】大成公司采用同一种原材料可以生产出甲、乙、丙三种主要产品，三种产品的销售单价分别为 80 元、70 元和 50 元，数量分别为 800 件、1 000 件和 1 800 件。总的联合成本为 400 000 元。该公司具备将甲产品继续加工成丁产品的能力，该生产能力出租可获得净收益为 10 000 元，投入产出数量的比例为 1:0.5，单位丁产品的加工成本为 60 元，销售单价为 240 元。如果要将乙产品继续加工成戊产品，需要支付 20 000 元租入机器设备一台，投入产出数量的比例为 1:0.8，单位戊产品的加工成本为 30 元，销售单价为 180 元。试利用差量分析法决定是否应该对甲产品、乙产品进行深加工。

采用差量分析法对甲产品和乙产品分别计算如表 5-23 和表 5-24 所示。

表 5-23   大成公司甲产品深加工的差量损益计算表   单位：元

项目	加工成丁产品	直接出售甲产品	差额
相关收入	240×400	80×800	32 000
相关成本：			
加工成本	60×400	—	
可分成本小计	24 000		
机会成本	10 000		
相关成本小计	34 000		34 000
差额			-2 000

因为差量损益小于零，因此该公司应该将甲产品直接出售，不需进一步加工成丁产品。

表 5-24   大成公司乙产品深加工的差量损益计算表   单位：元

项目	加工成戊产品	直接出售乙产品	差额
相关收入	180×800	70×1 000	74 000
相关成本：			
加工成本	30×800	—	
专属成本	20 000		
可分成本小计	44 000		
相关成本小计	44 000		44 000
差额			30 000

因为差量损益大于零，因此该公司应该将乙产品继续加工成戊产品。

第四节　如何生产决策

如何生产决策是指企业如何在完成生产任务的各个备选方案中进行选择，以及在资源有限的情况下如何组织生产的决策。例如，在同一种产品的多个备选工艺方案中应选择哪种方案进行生产、追加的生产任务应该交给谁独立完成、资源有限的情况下生产产品的优化组合等。下面对这些内容逐一加以介绍。

一、不同生产工艺方案的选择决策

企业生产某种产品时，往往面临不同的生产工艺方案。如何在这些方案中进行选择呢？在生产的产品质量相同的情况下，哪种方案的总成本最低，就选择哪种方案。常用的方法是成本无差别点法，就是通过联立方程或图解法找出不同方案的成本的无差别点，然后根据业务量所处的范围决定选用哪种生产工艺方案。

【例 5-18】圆通公司开发生产 A 产品，有手工加工、半机械加工和自动化加工三种生产工艺方案可供选择。有关成本数据如表 5-25 所示。

表 5-25　圆通公司生产工艺方案数据表　　　　单位：元

工艺方案	固定成本总额	单位变动成本
方案 1：手工加工	80 000	60
方案 2：半机械加工	120 000	40
方案 3：自动化加工	200 000	20

即：

$y_1 = 80\ 000 + 60x$；$y_2 = 120\ 000 + 40x$；$y_3 = 200\ 000 + 20x$

令上述三式两两相等，则可得出三种生产工艺方案的成本无差别点：

$x_1 = 2\ 000$（件）；$x_2 = 3\ 000$（件）；$x_3 = 4\ 000$（件）

也可以通过画图法来确定成本无差别点，如图 5-2 所示。

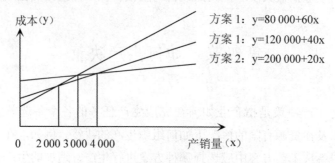

图 5-2   通过画图法来确定成本无差别点

根据图 5-2 可知，当业务量在 0—2 000 范围时，方案 1 的总成本较小，应选择方案 1；当业务量在 2 000—4 000 范围时，方案 2 的总成本较小，应选择方案 2；当业务量在 4 000—+∞ 范围时，方案 3 的总成本较小，应选择方案 3。

二、追加任务交给谁独立完成的决策

当公司下属的几个分厂都具备独立完成某一追加生产任务的时候，应该将任务下达给哪个分厂呢？由于各分厂的固定成本一般为共同成本，属于无关成本，因此在不涉及机会成本和专属成本时，以单位变动成本孰低为取舍标准；在涉及机会成本或专属成本时，以相关总成本最低为取舍标准。

【例 5-19】原野公司 2020 年接到客户的一批数量为 2 000 件的追加订货任务，下属甲、乙、丙三个分厂均有能力完成。甲分厂上报的单位成本为 18 元，其中单位变动成本为 12 元；乙分厂上报的单位成本为 16 元，其中单位变动成本为 10 元；丙分厂上报的单位成本为 21 元，其中单位变动成本为 16 元。甲分厂要完成该批订货任务，需要租入机器设备一台，租金为 18 000 元。乙分厂若不接受该批生产任务，可以将闲置的生产能力出租，出租的净收益为 10 000 元。试通过计算各分厂生产的总成本，决定追加任务应该交给哪个分厂完成。

采用差量分析法对甲分厂、乙分厂和丙分厂完成任务的成本分别计算如表 5-26 所示。

表 5-26 原野公司各分厂完成追加任务成本计算表 单位：元

项目	甲分厂生产	乙分厂生产	丙分厂生产
相关成本：			
加工成本	12×2 000=24 000	10×2 000=20 000	16×2 000=32 000
专属成本	18 000	—	—
机会成本	—	10 000	—
小计	42 000	30 000	32 000

因为由乙分厂生产的相关成本最低，因此公司应该将该批追加生产任务下达给乙分厂生产。

三、资源有限情况下生产产品的组合决策

如果企业对拟生产的全部产品都有充足的资源供应，那么企业显然会选择单位贡献毛益最大的产品进行生产。但是，实际生活中企业的生产通常都会受到资源的约束，这些资源约束包括原材料供应不足、熟练工人的缺乏、设备使用时间的限制、仓库储存容积的限制等。在资源受限的情况下，企业不能只以单位贡献毛益作为判断标准，应该考虑各种产品对资源的消耗程度。有的产品虽然单位贡献毛益比较大，但是单位资源消耗也比较大，这样就不一定能达到贡献毛益总额最大化的目标。在只有一种资源受到限制的情况下，企业应该优先生产单位资源贡献毛益最大的产品，计算公式如下：

$$单位资源贡献毛益 = \frac{单位产品贡献毛益}{单位产品资源消耗量}$$

如果企业的销售量还受到市场接纳程度的限制，此时应该先按照各种产品单位资源贡献毛益的大小排序，按照这个顺序在销量的范围内依次安排各种产品的生产，直至资源被完全分配光为止。

【例 5-20】风华公司的机器设备可生产甲、乙、丙三种产品。公司机器设备每年的最大生产能力为 20 000 个机器工时，各种产品的销售单价、耗用成本和资源消耗量如表 5-27 所示。试判断应如何安排生产才能使企业的收益最大化。

表 5-27   风华公司各产品数据资料

项目	甲产品	乙产品	丙产品
预计销售单价（元）	80	70	60
单位变动成本（元）	50	45	40
单位贡献毛益（元）	30	25	20
单位消耗机器工时（小时）	4	5	5
单位资源贡献毛益（元/小时）	7.5	5	4
每年最大需求量（件）	2 000	1 800	1 600

因为由甲产品的单位资源贡献毛益最高，因此公司应该首先安排甲产品的生产。

甲产品最大产量耗用工时=4×2 000=8 000（小时），剩余工时为 12 000小时；

乙产品最大产量耗用工时=5×1 800=9 000（小时），剩余工时为 3 000小时；

丙产品只有 3 000 小时的机器使用时间，可以生产的产品数量=3 000/5=600（件）。

因此，风华公司应该安排生产甲产品 2 000 件、乙产品 1 800 件、丙产品 600 件，这样企业的收益最大。

如果企业的资源限制不止一项，可以使用线性规划法来进行产品生产组合的安排。仍沿用例 5-20 的数据资料，假设除了机器小时的限制外，原材料的供应也有限，每年的最大供应量为 22 000 千克。单位甲产品耗用的原材料为 6 千克，单位乙产品耗用的原材料为 5 千克，单位丙产品耗用的原材料为 4 千克。则根据相关数据建立线性规划模型如下：

假设甲、乙、丙产品的经济产量分别为 q_1、q_2、q_3，则目标函数为：

$P=30q_1+25q_2+20q_3$

约束条件：
$$\begin{cases} 4q_1+5q_2+5q_3 \leqslant 20\,000 \\ 6q_1+5q_2+4q_3 \leqslant 22\,000 \\ q_1 \leqslant 2\,000 \\ q_2 \leqslant 1\,800 \\ q_3 \leqslant 1\,600 \\ q_1,q_2,q_3 \geqslant 0 \end{cases}$$

线性规划的求解可以通过 Excel 软件来进行。步骤如下（参见表 5-28）：

1. 点击"文件"菜单里面的"选项"，然后点击"自定义功能区"，在"自定义功能区"对话框中点选"开发工具"，点击"确定"。然后，点击"开发工具"菜单里面的"Excel 加载项"，点选里面的"规划求解加载项"，点击"确定"即可。

2. 在 Excel 数据表中输入相应的数据。

表中各数据说明如下：

C3：甲产品的经济产量；

D3：乙产品的经济产量；

E3：丙产品的经济产量；

C4、D4、E4 分别为三种产品的单位贡献毛益；

C5、D5、E5 分别为三种产品各自的贡献毛益总额，C5=C4×C3，D5、E5 以此类推，B2=C5+D5+E5，即为全部产品的贡献毛益总额；

C6=4×C3+5×D3+5×E3，C7=6×C3+5×D3+4×E3；

C8=C3，C9=D3，C10=E3；

C11=C3，C12=D3，C13=E3。

表 5-28　线性规划 Excel 数据表

A1	B	C	D	E
2	0	甲产品	乙产品	丙产品
3	经济产量			
4	单位贡献毛益	30	25	20
5	贡献毛益总额	0	0	0
6	工时限制	0	20 000	
7	原材料限制	0	22 000	
8	甲产品销量限制	0	2 000	
9	乙产品销量限制	0	1 800	
10	丙产品销量限制	0	1 600	
11	甲产量大于零	0	0	
12	乙产量大于零	0	0	
13	丙产量大于零	0	0	

3. 进行规划求解。选择"数据"菜单中的"规划求解"项，弹出"规划求解参数"对话框。在"设置目标单元格"中选择目标函数值所在的单元格即 B2 单元格，选择"最大值"。可变单元格选择 C3、D3、E3，点击约束框中的"添加"，将各项约束加入约束框。完成后点击"确认"按钮，回到"规划求解参数"对话框，点击"选项"按钮，选中"单纯线性规划"选项，点击"确定"，点击"求解"按钮。出现"规划求解结果"对话框，选择"保存规划求解结果"，在报告框中，选中"运算结果报告"和"敏感性报告"，点击"确定"。这时，Excel 会生成两个新的工作表"运算结果报告 1"和"敏感性报告 1"，用来显示运算结果和敏感性分析结果。

运算结果显示，甲、乙、丙产品的经济产量分别为 2 000、1 800、250 件，全部产品的最大贡献毛益总额为 110 000 元，此时原材料到达最大限制值，工时未到最大限制值。此外，在敏感性分析表中，还可以分析最优配置对目标函数的系数和限制条件的敏感程度。

第五节　不确定条件下的生产决策

有时候，企业的管理者对生产成本或未来的销售情况并不十分明确，但能估计出将发生哪些情况以及各种情况发生的概率。在不确定的情况下，可以采用概率分析法、大中取大法、小中取大法、大中取小法和折中决策法等方法来进行生产决策。

一、概率分析法

概率分析法是对各种可能的情况按照发生的联合概率进行加权平均，得出最终期望值的方法。其分析的步骤是：

1. 确定与决策有关的变量及其可能出现的预期值；

2. 确定各变量每种预期值出现的概率，计算各种情况出现的联合概率；

3. 按照联合概率进行加权平均，求出最终期望值。

【例 5-21】大成公司准备开发一种新产品，现有甲、乙两种产品可供选择。甲产品预计销售单价为 120 元，可能的销售量分别为 600 件、800

件和 1 000 件，发生的概率分别为 50%、30%、20%；预计可能的单位变动成本分别为 70 元、80 元、90 元，发生的概率分别为 40%、30%、30%；预计固定成本总额可能为 20 000 元和 25 000 元，发生的概率分别为 50% 和 50%。乙产品预计销售单价为 100 元，可能的销售量分别为 800 件、900 件和 1000 件，发生的概率分别为 60%、20%、20%；预计可能的单位变动成本分别为 60 元、70 元、80 元，发生的概率分别为 50%、30%、20%；预计固定成本总额可能为 24 000 元和 26 000 元，发生的概率分别为 70% 和 30%。试采用概率分析法判断大成公司应该开发哪一种产品。

甲产品各种情况的利润和联合概率计算如表 5-29 所示。

表 5-29 甲产品各种情况联合概率计算表　　　　　单位：元

销售单价：120				
销售量	单位变动成本	固定成本	利润（p_i）	联合概率（q_i）
600	70	20 000	600×（120−70）−20 000=10 000	50%×40%×50%=10%
600	80	20 000	600×（120−80）−20 000=4 000	50%×30%×50%=7.5%
600	90	20 000	600×（120−90）−20 000=−2 000	50%×30%×50%=7.5%
600	70	25 000	600×（120−70）−25 000=5 000	50%×40%×50%=10%
600	80	25 000	600×（120−80）−25 000=−1 000	50%×30%×50%=7.5%
600	90	25 000	600×（120−90）−25 000=−7 000	50%×30%×50%=7.5%
800	70	20 000	800×（120−70）−20 000=20 000	30%×40%×50%=6%
800	80	20 000	800×（120−80）−20 000=12 000	30%×30%×50%=4.5%
800	90	20 000	800×（120−90）−20 000=4 000	30%×30%×50%=4.5%
800	70	25 000	800×（120−70）−25 000=15 000	30%×40%×50%=6%
800	80	25 000	800×（120−80）−25 000=7 000	30%×30%×50%=4.5%
800	90	25 000	800×（120−90）−25 000=−1 000	30%×30%×50%=4.5%
1 000	70	20 000	1 000×（120−70）−20 000=30 000	20%×40%×50%=4%
1 000	80	20 000	1 000×（120−80）−20 000=20 000	20%×30%×50%=3%
1 000	90	20 000	1 000×（120−90）−20 000=10 000	20%×30%×50%=3%
1 000	70	25 000	1 000×（120−70）−25 000=25 000	20%×40%×50%=4%
1 000	80	25 000	1 000×（120−80）−25 000=15 000	20%×30%×50%=3%
1 000	90	25 000	1 000×（120−90）−25 000=5 000	20%×30%×50%=3%

$$甲产品利润的最终期望值=\sum_{i=1}^{18}p_iq_i=7\ 840（元）$$

乙产品各种情况出现的联合概率计算如表 5-30 所示。

表 5-30   乙产品各种情况联合概率计算表   单位：元

销售量	单位变动成本	固定成本	利润（pi）	联合概率（qi）
			销售单价：100	
800	60	24 000	800×（100-60）-24 000=8 000	60%×50%×70%=21%
800	70	24 000	800×（100-70）-24 000=0	60%×30%×70%=12.6%
800	80	24 000	800×（100-80）-24 000=-8 000	60%×20%×70%=8.4%
800	60	26 000	800×（100-60）-26 000=6 000	60%×50%×30%=9%
800	70	26 000	800×（100-70）-26 000=-2 000	60%×30%×30%=5.4%
800	80	26 000	800×（100-80）-26 000=-1 0000	60%×20%×30%=3.6%
900	60	24 000	900×（100-60）-24 000=12 000	20%×50%×70%=7%
900	70	24 000	900×（100-70）-24 000=3 000	20%×30%×70%=4.2%
900	80	24 000	900×（100-80）-24 000=-6 000	20%×20%×70%=2.8%
900	60	26 000	900×（100-60）-26 000=1 0000	20%×50%×30%=3%
900	70	26 000	900×（100-70）-26 000=1 000	20%×30%×30%=1.8%
900	80	26 000	900×（100-80）-26 000=-8 000	20%×20%×30%=1.2%
1 000	60	24 000	1 000×（100-60）-24 000=16 000	20%×50%×70%=7%
1 000	70	24 000	1 000×（100-70）-24 000=6 000	20%×30%×70%=4.2%
1 000	80	24 000	1 000×（100-80）-24 000=-4 000	20%×20%×70%=2.8%
1 000	60	26 000	1 000×（100-60）-26 000=14 000	20%×50%×30%=3%
1 000	70	26 000	1 000×（100-70）-26 000=4 000	20%×30%×30%=1.8%
1 000	80	26 000	1 000×（100-80）-26 000=-6 000	20%×20%×30%=1.2%

乙产品利润的最终期望值$=\sum_{i=1}^{18} p_i q_i =3\ 780$（元）

由于甲产品的利润最终期望值更大，所以应该生产甲产品。

二、大中取大法

可能变量的各种预期值出现的概率也无法确定，这时又有几种决策方法。大中取大法又称为最大的最大收益值法，是在几种不确定的随机事件中，选择最大市场需求情况下的收益值最大的方案作为入选方案的决策方法。在短期决策中，收益值一般指贡献毛益总额或者利润总额。

【例 5-22】利达公司准备开发一种新产品，根据市场调查的结果提出三种生产方案，预计不同方案下的贡献毛益总额如表 5-31 所示。

表 5-31　各种方案预期贡献毛益总额　　　　　单位：元

产量（件）	产品畅销	产品平销	产品滞销
3 000	60 000	45 000	30 000
3 600	70 000	52 000	34 000
4 000	75 000	57 000	33 000

按照大中取大法，应该选取产品畅销情况下贡献毛益总额最大的方案，即产量为 4 000 件时的生产方案。

三、小中取大法

小中取大法是在几种不确定的随机事件中，选择最小市场需求情况下的收益值最大的方案作为入选方案的决策方法。相对于大中取大法而言，此种方案比较稳健。

沿用例 5-22 的资料，按照小中取大法，应该选取产品滞销情况下贡献毛益总额最大的方案，即产量为 3 600 件时的生产方案。

四、大中取小法

大中取小法又称为最小的最大后悔值法，是在几种不确定的随机事件中，选择最大后悔值中的最小值方案作为入选方案的决策方法。后悔值是指各种不同市场需求情况下的最大收益值超过本方案收益值的差额，表示如果选错方案将会遭受的损失额。此种方案也比较稳健。

按照例 5-22 的数据资料，计算后悔值如表 5-32 所示。

表 5-32　各种方案预期贡献毛益总额　　　　　单位：元

产量（件）	产品畅销	产品平销	产品滞销	最大后悔值
3 000	75 000-60 000=15 000	57 000-45 000=12 000	34 000-30 000=4 000	31 000
3 600	75 000-70 000=5 000	57 000-52 000=5 000	34 000-34 000=0	10 000
4 000	75 000-75 000=0	57 000-57 000=0	34 000-33 000=1 000	1 000

最大后悔值中的最小值为 1 000 元，此时的产量为 4 000 件，即为最优方案。

五、折中决策法

这种方法先确定一个 0—1 之间的乐观系数 α，将乐观系数与各个方案下的最高收益值相乘，1 减去乐观系数的余数与各个方案下的最低收益值相乘，二者之和最大的方案即为最优方案。乐观系数 α 如果接近 1，则比较乐观，接近 0，则比较悲观。

假设乐观系数 α =0.4，按照例 5-22 的数据资料，计算各个方案的期望值如下：

产量为 3 000 件时：60 000×0.4+30 000×0.6=42 000（元）

产量为 3 600 件时：70 000×0.4+34 000×0.6=48 400（元）

产量为 4 000 件时：75 000×0.4+33 000×0.6=49 800（元）

产量为 4 000 件时的期望值最高，因此选择该方案为入选方案。

第六节　定价决策

定价是企业重要的短期经营决策。产品价格制定得适当与否，往往决定了该产品能否为市场所接受，能否实现企业预定的目标。定价决策也是企业营销战略的重要组成部分。

一、企业在定价时要考虑的因素

（一）市场需求状况

在市场经济环境下，产品的定价必须考虑市场的需求情况，根据客观的供求规律去测定价格。定价必须适中，如果过高就会被市场抛弃，无人理会；如果过低又会给企业带来不必要的损失。市场需求与价格的关系可以用需求价格弹性来反映。需求价格弹性是指在其他条件不变的情况下，商品的需求量随价格的升降而变动的程度，等于商品需求变化率与价格变化率之比。需求价格弹性大的商品，价格的调整对需求的影响也大；需求价格弹性小的商品，价格的调整对需求的影响也较小，企业应该根据不同产品的情况做出定价决策。

（二）产品的成本

成本是影响价格的最直接的因素。一般而言，产品的定价应该高于成本，否则就会亏本。低成本的企业能够设定较低的价格，从而获得竞争优势。因此，企业必须做好成本控制与管理工作，为产品定价决策打好基础。

（三）企业的营销战略

在企业的营销战略中，产品的价格与产品设计、产品推销、售后服务一起组成一个营销方案，定价是营销战略的重要组成部分，因此在制定价格时必须考虑企业整个的营销战略。如果产品的售价过低，可能会影响产品的质量，给售后服务带来较大的压力；反之，如果产品售价过高，又不利于开拓市场。因此，企业的定价决策必须与整个营销战略结合起来。

（四）竞争和科学技术发展的情况

产品竞争的激烈程度极大地影响着定价。完全竞争的市场，企业几乎没有任何定价的主动权，在垄断竞争和寡头竞争的市场上，企业可以对价格有一定的影响力。企业在定价时不能盲目操作，要参考竞争对手的实力及其定价策略，做到知己知彼。此外，现代社会科学技术的发展十分迅猛，产品更新换代的步伐越来越快，这种状况势必对产品的定价造成影响。在新产品试销初期，企业可以采用高价格迅速回收成本，但随后为获得市场份额就需要采取适中或较低的价格，以防其他企业推出更新技术的产品使本企业的产品由于过时和价高被市场迅速抛弃。

（五）政策法规

政策法规也是一个重要的影响因素。每个国家对物价的高低和变动都有严密的监控和法规限制，对于居民基本的生活用品不允许价格出现暴涨或暴跌，以免造成不安定因素。国家还通过调控生产要素市场、汇率利率和关税等手段来间接调节价格。因此，企业必须充分了解国家的政策法规，在不违法的情况下寻找最优的定价决策。

二、定价决策的基本方法

（一）成本加成定价法

通常产品成本是价格的低限。企业可以在单位产品成本的基础上进行加成来确定产品的目标价格，这种方法称为成本加成定价法。基本公式为：

销售单价=单位产品成本×（1+成本加成率）

这种方法按照成本基数的不同又可分为制造成本加成法和变动成本加成法。

1. 制造成本加成法

在制造成本加成法下，成本基数为产品的制造成本，加成部分为企业的非制造成本与目标利润之和。这是由于企业的总成本包括制造成本和非制造成本两部分，因此加成部分必须首先弥补企业的非制造成本，扣除非制造成本后剩余的部分才是企业的利润。

【例 5-23】华城公司开发了一种新产品，考虑如何为该产品定价，相关的成本资料如表 5-33 所示。

表 5-33   华城公司新产品相关成本资料   单位：元

成本项目	单位产品
直接材料	15
直接人工	5
变动制造费用	2
固定制造费用	3
期间变动成本	2
期间固定成本	1

假定该公司决定在制造成本的基础上，加成40%作为产品的销售价格，则目标价格的计算如表 5-34 所示。

表 5-34   华城公司新产品目标价格计算——制造成本加成法   单位：元

成本项目	单位产品
直接材料	15
直接人工	5
变动制造费用	2
固定制造费用	3
单位制造成本	25
加成数额	25×40%=10
目标销售价格	35

根据计算结果，按照制造成本加成，目标销售价格为 35 元。

2. 变动成本加成法

在变动成本加成法下，成本基数为产品的变动成本，加成部分为企业的固定成本与目标利润之和。加成部分必须首先弥补企业的固定成本，扣除固定成本后剩余的部分才是企业的利润。

沿用例 5-23 的数据资料，假设该公司确定采用变动成本加成法，在变动成本的基础上加成 50%作为产品的销售价格，则目标价格的计算如表 5-35 所示。

表 5-35　华城公司新产品目标价格计算——变动成本加成法　　单位：元

成本项目	单位产品
直接材料	15
直接人工	5
变动制造费用	2
期间变动成本	2
单位变动成本	24
加成数额	24×50%=12
目标销售价格	36

根据计算结果，按照变动成本加成，目标销售价格为 36 元。

（二）边际成本定价法

边际成本是指每增加销售 1 个单位（可以是 1 件、5 件、10 件、20 件等）的产品所增加的成本。边际收入是指每增加销售 1 个单位的产品所增加的销售收入。边际收入减去边际成本就是边际利润。通常随着销售量的增加，边际收入将不断下降，导致边际利润也不断下降。当边际利润下降为零时，企业的利润达到最大值。利用边际成本等于边际收入时利润最大的原理确定产品价格的方法，称为边际成本定价法。下面举例说明边际成本定价法的应用。

【例 5-24】大方公司开发了一种新产品，固定成本为 10 000 元，单位产品的变动成本为 20 元。通过产品试销，取得不同价格水平时的销售资料如表 5-36 所示。

表 5-36   大方公司新产品试销调查资料   单位：元

单价	80	75	70	65	60	55	50	48	47	45	40
销售量（件）	200	220	250	300	370	450	530	570	590	630	770
销售收入	16 000	16 500	17 500	19 500	22 200	24 750	26 500	27 360	27 730	28 350	30 800

整理计算如表 5-37 所示。

表 5-37   大方公司边际利润计算表   单位：元

销售量（件）	销售单价	销售收入	边际收入	总成本	边际成本	边际利润	利润
200	80	16 000	—	14 000	—	—	2 000
220	75	16 500	500	14 400	400	100	2 100
250	70	17 500	1 000	15 000	600	400	2 500
300	65	19 500	2 000	16 000	1 000	1 000	3 500
370	60	22 200	2 700	17 400	1 400	1 300	4 800
450	55	24 750	2 550	19 000	1 600	950	5 750
530	50	26 500	1 750	20 600	1 600	150	5 900
570	48	27 360	860	21 400	800	60	5 960
590	47	27 730	370	21 800	400	−30	5 930
630	45	28 350	620	22 600	800	−180	5 750
770	40	30 800	2 450	25 400	2 800	−350	5 400

由表 5-37 可知，当销售单价为 48 元时，边际利润为 60 元；当销售单价为 47 元时，边际利润为-30 元，因此应该选择 48 元为该产品的销售单价。

如果能够找到准确的销售单价与销售量之间的函数关系，则可以利用求导的方法来确定最优销售单价。

【例 5-25】原野公司开发了一种新产品，该产品的售价与销售量之间的关系为 P=80-3X，总成本 TC=100+10X+0.5X^2。试用边际成本定价法确定最优价格。

总收入 TR=X（80-3X）=-3X^2+80X

利润 TP=TR-TC=-3X^2+80X-（100+10X+0.5X^2）=-3.5X^2+70X-100

对利润 TP 求导，得到边际利润=-7X+70，令边际利润=0，可得 X=10

因此，最优销售量为 10 件，此时的最优售价为=80-3×10=50（元）。

（三）利润无差别点定价法

　　企业制定的产品售价不可能一成不变，经常需要根据市场状况及时调整价格，以保持或提高企业的盈利水平。调价往往只涉及价格和销售量的变动，与成本无关，通常采取利润无差别点法来判断是否应该调价。利润无差别点法就是先计算确定维持原有利润水平不变的调价后的销售量，然后与调价后的预计销售量相比较，如果调价后的预计销售量小于利润无差别时的销售量，则不应调价，反之则应该调价。计算公式为：

$$利润无差别点销售量=\frac{固定成本+调价前可获得的利润}{调整后的单价-单位变动成本}$$

$$=\frac{调价前贡献毛益总额}{调整后的单价-单位变动成本}$$

　　【例 5-26】希望公司生产的甲产品售价为 100 元，销售量为 500 件，固定成本为 20 000 元，单位变动成本为 40 元。希望公司想把售价提高 20%，即调整到 120 元，预计调价后的销售量将为 400 件。试采用利润无差别点法判断该调价是否可行。

　　按照公式计算如下：

$$利润无差别点销售量=\frac{调价前贡献毛益总额}{调整后的单价-单位变动成本}$$

$$=\frac{（100-40）×500}{120-40}=375（件）$$

由于预计调价后的销售量大于 375 件，因此应该调价。

第七节　存货决策

　　按照企业会计准则的规定，存货是指企业在日常活动中持有以备出售的产成品或商品、处在生产过程中的在产品、在生产过程或提供劳务过程中耗用的材料、物料等。企业持有存货的最终目标是为了出售。对于绝大多数制造业企业来说,持有一定量的存货是生产经营持续进行的必备条件,但是企业持有存货也不可避免地会产生一定的成本。如何计算持有存货的成本与收益,在不同存货持有方案之间进行抉择就是存货决策的基本内容。

一、存货的相关成本

通常与存货相关的成本包括以下三类:

(一)取得成本

取得成本是指存货入库之前发生的成本,包括存货的采购成本和订货成本。存货的采购成本是指存货从采购到入库之前发生的全部支出,包括购买价款、相关税费、运输费、装卸费、保险费以及其他可以归属于存货采购成本的费用。存货的订购成本包括编制和处理订货单的费用以及采购人员的工资、差旅费、通信费等。订货成本又可以分为固定订货成本和变动订货成本两部分。固定订货成本是指不随订货次数变化的成本,如采购部门的管理费用及采购人员的基本工资等。变动订货成本是指与订货次数成正比例变动的成本,如编制和处理订货单的费用等。用公式表示为:

取得成本=采购成本+订货成本

　　　　=采购成本+固定订货成本+变动订货成本

即:$TC_a = DU + F_a + \dfrac{D}{Q} K_a$

其中,D 表示年存货需求量,U 表示购买单价,F_a 表示固定订货成本,Q 表示每次的采购批量,K_a 表示每次采购的变动订货成本。

(二)储存成本

储存成本是指为储存存货发生的成本,也可以分为固定储存成本和变动储存成本。固定储存成本不随存货量的变动而变动,如仓库的折旧费、保管人员的工资等,变动储存成本随存货量的变动而变动,如存货占用资金的应计利息、存货过时或变质的损失等。

用公式表示为:

储存成本=固定储存成本+变动储存成本

即:$TC_c = F_c + \dfrac{Q}{2} K_c$

其中，F_c 表示固定订货成本，Q 表示每次的采购批量，K_c 表示每次采购的变动订货成本。

（三）缺货成本

缺货成本是指存货供应中断造成的损失，包括丧失销售机会所造成的收入损失和信誉损失、停工待料造成的损失、拖延交货交纳的罚金，以及紧急采购所发生的额外购入成本等。缺货成本用 TC_s 表示。如果用 TC 表示总成本，则：

$$TC=TC_a+TC_c+TC_s$$

$$=DU+F_a+\frac{D}{Q}K_a+F_c+\frac{Q}{2}K_c+TC_s$$

二、经济订货批量的决策

订货批量是指企业每次订货认购的数量。经济订货批量是指在全年需求总量一定的情况下，使全年发生的存货相关总成本最小的订货批量。

（一）经济订货批量的基本模型

经济订货批量的基本模型有如下假定：

1. 订货一次性集中到达企业，不是陆续到货；

2. 存货管理良好，无缺货现象；

3. 存货的总需求量能合理预测。

在这些假定前提下，存货的变动情况如图 5-3 所示。

由于不存在缺货成本，存货的总成本计算公式为：

$$TC=DU+F_a+\frac{D}{Q}K_a+F_c+\frac{Q}{2}K_c$$

由于 DU、F_a、F_c 不随 Q 的变化而变化，因此相关成本公式又可表示为：

$$TC_1=\frac{D}{Q}K_a+\frac{Q}{2}K_c$$

公式两边对 Q 求导数，可以推出经济订货批量 Q^* 的计算公式为：

$$Q^*=\sqrt{\frac{2k_aD}{K_c}}$$

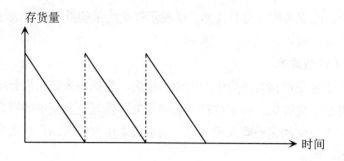

图 5-3　基本模型下存货变化示意图

【例 5-27】大华公司每年耗用的 A 材料为 100 吨，材料的每次变动订货成本为 200 元，单位存货的变动储存成本为 100 元，请计算存货的经济订货批量。

由公式可得：

$$Q^* = \sqrt{\frac{2k_aD}{K_c}}$$

$$= \sqrt{\frac{2 \times 200 \times 100}{100}} = 20（吨）$$

$$每年的订货次数 = \frac{100}{20} = 5（次）$$

（二）存货陆续入库、陆续消耗的经济订货批量

如果每次订购的存货不是一次集中到达企业，而是陆续入库，企业边入库边耗用，则存货的变动情况如图 5-4 所示。

仍以 Q 表示每次的采购批量，假设每日送货量为 p，则该批存货全部到达企业的时间为 Q/p 天，即为送货期。假设企业每日存货耗用量为 d，则送货期内的全部耗用量为 $\frac{Q}{p}d$。因此，每批订货送完时，企业的最高存货量为 $Q - \frac{Q}{p}d$，平均存货数量为 $\frac{1}{2} \times（Q - \frac{Q}{p}d）$。因此，与批量有关的总成本为：

$$TC_1 = \frac{D}{Q}K_a + \frac{1}{2} \times（Q - \frac{Q}{p}d）k_c$$

同样运用求导的方法，求得经济订货批量的计算公式为：

$$Q^*=\sqrt{\frac{2k_aD}{K_c}\left(\frac{p}{p-d}\right)}$$

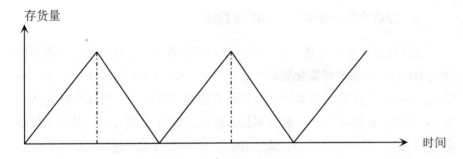

图 5-4　陆续入库、陆续消耗下存货变化示意图

【例 5-28】胜利公司耗用的 A 材料每次变动订货成本为 200 元，单位存货的变动储存成本为 100 元，每日送货量为 40 件，每日耗用量为 30 件，请计算存货的经济订货批量。

由公式可得：

$$Q^*=\sqrt{\frac{2k_aD}{K_c}\left(\frac{p}{p-d}\right)}$$

$$=\sqrt{\frac{2\times200\times100}{100}\times\frac{40}{40-30}}=40（吨）$$

每年的订货次数$=\dfrac{100}{40}=2.5$（次）

（三）考虑再订货点的经济订货批量

从订货到入库有一段时间，这段时间称为交货期。由于交货期的存在，企业常常需要在存货没有用完时就提前订货。提前订货时企业持有的存货量称为再订货点。再订货点（R）等于交货期（L）和每日平均存货需求量（d）的乘积。

沿用例 5-28 的数据，假定胜利公司交货期为 10 天，平均每日存货耗用量仍为 30 件，则 A 材料的再订货点为：

R=L×d=10×30=300（件）

再订货点对经济订货批量无影响，胜利公司的经济订货批量仍为 40 吨，只不过是在 A 材料存货到达再订货点 200 件时就需要及时发出下一批材料的订货单，以免发生短缺现象。

三、存货分类的决策——ABC 分析法

企业通常有多种存货。如果对各品种的存货逐一计算经济订货批量是十分麻烦的。可否进行简化处理呢？ABC 分析法就是解决这个问题的一种方式。ABC 分析法的基本原理是将企业的存货按照一定的标准分为 A、B、C 三类，区别重点和一般分别加以管理。其中 A 类存货的品种比较少（10%左右），但占用的资金较高（70%左右），应该重点管理，准确估计各项存货的成本和经济订货批量，建立详细的收发存记录；C 类存货的品种比较多（70%左右），但占用的资金却比较低（10%左右），应采用简化方法集中订货，扩大订货批量，节约采购费；B 类存货介乎其中（品种和占用的金额都大致为 20%），控制措施应该比 A 类更宽松，但比 C 类更严格一些。

ABC 分析法的步骤如下：

（1）计算每种存货占用资金数额的百分比；

（2）将各种存货按照百分比由大到小排队；

（3）从上往下累加各种存货的资金占用百分比，将累计百分比在 70%以内的存货划分为 A 类，累计百分比在 70%－90%范围内的存货划分为 B 类，其余的划分为 C 类。

划分好类别后，就可以对各类存货区别管理了。

【例 5-29】胜利公司每年耗用的各种材料的成本金额如表 5-38 所示。请采用 ABC 分析法将各种材料划分为 A、B、C 三大类。

表 5-38　胜利公司每年耗用材料成本表　　　　　单位：元

存货编号	年耗用资金（元）
1	6 000
2	5 000
3	3 000
4	2 000

存货编号	年耗用资金（元）
5	1 500
6	1 200
7	800
8	500
合计	20 000

按照 ABC 分类法计算如表 5-39 所示。

表 5-39　胜利公司耗用材料 ABC 分类表　　　　　单位：元

存货编号	年耗用资金（元）	所占百分比	分类
1	6 000	30%	A
2	5 000	25%	A
3	3 000	15%	A
4	2 000	10%	B
5	1 500	7.5%	B
6	1 200	6%	C
7	800	4%	C
8	500	2.5%	C
合计	20 000	100%	

划分的结果大致符合 ABC 分类法的要求，即 A 类材料的累计百分比约为 70%，B 类材料的累计百分比约为 70%－90%，C 类材料的累计百分比约为 90%－100%。

第八节　质量决策

质量是企业的生命，是企业生存发展的根本。产品的质量与企业的管理密切相关，为了保证产品的质量企业也需要付出一定的成本。虽然产品质量的提高会引起成本的变化，但不能因此认为提高产品质量必然增加产品的成本。实际上，产品质量的提高虽然会增加相关的预防和检验的成本，但同时也会降低由于出现质量问题给企业带来的损失的成本。在这种相互联系中，存在一个使产品质量总成本最小的最佳质量水平。如何根据会计信息系统提供的资料计算确定产品的最佳质量水平就称为企业的质量决策。

一、质量成本所包括的内容

质量成本就是企业为了保持或提高产品质量所发生的费用以及因产品质量未达到规定要求而发生的损失的总称。质量成本一般包括以下两方面的内容：

（一）为保证或提高产品质量所发生的费用

1. 预防成本

预防成本是为了防止产生不合格产品或劳务而发生的各种费用。主要包括：（1）质量计划工作费用，是指为制定质量政策、目标及质量管理计划的费用；（2）人员培训费用，是指对质量管理人员进行培训发生的费用；（3）工作及福利，是指质量管理人员的工资及福利；（4）质量管理活动费用，包括质量管理咨询诊断费、质量管理协会经费、质量奖励费；（5）质量改进措施费，是指制定和贯彻质量改进计划的费用；（6）质量审核费用，是指对质量体系、工序质量、供方保证能力进行审核的费用，等等。

2. 检验成本

检验成本是指为了确定产品或劳务是否符合质量要求而发生的成本。主要包括：（1）进货检验费，是指对原材料、外购件进厂检验的费用；（2）成品检验费，是指对完工产品进行检验的费用；（3）质检部门办公费，是指质检部门为开展工作所支付的办公费用；（4）检验设备维护费，是指试验设备、检验设备、计量的仪器仪表的日常维护、校正所支付的费用；（5）工资及福利，是指检验人员的工资及福利。

（二）因产品质量未达到规定标准而发生的损失

1. 内部缺陷成本

内部缺陷成本是指在产品交付客户之前，因检查出产品或劳务不符合要求而发生的成本。主要包括：（1）废品损失，是指因产品无法修复或在经济上不值得修复而报废的损失；（2）返工损失，是指为使不合格产品适合使用而进行修复发生的费用；（3）质量降级损失，产品质量达不到原有等级要求而降低等级造成的损失；（4）停工损失，由于各种缺陷而引起的设备停工造成的损失；（5）质量故障处理费，是指由于处理产品质量故障而发生的费用，等等。

2. 外部缺陷成本

外部缺陷成本是指产品交付客户之后所发生的成本。主要包括：（1）索赔费，是指由于产品质量缺陷用户提出索赔而支付的费用；（2）货物损失，是指由于产品缺陷而造成的用户退货、换货发生的费用；（3）折价损失，是指由于产品质量低于标准而发生的折价出售的损失；（4）保修费用，是指在保修期间对用户提供修理服务的费用，等等。

此外，按照成本是否实际支付，还可以把质量成本分为显性成本和隐性成本。显性成本是指企业在生产经营中发生的有形损失，大部分质量成本都属于显性成本。隐性成本是指没有实际支付但仍存在的无形损失，例如停工损失和折价损失。按照成本是否可以避免，质量成本还可以分为可避免成本和不可避免成本，内部缺陷成本和外部缺陷成本作为质量损失成本是可避免的，属于可避免成本；预防成本和检验成本作为质量保证成本是不可避免的，属于不可避免成本。这两类成本之间存在此消彼长的关系，可避免成本增加时，不可避免成本就会降低；反之，不可避免成本增加时，可避免成本就会降低。

二、最佳质量成本模型

（一）质量成本示意图

如前所述，产品质量的提高虽然会增加为确保质量而发生的预防和检验的成本，但同时也会降低由于出现质量问题给企业带来损失的成本。在这种相互联系中，存在一个使产品质量总成本最小的最佳质量水平。产品质量的提高可以用产品合格率来表示。图5-5表示产品合格率与产品质量成本之间的关系：

y 是总的质量成本，y_1 是因质量达不到要求而发生的产品缺陷损失，y_2 是预防和检验成本。Q_0 点是 y_1 和 y_2 两条曲线的交点，与质量总成本的最低点处于同一条垂直线上，是产品最佳质量点时的产品合格率。

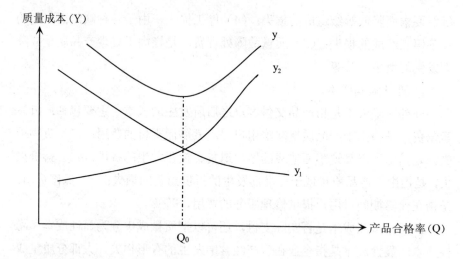

图 5-5　质量成本示意图

（二）最佳质量成本模型

假设每件废品造成的损失为 F，q 代表产品合格率，则 1-q 代表产品的不合格率，Y_1 代表单位合格产品应该负担的废品损失，则：

$$Y_1 = F \times \frac{1-q}{q}$$

假设每件合格产品应该负担的预防和检验成本为 Y_2，Y_2 与产品合格率和废品率之间的比值存在一定的比例关系，假设这个比例为 K，则 Y_2 的计算公式是：

$$Y_2 = K \times \frac{q}{1-q}$$

如果以 Y 表示单位合格产品应负担的总的质量成本，则 Y 的计算公式是：

$$Y = F \times \frac{1-q}{q} + K \times \frac{q}{1-q}$$

该公式两边对 q 求导，可得最佳质量点的产品合格率为：

$$Q_0 = \frac{1}{1 + \sqrt{\dfrac{K}{F}}}$$

【例 5-30】南方公司生产甲产品，目前的产品合格率为 70%。每件废品造成的损失为 9.6 元，每件合格产品所负担的预防成本和检验成本之和为 1.4 元。试根据最佳质量成本模型计算甲产品的最佳质量水平下的产品合格率以及单位产品的最佳质量成本。

由 $Y_2 = K \times \dfrac{q}{1-q}$

可得 $K = Y_2 \times \dfrac{1-q}{q} = 1.4 \times \dfrac{1-0.7}{0.7} = 0.6$

则 $Q_0 = \dfrac{1}{1+\sqrt{\dfrac{K}{F}}} = \dfrac{1}{1+\sqrt{\dfrac{0.6}{9.6}}} = 80\%$

因此甲产品的最佳合格率为 80%，此时的最佳质量成本为：

$Y = F \times \dfrac{1-q}{q} + K \times \dfrac{q}{1-q} = 9.6 \times \dfrac{1-0.8}{0.8} + 0.6 \times \dfrac{0.8}{1-0.8} = 2.4 + 2.4 = 4.8$（元）

最佳质量成本模型计算的是使产品质量总成本最小的最佳质量水平。但是企业最终的目的是收益最大化，因此有必要将最佳质量成本的计算与企业的收益联系起来。当产品质量提高时，产品的合格率会增加，销售量也会有所提高，增加的收益可能会超过增加的质量成本。但当产品的质量提高到一定程度后，随着质量的上升质量成本增加的幅度越来越大，增加的收益可能就不能完全弥补增加的质量成本。因此，在利用最佳质量成本模型计算出最佳质量水平及其合格率后，还要在此基础上进一步分析提高产品质量水平的边际收益，从而最终确定经济效益最大时的质量水平。

沿用例 5-30 的数据，假设南方公司的生产能力为 1 000 件，单位产品变动成本为 20 元，产品的销售单价为 50 元。产品质量从 80% 往上提高的边际收益分析如表 5-40 所示。

表 5-40 南方公司产品质量提高边际收益分析表 单位：元

生产能力	合格率	合格数量	单位质量成本	质量成本总额	销售收入	变动成本总额	收益	边际收益
1 000	80%	800	4.8	3840	40 000	16 000	20 160	—
1 000	81%	810	4.81	3 895.89	40 500	16 200	20 404.11	244.11
1 000	82%	820	4.84	3 969.33	41 000	16 400	20 630.67	226.56

生产能力	合格率	合格数量	单位质量成本	质量成本总额	销售收入	变动成本总额	收益	边际收益
1 000	83%	830	4.90	4 063.41	41 500	16 600	20 836.59	205.92
1 000	84%	840	4.98	4 182.00	42 000	16 800	21 018	181.41
1 000	85%	850	5.09	4 330.00	42 500	17 000	21 170	152.00
1 000	86%	860	5.25	4 513.71	43 000	17 200	21 286.29	116.29
1 000	87%	870	5.45	4 741.38	43 500	17 400	21 358.62	72.33
1 000	88%	880	5.71	5 024.00	44 000	17 600	21 376	17.38
1 000	89%	890	6.04	5 376.55	44 500	17 800	21 323.45	-52.55
1 000	90%	900	6.47	5 820.00	45 000	18 000	21 180	-143.45

其中，质量成本总额=合格品数量×单位质量成本

销售收入=合格品数量×销售单价

变动成本总额=合格品数量×单位变动成本

收益=销售收入-质量成本总额-变动成本总额

边际收益=本行计算的收益-上一行计算的收益

由表 5-40 可以看出，当合格率为 88%时，边际收益为 17.38 元，当合格率为 89%时，边际收益为-52.55 元，因此应该选择 88%为最优的产品合格率。当然，也可以采用插值法求得精确的合格率水平 x，计算如下：

$$\frac{x-88\%}{89\%-88\%}=\frac{0-17.38}{-52.55-17.38}$$

x=88.25%

此时的单位质量成本=$9.6\times\frac{1-0.8825}{0.8825}+0.6\times\frac{0.8825}{1-0.8825}\approx5.78$（元）

【本章小结】

本章介绍了短期经营决策所包括的内容以及企业应该如何进行短期经营决策。

第一节，主要介绍了短期经营决策的相关概念和一般方法。短期经营决策是针对企业在一年或一个营业周期内的生产经营业务做出的决策，包括生产决策、定价决策、存货决策、质量决策等。能导致不同决策方案之

间产生差异的成本称为相关成本，包括重置成本、付现成本、机会成本、差量成本、边际成本等；不能导致不同决策方案之间产生差异的成本称为无关成本，包括历史成本、沉没成本、实支成本、共同成本等。常用的短期经营决策的方法有差量分析法、贡献毛益分析法和成本无差别点法。

　　第二节，主要介绍了如何进行是否生产的决策，包括是否继续生产亏损产品的决策、是否增产亏损产品的决策、是否接受低价追加订货的决策等内容。亏损产品可分为两种情况：一种情况是销售收入小于产品的变动成本，此时应该立即停产，以减少损失；另一种情况是销售收入大于产品的变动成本，但小于产品的全部成本，这种情况不应停产；如果企业存在其他获得更多贡献毛益的机会，也应该立即停产。企业在做是否增产亏损产品的决策时，可能面对三种不同的情况：（1）企业的剩余生产能力能够满足增产的需要，且这种剩余生产能力无法转移生产别的产品或对外出租，这种情况下应该增加生产亏损产品；（2）企业的剩余生产能力能够满足增产的需要，但这种剩余生产能力也可用于别的产品的生产或对外出租，这种情况下，若进行增产的收益大于转产其他产品或对外出租的收益，则应该进行增产；（3）企业尚不具备增产的生产能力，需要租入专属设备才能进行增产，这种情况下，若增产部分提供的贡献毛益大于租入专属设备成本，则应该增产该亏损产品。同样，企业在进行是否接受低价追加订货的决策时，也可能面对三种不同的情况，各种情况下的决策方法与是否增产亏损产品的决策相类似，也是选择使企业收益最大的方案。

　　第三节，主要介绍了如何进行生产品种的决策，包括零部件自制还是外购的决策、产品是否深加工两部分内容。对于零部件自制还是外购的决策，企业可能会遇到三种情况：（1）企业的生产能力能够满足自制零部件的需要，且这种生产能力无法转移生产别的产品或对外出租；（2）企业的生产能力能够满足自制零部件的需要，但这种生产能力也可用于别的产品的生产或对外出租；（3）企业尚不具备自制零部件的生产能力，需要租入专属设备才能进行生产。主要决策方法仍然是比较二者的相关成本，选择成本更低的方案。产品是否深加工的决策包括半成品是否深加工的决策和联产品是否深加工的决策。对于产品是否深加工的决策，企业可以采用差量分析法或贡献毛益分析法来求解。同样，对于联产品是否深加工的决策，企业也可以采用差量分析法或贡献毛益分析法来求解。

第四节，主要介绍了如何生产的决策，包括不同生产工艺方案的选择决策、追加任务交给谁独立完成的决策和资源有限情况下生产产品的组合决策。对于不同生产工艺方案的选择决策，常用的方法是成本无差别点法。对于追加任务交给谁独立完成的决策，在不涉及机会成本和专属成本时，以单位变动成本孰低为取舍标准；在涉及机会成本或专属成本时，以相关总成本最低为取舍标准。对于资源有限情况下生产产品的组合决策，在只有一种资源受到限制的情况下，企业应该优先生产单位资源贡献毛益最大的产品；如果企业的资源限制不止一项，可以使用线性规划法来进行产品生产组合的安排，线性规划的求解可以通过 Excel 软件来进行。

第五节，主要介绍了如何进行不确定条件下的生产决策。有时候企业的管理者对生产成本或未来的销售情况并不十分明确，但能估计出将发生哪些情况以及各种情况发生的概率。在不确定的情况下，可以采用概率分析法、大中取大法、小中取大法、大中取小法和折中决策法等方法来进行生产决策。

第六节，主要介绍了如何进行定价决策，包括企业在定价时要考虑的因素以及定价决策的基本方法。企业在定价时需要考虑市场需求状况、产品的成本、企业的营销战略、竞争和科学技术发展的情况和政策法规等因素。定价决策的基本方法包括成本加成定价法、边际成本定价法和利润无差别点定价法。

第七节，主要介绍了如何进行存货决策，包括存货的相关成本、经济订货批量的决策以及存货管理的 ABC 分析法。与存货相关的成本包括取得成本、储存成本和缺货成本三类。经济订货批量是指在全年需求总量一定的情况下，使全年发生的存货相关总成本最小的订货批量。本部分介绍了经济订货批量的基本计算方法、存货陆续入库、陆续消耗的经济订货批量的计算方法以及考虑再订货点的经济订货批量的计算方法。存货管理的 ABC 分析法的基本原理是将企业的存货按照一定的标准分为 A、B、C 三类，区别重点和一般分别加以管理。

第八节，主要介绍了如何进行企业的质量决策，讲解了质量成本所包含的内容和最佳质量成本模型。质量成本是企业为保持或提高产品质量所发生的费用以及因产品质量未达到规定要求而发生的损失的总称。质量成本一般包括两方面的内容：（1）为保证或提高产品质量所发生的费用；（2）

因产品质量未达到规定标准而发生的损失。最佳质量成本模型计算的是使产品质量总成本最小的最佳质量水平。为了实现企业收益最大化的目标，在利用最佳质量成本模型计算出最佳质量水平及其合格率后，还要在此基础上进一步分析提高产品质量水平的边际收益。

【思考题】

1. 什么是相关成本？什么是无关成本？各包括哪些内容？

2. 什么是短期经营决策？短期经营决策的基本方法有哪些？

3. 如何运用 Excel 软件进行线性规划的求解？

4. 什么是大中取大法、小中取大法、大中取小法和折中决策法？

5. 质量成本包括哪些内容？如何计算最佳质量成本？

第六章 长期投资决策

【引例】

大明服装公司在进行市场调研时发现有一种新产品很受欢迎，考虑是否投资生产该产品。管理人员小刘负责对该项目进行可行性分析。小刘发现，为了生产该产品需要购入一台新型的机器设备，这种设备的市场售价为 20 000 元，预期使用寿命为 5 年，估计期末残值为 2 000 元。预计每年销售新产品产生的销售收入为 12 000 元，税后利润为 2 000 元。企业的所得税率为 25%，投资资金的必要报酬率为 10%。从财务的角度，小刘应该支持还是否决这个投资项目呢？

小刘所面临的问题是如何对企业的长期投资项目进行分析抉择。本章介绍长期投资决策的相关内容。

第一节　长期投资决策概述

长期投资决策是针对企业的长期投资项目做出的决策。由于长期项目投资方案涉及资本支出，故又称为资产支出决策。长期投资决策具有投资额大、风险高、影响时间长的特点，决策正确与否，直接影响企业的未来的经济效益。因此，长期投资决策必须运用科学的方法，按照一定的程序对各种方案进行可行性分析和评价，达到选择出最优方案的目的。

一、长期投资决策的程序

企业从提出长期投资项目的初步构想到完成长期投资项目的最终决策需要按照一定的程序进行。

（一）进行周密的调查研究，搜集相关的数据资料

搜集资料是投资活动的开始，企业需要从投资环境、项目的市场状况

和企业自身的技术与管理能力三个方面进行考察。投资环境包括政治、经济、法律和文化环境。政治环境主要考察投资地区政府政策的稳定性以及政府对项目所在行业的支持力度。经济环境主要包括经济体制和经济政策，如财政政策、金融货币政策、物价政策、产业政策等，这是因为利率和汇率的变动、银根宽松还是紧缩对企业将产生重要影响。法律环境是指投资过程中可能涉及的各项法律法规，如环境保护法、资源法等，企业投资项目的运行不能违反国家的有关政策法规。文化环境是投资项目所在地居民约定俗成的生活习惯和道德风尚，项目的运行应该尽量遵循当地人的基本生活习惯和道德标准，否则可能遭到不小的抵制。此外，项目的市场状况也是必须分析的内容。企业生产的产品只有销售出去才能获得收入。这就需要调查消费者的偏好，分析产品的销售潜力。为了保证项目的顺利运行企业还必须具备相应的技术管理人员，因此最后还需要调查和评估企业自身的技术与管理能力。

（二）做出合理预测，提出备选方案

在调查研究的基础上，企业可以对项目相关的情况做出合理预测。例如，可能的固定资产投资规模、预期销售价格和销售量、未来竞争状况等，并在此基础上提出各种备选方案。备选方案应该具备可行性和多样性，以增加选择的空间。

（三）选择最优方案

企业根据投资项目的各项评价指标以及政治、经济、技术等其他非货币计量因素进行分析比较，选择出最优的方案。这是投资决策的核心环节，也是本章的主要内容。

（四）项目实施与后评估

选择了最优方案以后，就可以按照方案组织生产施工了，在实施的过程中，要明确责任，对人财物进行严格的监督和控制，尽量避免浪费和消极怠工的现象，争取在较短的时间内完成项目的建设，尽早开始项目的正式运营。在项目运营中对发现的新问题要找出原因，及时处理，尽快解决。在整个项目结束以后，还要对该项目进行后评估，与预期的结果进行比较，总结经验，为以后的项目投资管理工作打好基础。

二、长期投资项目的类型

按照不同的标准，长期投资项目可分为多种类型，介绍如下：

（一）按照投资项目与其他项目之间的关系，分为独立项目和相关项目

独立项目是指与其他项目相互分离、互不影响的项目。一个项目如果投资资金来源无限制，投资所需的人力、物力能得到满足，是否可行仅取决于本方案的经济效益，与其他项目无关，则可称为独立项目，如购置厂房、引进一套生产线、增加存货等。如果本项目的采纳与否显著影响其他项目，那么这样的项目就可称为相关项目。相关项目又可分为互相补充型项目和互相替代型项目。凡是可以同时进行、相互配套的项目，就属于互相补充型项目，例如港口和码头、油田和输油管道的建设等。凡是在互相排斥的方案中只能选择一个的项目，则称为互相替代型项目或互斥项目。对于相关型项目，在选择的时候要进行综合考虑，选择经济效益最大的投资方案。

（二）按照投资的经济效果，可分为增加收入型投资项目和降低成本型投资项目

增加收入型投资项目是指项目投产后既有相关成本，又有相关收入，企业投资开发是为了取得超过投入成本的收入的项目。例如开发新产品、扩大产品生产规模等。降低成本型投资项目是指投资后可以降低现有成本的项目，这种项目一般表面上没有现金流入，但是可以节约企业的资金流出，从而提高企业的经济效益，包括设备更新改造、设备大修理等。

（三）按照投资项目的风险程度，可以分为确定型投资项目和风险型投资项目

确定型投资项目是指与项目相关的各项因素都可以准确地预测，不存在任何风险的项目。这种项目现金流比较稳定、投资的效益也可以确定，企业做决策时相对比较容易。风险型投资项目是指与项目相关的某些因素不能准确地预测，需要根据现有的信息预计各种结果出现的概率的项目。由于在实际生活中，企业外部环境和市场状况等因素都可能发生变化，因此不确定性往往是存在的，因此风险型投资项目也较为常见。企业在评估风险型投资项目时，需要对风险进行调整，才能得出较为准确的结论。

第二节　货币时间价值

货币时间价值是指货币作为资本在投资和再投资的过程中发生的价值增值，它是货币使用的数量和时间的函数，通常以利息或利率的方式来表示。通俗地理解，就是现在的一元钱和未来的一元钱的价值量是不等的，因为现在的一元钱如果存入银行，会有一定的利息，到未来的时点就不止一元了。一般来说，现在的一元钱的价值大于未来的一元钱。货币量越大，货币投入使用的时间越多，利息也就越多。不同时点上的货币额不能简单地比较其大小，需要将不同时间的投资与收益全部换算为同一时点上的值才能进行比较。

在计算货币的时间价值时，经常用到的符号有：

P 为本金或现值；

F 为终值；

A 为年金；

P_a 为年金现值；

F_a 为年金终值；

i 为利率；

n 为计息期数。

一、单利与复利

单利是指仅对本金计息，产生的利息不再计息，本金在计息期中不发生改变的计息方式。复利是指不仅本金计息，产生的利息也要计息，当期本金加上当期的利息等于下期本金的计息方式，俗称为利滚利。

单利终值的计算公式为：

$$F = P + P \times i \times n = P \times (1 + i \times n)$$

复利终值的计算公式为：

$$F = P \times (1 + i)^n$$

【例 6-1】某企业存入银行 10 000 元，为期 5 年，利率为 8%，请分别计算单利计息的终值和复利计息的终值。

按照公式，单利终值为：

$F=P\times(1+i\times n)=10\ 000\times(1+8\%\times5)=14\ 000$（元）

按照公式，复利终值为：

$F=P\times(1+i)^n=10\ 000\times(1+8\%)^5=14\ 693.28$（元）

可见，在其他条件不变的情况下，复利计息的终值大于单利计息的终值。

为了简化计算，计算复利终值时，可以参照复利终值系数表。复利终值系数表参见书后的附录一。教学用表中的系数一般只取3—4位小数，实际工作中采用的小数位数要多一些。复利终值系数用 FVIF 表示，计算公式为：

$F=P\times FVIF$

如例6-1可以查表计算如下：

$FVIF_{8\%,\ 5}=1.469$，因此 $F=P\times FVIF_{8\%,\ 5}=10\ 000\times1.469=14\ 690$（元）

当知道复利终值需要求现值的时候，计算公式如下：

$$P=F\times\frac{1}{(1+i)^n}$$

相应地，也可以用复利终值乘以复利现值系数来计算。复利现值系数用 PVIF 来表示，复利现值系数表参见书后的附录二。采用复利现值系数计算本金的公式如下：

$P=F\times PVIF$

【例6-2】某企业希望在6年后获得资金50 000元，银行的利息率为6%，按照复利计算，请问该企业现在应该存入多少钱。

按照复利现值公式，计算如下：

$P=F\times PVIF_{6\%,\ 6}=50\ 000\times0.705=35\ 250$（元）

根据F、P、i、n中的任意三个，可以求得另外一个的数值。

【例6-3】假设10年后你的孩子将上大学，预计大学学费的总数为50 000元。如果你现在的本金为20 000元，则当利息率为多少的时，才能满足大学学费的要求？

由 $P=F\times\dfrac{1}{(1+i)^n}$，可得 $(1+i)^{10}=\dfrac{F}{P}=\dfrac{50\ 000}{20\ 000}=2.5$

等式两边取对数，得：

$$10 \times \ln(1+i) = \ln 2.5 \qquad \ln(1+i) = \frac{\ln 2.5}{10}$$

$1+i= e^{0.0916291} = 1.09\ 596 \qquad i=0.09\ 596 \approx 9.60\%$

即当年利率约为 9.60% 时，才能满足孩子 10 年后上大学的学费要求。

二、年金

年金是指一定时期内每期相等金额的收付款项。年金又可分为后付年金、先付年金、递延年金和永续年金等形式。

（一）后付年金

后付年金又称为普通年金，是指每期期末都有等额的收付款项的年金。这种年金最为常见。图 6-1 显示的是 n 年的每期金额为 A 的普通年金。

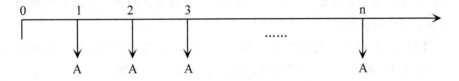

图 6-1　普通年金的现金流量示意图

普通年金也需要计算终值和现值。普通年金终值如零存整取的本利和，是各期期末收付的款项的复利终值之和。普通年金终值的计算公式为：

$$F_a = A + A(1+i) + A(1+i)^2 + A(1+i)^3 + \cdots + A(1+i)^{n-1}$$

经整理，可得：

$$F_a = A\sum_{t=0}^{n-1}(1+i)^t = A\frac{(1+i)^n - 1}{i}$$

$\dfrac{(1+i)^n - 1}{i}$ 即为普通年金终值系数，通常用 FVIFA 来表示，则普通年金终值的计算公式又可以写成：

$F_a = A \times FVIFA$

普通年金现值是指各期期末收付款项的复利现值之和。普通年金现值的计算公式为：

$$P_a = \frac{A}{(1+i)} + \frac{A}{(1+i)^2} + \frac{A}{(1+i)^3} + \frac{A}{(1+i)^4} + \cdots + \frac{A}{(1+i)^n}$$

经整理，可得：

$$P_a = A\sum_{t=1}^{n} \frac{1}{(1+i)^t} = A\frac{1-(1+i)^{-n}}{i}$$

$\dfrac{1-(1+i)^{-n}}{i}$ 即为普通年金现值系数，通常用 PVIFA 来表示，则普通年金现值的计算公式又可以写成：

$P_a = A \times PVIFA$

同样，为了简化计算，计算普通年金终值时，可以参照普通终值系数表；计算普通年金现值时，可以参照普通年金现值系数表，分别参见书后的附录三和附录四。

【例 6-4】假设某人为了积蓄 10 年后孩子上大学的学费，每年年末在银行存入 5 000 元，年利率为 5%。请计算 10 年后的终值。

由 $F_a = A \times FVIFA$ ，可得：

$F_a = 5\,000 \times FVIFA_{5\%,10} = 5\,000 \times 12.578 = 62\,890$（元）

即 10 年后该人可以获得 62 890 元。

【例 6-5】假设某人需要出国 5 年，请你代付房租，每年年底需支付的租金为 12 000 元。假设银行存款利率为 4%，则他现在应该在银行里预存多少钱？

由 $P_a = A \times PVIFA$ ，可得：

$P_a = 12\,000 \times PVIFA_{4\%,5} = 12\,000 \times 4.452 = 53\,424$（元）

即该人在出国之前应该在银行里存入 53 424 元，才能支付未来 5 年的房租。

（二）先付年金

先付年金是指每期期初都有等额的收付款项的年金。图 6-2 显示的是 n 年的每期金额为 A 的先付年金的现金流。

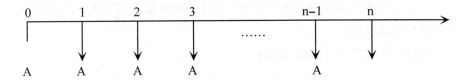

图6-2　先付年金的现金流量示意图

先付年金也需要计算终值和现值。由于先付年金的每期收付款项在期初，因此比后付年金的每期收付款项整整早一期。先付年金终值的计算公式如下：

$$F_a = A(1+i) + A(1+i)^2 + A(1+i)^3 + \cdots + A(1+i)^n$$
$$= \left[A + A(1+i) + A(1+i)^2 + A(1+i)^3 + \cdots + A(1+i)^{n-1} \right] \times (1+i)$$
$$= A \times FVIFA_{i,n} \times (1+i)$$

可见，先付年金的终值等于对应的利率为 i 和期数为 n 的后付年金终值乘以（1+i）。此外，还可以推得：

$$F_a = A(1+i) + A(1+i)^2 + A(1+i)^3 + \cdots + A(1+i)^n$$
$$= A\left\{ \left[A + A(1+i) + A(1+i)^2 + A(1+i)^3 + \cdots + A(1+i)^n \right] - 1 \right\}$$
$$= A \times (FVIFA_{i,n+1} - 1)$$

即先付年金的终值等于年金 A 与利率为 i 和期数为 n+1 的后付年金终值减去 1 的差值的乘积。因此，先付年金的终值既可以根据 n 期的后付年金终值系数求得，又可以根据 n+1 期的后付年金终值系数求得。

【例6-6】大成公司拟租赁设备一台，租期为 10 年。每年年初支付等额租金 8 000 元。假设年利率为 10%，请计算该笔租金的终值。

由公式　$F_a = A \times FVIFA_{i,n} \times (1+i)$ 可得：

$$F_a = A \times FVIFA_{i,n} \times (1+i) = 8\,000 \times FVIFA_{10\%,10} \times (1+10\%)$$
$$= 8\,000 \times 15.937 \times 1.1$$
$$= 140\,245.6（元）$$

也可以按照公式 $F_a = A \times (FVIFA_{i,n+1} - 1)$ 计算得：

$$F_a = A \times (FVIFA_{i,n+1} - 1) = 8\,000 \times (FVIFA_{10\%,11} - 1) = 8\,000 \times（18.531 - 1）$$
$$= 140\,248（元）$$

两种方式计算的差额是由于年金终值系数的小数点四舍五入造成的，实际结果应该一致。

先付年金现值的计算公式如下：

$$P_a = A + \frac{A}{(1+i)} + \frac{A}{(1+i)^2} + \frac{A}{(1+i)^3} + \cdots + \frac{A}{(1+i)^{n-1}}$$

$$= \left[\frac{A}{(1+i)} + \frac{A}{(1+i)^2} + \frac{A}{(1+i)^3} + \cdots + \frac{A}{(1+i)^n} \right] \times (1+i)$$

$$= A \times PVIFA_{i,n} \times (1+i)$$

可见，先付年金的现值等于对应的利率为 i 和期数为 n 的后付年金现值乘以（1+i）。此外，还可以推得：

$$P_a = A + \frac{A}{(1+i)} + \frac{A}{(1+i)^2} + \frac{A}{(1+i)^3} + \cdots + \frac{A}{(1+i)^{n-1}}$$

$$= A \times \left[\frac{1}{(1+i)} + \frac{1}{(1+i)^2} + \frac{1}{(1+i)^3} + \cdots + \frac{1}{(1+i)^{n-1}} + 1 \right]$$

$$= A \times (PVIFA_{i,n-1} + 1)$$

即先付年金的现值等于年金 A 与利率为 i 和期数为 n-1 的后付年金终值加上 1 之和的乘积。因此，先付年金的现值既可以根据 n 期的后付年金现值系数求得，又可以根据 n-1 期的后付年金现值系数求得。

【例 6-7】原野公司拟租赁或购买设备一台，使用期 8 年，年末无残值。现在购买的价格为 50 000 元。若租赁，每年年初需支付等额租金 8 000 元。假设年利率为 7%，请通过计算判断应该购买还是租赁。

由公式　$P_a = A \times PVIFA_{i,n} \times (1+i)$ 可得：

$P_a = A \times PVIFA_{i,n} \times (1+i) = 8\,000 \times PVIFA_{7\%,8} \times (1+7\%) = 8\,000 \times 5.971 \times 1.07$

　　$= 51\,111.76$（元）

由于租赁的现值大于购买的现值，所以应该购买。

也可以按照公式 $P_a = A \times (PVIFA_{i,n-1} + 1)$ 计算得：

$P_a = A \times (PVIFA_{i,n-1} + 1) = 8\,000 \times (PVIFA_{7\%,7} + 1)$

　　$= 8\,000 \times (5.389 + 1) = 51\,112$（元）

由于租赁的现值大于购买的价格，同样可以得出应该购买的结论，类似地，两种方式计算的差额是由于年金现值系数的小数点四舍五入造成的，实际结果也应该一致。

（三）递延年金

递延年金是指首次款项的收付发生在若干期之后的年金。其现金流量如图 6-3 所示。

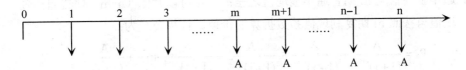

图 6-3　递延年金的现金流量示意图

图 6-3 表示递延期为 M 期的年金现金流。递延年金的终值可以看作 n 期的普通年金终值与 m 期的普通年金终值按照（n-m）期复利终值系数计算的终值之差，又可以看作（n-m）期的普通年金终值。计算公式为：

$$F_a = A\sum_{t=0}^{n-1}(1+i)^t - A\sum_{t=0}^{m-1}(1+i)^t \times FVIF_{i,n-m}$$

$$= A \times (FVIFA_{i,n} - FVIFA_{i,m} \times FVIF_{i,n-m})$$

或

$$F_a = A + A(1+i) + A(1+i)^2 + A(1+i)^3 + \cdots + A(1+i)^{n-m-1}$$

$$= A \times \sum_{t=1}^{n-m}(1+i)^{t-1}$$

【例 6-8】原野公司拟在 4 年后租赁设备一台，使用期为 8 年，年末无残值。4 年后每年年末需支付等额租金 8 000 元。假设年利率为 7%，请计算租赁期结束时的年金终值。

由计算公式可得：

$$F_a = A \times (FVIFA_{i,n} - FVIFA_{i,m} \times FVIF_{i,n-m})$$

$$= 8\,000 \times (FVIFA_{7\%,12} - FVIFA_{7\%,4} \times FVIF_{7\%,8})$$

$$= 8\,000 \times (17.888 - 4.44 \times 1.718) = 82\,080.64（元）$$

或

$$F_a = A \times \sum_{t=1}^{n-m} (1+i)^{t-1}$$

$$= 8\,000 \times FVIFA_{7\%,8} = 8\,000 \times 10.26 = 82\,080 \text{（元）}$$

两种方式计算的差额是由于年金终值系数的小数点四舍五入造成的，实际结果应该一致。

递延年金现值的计算也有两种方式，一是把递延年金现值看作 n 期普通年金现值与 m 期普通年金现值之差；二是可以看作（n-m）期普通年金现值再按照 m 期复利现值系数折算的价值。计算公式为：

$$P_a = \frac{A}{(1+i)^{m+1}} + \frac{A}{(1+i)^{m+2}} + \frac{A}{(1+i)^{m+3}} + \frac{A}{(1+i)^{m+4}} + \cdots + \frac{A}{(1+i)^{n}}$$

$$= \sum_{t=m+1}^{n} \frac{A}{(1+i)^{t}} = A \times (PVIFA_{i,n} - PVIFA_{i,m})$$

或

$$P_a = \left[\frac{A}{(1+i)} + \frac{A}{(1+i)^{2}} + \frac{A}{(1+i)^{3}} + \frac{A}{(1+i)^{4}} + \cdots + \frac{A}{(1+i)^{n-m}} \right] \times PVIF_{i,m}$$

$$= \sum_{t=1}^{n-m} \frac{A}{(1+i)^{t}} \times PVIF_{i,m} = A \times PVIFA_{i,n-m} \times PVIF_{i,m}$$

【例 6-9】仍然沿用例 6-8 的数据，请计算原野公司该笔租赁支出的递延年金现值。

由计算公式可得：

$$P_a = \sum_{t=m+1}^{n} \frac{A}{(1+i)^{t}} = 8\,000 \times (PVIFA_{7\%,12} - PVIFA_{7\%,4})$$

$$= 8\,000 \times (7.943 - 3.387) = 36\,448 \text{（元）}$$

或

$$P_a = \sum_{t=1}^{n-m} \frac{A}{(1+i)^{t}} \times PVIF_{i,m} = A \times PVIFA_{7\%,8} \times PVIF_{7\%,4}$$

$$= 8\,000 \times (5.971 \times 0.763) = 36\,446.98 \text{（元）}$$

两种方式计算的差额是由于年金现值系数的小数点四舍五入造成的，实际结果应该一致。

（四）永续年金

永续年金是没有到期日的后付年金。其现金流量如图 6-4 所示。

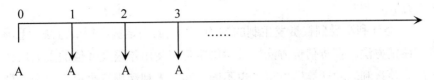

图 6-4　永续年金的现金流量示意图

永续年金由于没有期限，无法计算终值。但是可以计算永续年金的现值。计算公式为：

$$P = \sum_{t=1}^{\infty} \frac{A}{(1+i)^t} = \frac{A}{i}$$

【例 6-10】A 国发行一种无到期日的政府债券，债券的面值为 10 000元，票面年利率为 5%，目前的市场利率为 4%，发行价格为 11 000 元。试通过计算判断该债券是否可购买。

由于该债券没有到期日，因此只能每年末获得等额的利息收入，利息收入为每年 500 元（10 000×5%），由永续年金计算公式可得债券的现值应为：

$$P = \frac{A}{i} = \frac{500}{4\%} = 12\ 500（元）$$

由于发行价格小于债券的现值，因此该债券具有投资价值，可以购买。

第三节　现金流量

一、现金流量的定义

在长期投资项目的决策中，常常需要使用现金流量进行计算和判断。现金流量是指与投资决策有关的现金流入、流出的数量。长期投资项目决策中以现金流量为计算依据，而不是会计利润，其原因有以下三个方面：

1. 在长期投资项目决策中，现金流量比盈亏计算更重要，有利润的年份不一定有足够的资金用于投资。在进行资本投资决策时，准确估计现金流量的数额和分布，有助于及时筹措短缺资金或物资，保证投资项目的顺利进行。

2. 会计利润受到权责发生制的制约，不同的固定资产折旧方法、无形资产摊销方法、存货估价方法以及对固定资产使用年限及残值的人为估计等因素使得利润的计算结果可能也不同，相对于利润指标来说，现金流量指标的可比性更强。

3. 由于现金流量信息与项目计算期的各个时点密切结合，有助于计算项目投资效果的现值或终值，进行动态投资效果的综合评价。

按照流向，长期投资项目的现金流量又可分为三种：

（一）现金流出量

现金流出量是指在实施项目方案的整个过程中所需投入的资产，主要包括项目投入的固定资产、为项目正常运转投入的营运资金及其机器的维修费、职工的培训费等。

（二）现金流入量

现金流入量是指在实施项目方案的整个过程中获得的或收回的资产，主要包括销售收入收现、固定资产的残值净收入、垫付的流动资金的收回等。

（三）净现金流量

净现金流量是指现金流入量与现金流出量的差额。

二、现金流量计算期的确定

为了方便现金流量的测算，有必要确定现金流量的计算期。大致而言，与现金流量有关的时间包括三个时点和两个时期。项目建设初始投入资金的日期称为初始投资日，项目建成开始投产的日期称为投产日，项目最终清算结束的日期称为终结日。自初始投资日到投产日亦即在投入的固定资产建成投产或项目正式开始运营之前，需要一段建设或准备的时间，这段时间称为项目的建设期；自投产日到终结日亦即项目建设完毕开始运营直至项目的结束、完成项目资产清算这段时间称为项目的运营期。现金流量的计算期如图6-5所示。

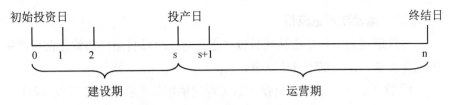

图 6-5　长期投资项目的现金流量计算期

三、现金流量的计算

根据现金流量计算期，可以将长期投资项目的现金流量划分为建设期现金流量、运营期现金流量和终结现金流量。

（一）建设期现金流量

建设期现金流量是指从投资项目开始投资之日起至项目投入使用之前所产生的现金流量。包括以下几个部分：

1. 固定资产等非流动资产投资。包括固定资产投资、无形资产投资和其他非流动资产投资，具体包括厂房的建造成本、机器设备的购置以及安装成本；为项目取得的无形资产的成本等。这部分投资可以在建设期期初一次投入，也可以在建设期内分次投入。

2. 流动资金投资。在建设期，除了固定资产以外，还需要企业投入（垫支）相应的流动资金用于项目的运转。类似地，这部分资金也可以在建设期期初一次投入，或在建设期内分次投入。通常这部分资金投入在项目结束时可全部或部分收回。

3. 固定资产更新项目的旧固定资产的变现收入。这是固定资产更新项目专有的现金流量。当企业准备采用新设备更换旧设备时，需要对旧设备进行清理。旧设备的变现收入即为建设期的现金流入量。需要注意的是，要考虑出售旧设备带来的节税或增税的现金流效应。旧设备的变现价值如果超过折余价值，应当记入企业的收益，从而增加企业所得税。旧设备的变现价值如果小于折余价值，应当记入企业的损失，从而减少企业所得税。因此，旧设备的变现价值扣除变现价值超过折余价值所增加的所得税或加上折余价值超过变现价值所减免的所得税即为出售旧固定资产的净现金流量。

如果建设期的现金流量均发生在初始投资日，建设期现金流量也称为初始现金流量。

（二）运营期现金流量

运营期现金流量是指从项目投产之日起，至项目最终清算之前所产生的现金流量。包括以下几个部分：

1. 营业收入，是指项目投产后实现的销售收入收现或业务收入收现。为简便起见，下面的例子中假定企业的销售收入全部都是现金收入，不存在赊销的情况，通常这是投资项目现金流入量的主要部分。

2. 付现成本，是指为了满足项目的生产经营需要而以现金及现金等价物或其他非货币项目的资产支付的导致现金流出的成本费用。在按照权责发生制计算的营业成本中，包括固定资产折旧或无形资产摊销的部分，这些费用并不会导致现金真正流出企业。为简化起见，假定企业的营业成本中除了折旧和摊销以外全部都是付现成本，因此付现成本就相当于营业成本扣除折旧和摊销后的余额。

3. 各项税款。项目投产后将依法缴纳各种税费，导致现金流出企业。为简化起见，主要以企业所得税为例来进行分析。

总结以上三条，可得运营期净现金流量的计算公式如下：

运营期净现金流量=税后净损益+折旧和摊销

$\qquad$=税前利润×（1-所得税税率）+折旧和摊销

$\qquad$=（营业收入-付现成本-折旧和摊销）×（1-所得税税率）

$\qquad$　+折旧和摊销

$\qquad$=营业收入×（1-所得税税率）-付现成本×（1-所得税税率）

$\qquad$　+折旧和摊销×所得税税率

（三）终结现金流量

项目终结时的现金流量包括固定资产等非流动资产的残值收入和回收的建设期投入的流动资金。

1. 固定资产等的残值变现收入。由于残值变现收入与折余或摊余价值可能存在差异，也可能带来所得税的增加或减免，因此这部分的净现金流量等于残值的变现收入与变现收入超过折余价值的收益增加的所得税之差或等于残值的变现价值与折余价值超过变现价值的损失抵减的所得税之和。

2. 回收的建设期投入的流动资金。

【例 6-11】大华公司成功研制了一个新型产品，如果要大量生产，需要购置一台市价为780万元的设备，设备的运输费和安装费合计为20万元。还需要添置一间市价为1 000万元的厂房。此外，为使项目正常运转，需要垫付流动资金500万元。假设厂房、设备和流动资金均在项目起点即初始投资日一并投入，投资项目的整个期限为5年，每年的销售量均为2 000件，单位产品的售价为0.6万元，每年的付现成本为600万元。厂房和设备的折旧年限分别为20年和8年，采用直线法计提折旧，残值率均为5%。公司的所得税税率为25%。预计项目结束时，设备的变现价值为270万元，厂房可以按照800万元的价格出售，可收回建设期垫付的流动资金200万元。试分别计算该投资项目的建设期现金流量、运营期现金流量和终结现金流量。为了简化，本题不考虑与购买厂房相关的印花税、契税，与出售厂房相关的土地增值税、印花税等企业所得税以外的其他税费。

（1）建设期现金流量：

①固定资产投资=780+20+1 000=1 800（万元）

②流动资金投资=500（万元）

建设期净现金流量=1 800+500=2 300（万元）

（2）运营期现金流量：

①每年的营业收入=0.6×2 000=1 200（万元）

②每年的付现成本=600（万元）

③计算每年的所得税：

$$厂房年折旧额=1\,000\times\frac{1-5\%}{20}=47.5（万元）$$

$$设备年折旧额=(780+20)\times\frac{1-5\%}{8}=95（万元）$$

年折旧总额=47.5+95=142.5（万元）

税前利润=营业收入-付现成本-折旧=1 200-600-142.5=457.5（万元）

所得税=税前利润×所得税税率=457.5×25%=114.375（万元）

运营期净现金流量=税前利润-所得税+折旧

$$=457.5-114.375+142.5=485.625（万元）$$

（3）终结现金流量：

①固定资产等的残值变现收入

厂房的变现收入为800万元

$$厂房的折余价值=1\ 000\times\left(1-\frac{1-5\%}{20}\times5\right)=762.5\ （万元）$$

厂房变卖收益=800−762.5=37.5（万元）

增加缴纳所得税=37.5×25%=9.375（万元）

设备的变现收入为270万元

$$设备的折余价值=800\times\left(1-\frac{1-5\%}{8}\times5\right)=325\ （万元）$$

设备变卖损失=325−270=55（万元）

减少缴纳所得税=55×25%=13.75（万元）

②回收的建设期投入的流动资金

收回建设期垫付的流动资金500万元

终结净现金流量=800+270−9.375+13.75+500=1 574.375（万元）

该公司各年现金流量如表6-1所示（净现金流出用负数表示）。

表6-1　大华公司投资项目现金流量表　　　　单位：万元

日期（年）	0	1	2	3	4	5
建设期净现金流量	−2 300					
运营期净现金流量		485.625	485.625	485.625	485.625	485.625
终结净现金流量						1 574.375
净现金流量合计	−2 300	485.625	485.625	485.625	485.625	2 060

第四节　长期投资决策的评价指标

如何评价各种备选方案，做出最优决策呢？这就需要计算各种评价指标。按照是否需要贴现，长期投资决策的评价指标可分为非贴现指标和贴现指标。

一、非贴现指标

非贴现指标主要包括投资回收期和平均报酬率两种。

（一）投资回收期

投资回收期（Payback Period，简写为 PP）是指投资项目收回全部建设期投资所需要的时间，通常以年为单位。这个指标是用于评价投资收回速度的，投资者通常期望所投入的资金能够在尽早的时间内收回，回收期越短，投资项目就越有利。

投资回收期的计算分为几种情况：

（1）当全部投资在建设期的期初一次性投入，且每年的净现金流量都相等时，计算公式如下：

$$PP = \frac{建设期投资总额}{每年NCF}$$

其中，建设期投资总额为建设期的全部净现金流量，NCF 为每年的净现金流量。

（2）如果建设期的投资不是在期初全部一次性投入，而是在不同的时点（如建设期期初、期末），且每年的 NCF 不相等的情况下，需要根据列表法来确定。

【例 6-12】百灵公司拟投资一个长期项目，预计各年的净现金流量如表 6-2 所示。试计算该公司的投资回收期。

表 6-2　百灵公司投资项目现金流量表　　　　单位：万元

日期（年）	0	1	2	3	4	5
建设期净现金流量	-2 000					
运营期净现金流量		550	550	550	550	550
终结净现金流量						0
净现金流量合计	-2 000	550	550	550	550	550

由表 6-2 可以看出，该公司的原始投资均是在建设期的期初一次性投入的，且每年的净现金流量均相等，则根据公式计算得：

$$PP = \frac{建设期投资总额}{每年NCF} = \frac{2\ 000}{550} = 3.64 （年）$$

【例 6-13】伟业公司拟投资一个长期项目，预计各年的净现金流量如表 6-3 所示。试计算该公司的投资回收期。

表 6-3　伟业公司投资项目现金流量表　　　单位：万元

日期（年）	0	1	2	3	4	5
建设期净现金流量	−1 000	−500				
运营期净现金流量			600	700	800	900
终结净现金流量						400
净现金流量合计	−1 000	−500	600	700	800	1 300

由表 6-3 可以看出，该公司的原始投资是在建设期的期初和期末分两次投入的，且每年的净现金流量均不相等，则列表计算如表 6-4 所示。

表 6-4　伟业公司投资回收期计算

时间（年）	净现金流量	未回收数额
0	−1 000	1 000
1	−500	1 500
2	600	900
3	700	200
4	800	

则 $PP=3+\dfrac{200}{800}=3+0.25=3.25$（年）

投资回收期法计算简便，容易理解，但是缺点在于忽略了货币的时间价值，没有考虑投资回收以后的现金流量情况。中长期的投资项目，往往前期收入较少，后期收入较高。投资回收期法容易选择急功近利的项目，淘汰具有长期发展潜力的项目。目前该方法仅作为辅助方法加以使用。

（二）平均报酬率

平均报酬率（Average Rate of Return，简写为 ARR）指标是指投资项目寿命周期内平均的年投资报酬率。计算公式如下：

$$平均报酬率 = \frac{年平均现金流量}{建设期投资总额} \times 100\%$$

其中，年平均现金流量等于所有运营期现金流量和终结现金流量之和除以投资项目的寿命。

在采用这种方法时，应该先确定一个企业要求达到的期望值，等于或高于该期望值的方案即为入选方案。在多个互斥项目的选择中，应采用平均报酬率最高的项目。平均报酬率指标的优点也是易于理解，计算方便，但它与投资回收期一样，没有考虑货币的时间价值。不过，平均报酬率考虑了项目整个寿命周期内的现金流量，而不只是考虑收回初始投资前的现金流量，这一点比投资回收期法更为合理。

【例 6-14】信诚公司准备上马一个新型产品，需要购置一台市价为 1 000 万元的设备。假设设备在项目起点即初始投资日一并投入，投资项目的整个期限为 5 年，运营期每年的净现金流量分别为 100 万元、200 万元、300 万元、400 万元和 600 万元。投资项目期末无残值。试计算该项目的平均报酬率。

该项目的终结现金流量为零，因此：

$$\text{年平均现金流量} = \frac{100 + 200 + 300 + 400 + 600}{5} = 320（万元）$$

$$\text{该投资项目的平均报酬率} = \frac{320}{1\ 000} \times 100\% = 32\%$$

二、贴现指标

贴现指标主要是考虑货币时间价值的一类指标，常见的贴现指标包括净现值、获利指数和内部报酬率三种。

（一）净现值

所谓净现值（Net Present Value，简写为 NPV），是指从投资开始直至项目终结现金流入量与现金流出量按照预定的贴现率折现的现值的差额。贴现率可以是企业的资本成本，也可以是企业要求的最低收益率水平。净现值的计算公式如下：

$$\text{NPV} = \sum_{t=0}^{n} \frac{\text{NCF}_t}{(1+r)^t} = \sum_{t=1}^{n} \frac{\text{NCF}_t}{(1+r)^t} - C$$

其中，n 为项目的经济寿命期；r 为预定的贴现率；NCF_t 为第 t 年的净现金流量；C 为项目的初始投资额[①]。

---

① 此处假定项目的全部投资均在初始投资日全部一次投入。

净现值的计算在实务中可以利用电子计算机程序或带有特定功能的计算器完成。例如，Excel 软件就设有专门计算内部报酬率的函数 NPV。如果采用手工计算，则可分为以下两种情况：

（1）当项目的全部投资均于建设期的起点一次投入，项目投产后每年的净现金流量相等即表现为年金的形式时，可以直接利用年金现值系数计算净现值。

（2）若项目投产后每年的净现金流量不相等时，只能逐年一一计算。

项目的净现值越大，收益也就越大。对于独立投资项目而言，如果项目的净现值大于零，则接受该项目；如果项目的净现值小于零，则放弃该项目。在无资金限量的情况下，对于经济寿命期限相同的多个互斥项目进行选择时，应选取净现值最大的项目。

在对经济寿命期限不同的多个互斥项目进行选择时，由于比较的效益期限不同，不能直接用 NPV 进行比较。这时，可以采用年均净现值指标（ANPV），这个指标等于净现值除以对应的年金现值系数，表示每年获得的等额净现值的大小，从而可以比较不同期限的项目。计算公式如下：

$$ANPV = \frac{NPV}{PVIFA_{i,n}}$$

【例 6-15】假设某企业有三个投资方案，相关数据如表 6-5 所示。

表 6-5　投资方案相关数据　　　　　　　　单位：万元

时间（年）	0	1	2	3	4
NCF（A）	−10 000	3 500	3 500	3 500	3 500
NCF（B）	−10 000	8 000	3 000	2 000	1 000
NCF（C）	−10 000	1 000	2 000	3 000	8 000

假设贴现率为 10%，试计算三种方案的净现值，并判断哪个方案最优。

A 方案投产后各年的净现金流量相等，可以采用年金现值系数计算。B 方案、C 方案只能逐年计算。按照公式，可得：

$$NPV_a = \sum_{t=0}^{n} \frac{NCF_t}{(1+r)^t} = 3\,500 \times PVIFA_{10\%,\,4} - 10\,000$$

$$= 3\,500 \times 3.17 - 10\,000 = 1\,095 \text{（万元）}$$

$$NPV_b = \sum_{t=o}^{n} \frac{NCF_t}{(1+r)^t} = \frac{8\ 000}{(1+10\%)^1} + \frac{3\ 000}{(1+10\%)^2} + \frac{2\ 000}{(1+10\%)^3} + \frac{1\ 000}{(1+10\%)^4} - 10\ 000$$

$$= 8\ 000 \times PVIF_{10\%,1} + 3\ 000 \times PVIF_{10\%,2} + 2\ 000 \times PVIF_{10\%,3}$$

$$+ 1\ 000 \times PVIF_{10\%,4} - 10\ 000$$

$$= 11\ 935 - 10\ 000 = 1\ 935（万元）$$

$$NPV_c = \sum_{t=o}^{n} \frac{NCF_t}{(1+r)^t} = \frac{1\ 000}{(1+10\%)^1} + \frac{2\ 000}{(1+10\%)^2} + \frac{3\ 000}{(1+10\%)^3} + \frac{8\ 000}{(1+10\%)^4} - 10\ 000$$

$$= 1\ 000 \times PVIF_{10\%,1} + 2\ 000 \times PVIF_{10\%,2} + 3\ 000 \times PVIF_{10\%,3}$$

$$+ 8\ 000 \times PVIF_{10\%,4} - 10\ 000$$

$$= 10\ 278 - 10\ 000 = 278（万元）$$

由于 B 方案的净现值最大，因此应该选择 B 方案。

净现值法指标的优点是考虑了货币的时间价值，能够反映各种方案的折现净收益，符合企业价值最大化的目标，因而是一种较好的方法。但这种方法也存在不足之处，主要表现在：不能揭示各个投资项目本身的实际报酬率是多少，不能反映投资效率的高低。

（二）内部报酬率

内部报酬率（Internal Rate of Return，简写为 IRR）是使项目的未来现金流入量的贴现值等于未来现金流出量的贴现值时的贴现率，即净现值为零时的贴现率。内部报酬率的计算公式如下：

$$\sum_{t=1}^{n} \frac{NCF_t}{(1+IRR)^t} = C$$

式中各符号的含义与净现值指标中各符号的含义相同。

对于独立投资项目而言，只要项目的内部报酬率大于企业的资本成本就可以接受该项目，在对多个互斥项目进行选择时，选取内部报酬率最大的项目。

内部报酬率的计算比较麻烦，在实务中可以利用电子计算机程序或带有特定功能的计算器完成。例如，Excel 软件就设有专门计算内部报酬率的函数 IRR。如果采用手工计算，则可分为以下两种情况：

（1）当项目的全部投资均于建设期的起点一次投入，项目投产后每年的净现金流量相等即表现为年金的形式时，可以直接利用年金现值系数计算内部报酬率。

（2）若项目投产后每年的净现金流量不相等时，需要采取逐步测试法。

【例6-16】仍沿用例6-15的数据资料，计算各个方案的内部报酬率。

A方案投产后各年的净现金流量相等，可以采用年金现值系数计算。

由 $0=NPV=3\,500 \times PVIFA_{IRR,4}-10\,000$，求得 $PVIFA_{IRR,4}=2.857$。

在年金现值系数表中查期限为4年相应的系数，找出与2.857相邻的一大一小两个系数，并找出相应的贴现率：

14%——2.914，15%——2.855

根据数据资料，使用内插法计算如下：

$$IRR=15\%-（15\%-14\%）\times \frac{2.855-2.857}{2.855-2.914}=14.96\%$$

B方案、C方案投产后各年的净现金流量不相等，只能采取逐步测试法。首先估计一个贴现率，用它来计算方案的净现值，如果净现值为正数，说明方案的内部报酬率超过该贴现率；反之，说明方案的内部报酬率低于该贴现率。经过多次测试找出使净现值接近于零的贴现率，如表6-6和表6-7所示。

表6-6   B方案净现值测算   单位：万元

年份	贴现率20%			贴现率22%			贴现率24%		
	净现金流量	折现系数	现值	净现金流量	折现系数	现值	净现金流量	折现系数	现值
1	8 000	0.83333	6 666.64	8 000	0.81967	6 557.36	8 000	0.80645	6 451.6
2	3 000	0.69444	2 083.32	3 000	0.67186	2 015.58	3 000	0.65036	1 951.08
3	2 000	0.57870	1 157.4	2 000	0.55071	1 101.42	2 000	0.52449	1 048.98
4	1 000	0.48225	482.25	1 000	0.45140	451.4	1 000	0.42297	422.97
现值合计	10 389.61			10 125.76			9 874.63		
投资支出	10 000			10 000			10 000		
净现值	389.61			125.76			-125.37		

最接近零的两个净现值分别为125.76和-125.37，对应的贴现率分别为22%和24%，则该方案的内部报酬率应该在22%－24%之间。利用内插法计算如下：

$$IRR=24\%-（24\%-22\%）\times\frac{125.76-0}{125.76-(-125.37)}=22.998\%$$

表 6-7　C 方案净现值测算　　　　　　　　单位：万元

年份	贴现率 10%			贴现率 12%			贴现率 14%		
	净现金流量	折现系数	现值	净现金流量	折现系数	现值	净现金流量	折现系数	现值
1	1 000	0.90909	909.09	1 000	0.89286	892.86	1 000	0.87719	877.19
2	2 000	0.82645	1 652.9	2 000	0.79719	1 594.38	2 000	0.76947	1 538.94
3	3 000	0.75131	2 253.93	3 000	0.71178	2 135.34	3 000	0.67497	2 024.91
4	8 000	0.68301	5 464.08	8 000	0.63552	5 084.16	8 000	0.59208	4 736.64
现值合计	10 280			9 706.74			9 177.68		
投资支出	10 000			10 000			10 000		
净现值	280			-293.26			822.32		

最接近零的两个净现值分别为 280 和-293.26，对应的贴现率分别为 10%和 12%，则该方案的内部报酬率应该在 10%－12%之间。利用内插法计算如下：

$$IRR=12\%-（12\%-10\%）\times\frac{-293.26}{-293.26-280}=10.977\%$$

由于 B 方案的内部报酬率最大，因此应该选择 B 方案。

内部报酬率指标的优点是考虑了货币时间价值，反映了投资项目本身的实际报酬率，但也有不足之处：一是在手工计算的情况下，计算过程比较麻烦；二是如果企业各期的净现金流量呈现正负交替变动，则内部报酬率的计算值可能不唯一，有些计算值过高或过低，缺乏实际意义。

（三）获利指数

获利指数（Profitability Index，PI）是指投资项目未来各期现金流量的贴现值与项目的净增量投资额之比，也称为现值指数、盈利指数。获利指数的计算公式如下：

$$PI=\frac{\sum_{t=1}^{n}\frac{NCF_t}{(1+r)^t}}{C}$$

对于独立项目而言，当投资项目的获利指数大于 1 时，选取该项目；

当获利指数小于 1 时，放弃该项目；当对多个互斥项目进行选择时，选取获利指数最大的项目。

在实务中，获利指数的计算可以利用电子计算机程序或带有特定功能的计算器完成。例如，Excel 软件就设有专门计算内部报酬率的函数 PI。如果采用手工计算，也可以分为以下两种情况：

（1）当项目的全部投资均于建设期的起点一次投入，项目投产后每年的净现金流量相等即表现为年金的形式时，可以直接利用年金现值系数计算获利指数。

（2）若项目投产后每年的净现金流量不相等时，只能逐年一一计算。

【例 6-17】仍沿用例 6-15 的数据资料，计算各个方案的获利指数。A 方案投产后各年的净现金流量相等，可以采用年金现值系数计算。B 方案、C 方案只能逐年计算。按照公式，可得：

A 方案：

$$PI = \frac{\sum_{t=1}^{n}\frac{NCF_t}{(1+r)^t}}{C} = \frac{3\,500 \times PVIFA_{10\%,4}}{10\,000}$$

$$= \frac{3\,500 \times 3.17}{10\,000} = 1.1\,095$$

B 方案：

$$PI = \frac{\sum_{t=1}^{n}\frac{NCF_t}{(1+r)^t}}{C} = \frac{11\,935}{10\,000} = 1.1935$$

C 方案：

$$PI = \frac{\sum_{t=1}^{n}\frac{NCF_t}{(1+r)^t}}{C} = \frac{10\,278}{10\,000} = 1.0278$$

由于 B 方案的获利指数最大，因此应该选择 B 方案。

获利指数的优点是考虑了货币时间价值，从动态的角度反映了项目投资的投入与产出的关系，可以比较投资额不同的方案的投资效率。该指标的缺点是无法直接反映投资项目的实际收益率，计算起来也比净现值指标复杂，此外同 NPV 一样，该指标对不同经济寿命期限的互斥项目的选择也不适用。

（四）贴现指标之间的比较

在一般情况下，同一投资方案的净现值 NPV、内部报酬率 IRR 和获利指数 PI 之间存在以下的数量关系：

当 NPV>0 时，PI>1，IRR>K；

当 NPV=0 时，PI=1，IRR=K；

当 NPV<0 时，PI<1，IRR<K。

其中，K 为计算净现值时采用的预定贴现率。

但是，各个指标之间还是存在一些差异，下面逐对进行比较。

1. NPV 与 IRR 的比较

对于独立项目，NPV、IRR 会得出相同的结论。但是对于多个互斥项目的选择，两种方法可能得出不同的结论。这是因为两种方法的再投资假设不同。净现值法假定投资项目所产生的各年净现金流量在再投资时所能得到的必要收益率即为该方案的预定贴现率，因此在预定贴现率相同的情况下，无论每个项目的初始投资规模和产生的现金流的分布如何，再投资收益率都是一样的。而内部报酬率指标假定各个项目的各年净现金流量按照各自的内部报酬率进行再投资，因此再投资收益率随着各个项目的初始投资规模和产生的现金流的分布的不同而不同。对于内部报酬率较高的项目，再投资收益率也较高；对于内部报酬率较低的项目，再投资收益率也较低。对大多数企业而言，在资金充足的市场上，资本成本是投资者要求的均衡收益率，因此通常将资本成本作为投资方案的预定贴现率和再投资收益率。所以，当净现值法和内部报酬率法产生矛盾时，应该以净现值法作为评价指标。

对于投资期限相同、各期现金流发生的时点也相同的互斥项目，可以采用增量内部报酬率法进行决策，此时按照增量内部报酬率得出的结论和按照净现值得出的结论是一致的。增量内部报酬率是指两个投资项目的差额净现金流量的内部报酬率，计算差额净现金流量时用初始投资额大的项目的各年净现金流量减去初始投资额小的项目的各年净现金流量。如果增量内部报酬率高于资本成本或预定的贴现率，则选择初始投资额大的项目；反之，则选择初始投资额小的项目。下面举例说明如何采用增量内部报酬率法在 B 方案、C 方案中做出选择。

【例 6-18】下面是 A、B 两个投资项目的数据资料，如表 6-8 所示，试采用增量内部报酬率法判断各个方案的优劣。假设各个项目的预定贴现率均为 12%。

表 6-8   A、B 两个方案的差额净现金流量   单位：万元

时间（年）	0	1	2	3	4
NCF（A）	−20 000	16 000	6 000	4 000	2 000
NCF（B）	−10 000	1 000	2 000	3 000	8 000
NCF（C）：=A−B	−10 000	15 000	4 000	1 000	−6 000

由于项目 A 的初始投资大于项目 B 的初始投资，我们使用项目 A 的净现金流量减去项目 B 的净现金流量得到差额净现金流量 NCF（C）。通过计算，得到 NCF（C）的内部报酬率为 64.53%，高于预定的贴现率，因此应该选择初始投资额大的 A 方案。计算可知，A 方案的净现值为 2 845.57 万元，B 方案的净现值为−261.85 万元，因此采用净现值法也应该选择 A 方案。可见，两种方法的判断结果是一致的。

2. NPV 与 PI 的比较

NPV 侧重反映项目产生的投资效益的数额，PI 侧重反映项目的投资效率。二者的数量关系如下：

$$NPV = C \times (PI - 1)$$

对于独立项目，NPV 和 PI 会得到相同的结论。对于互斥方案的选择决策，则分两种情况：当初始投资规模相同时，两个指标的结论也是相同的；当初始投资规模不同时，两个指标的结论可能会产生差异，这是由于二者一个是绝对数指标、一个是相对数指标的缘故。在获利指数相同的情况下，规模较大的项目会带来更大的净现值，更大的净现值符合企业价值最大化的目标，在这种情况下应该选择初始投资规模较大的项目。也就是说，当净现值法和获利指数法产生矛盾时，应该以净现值法作为评价指标。

在投资决策评价指标中，净现值等贴现指标是主要的评价指标，在评价项目的财务可行性中起到主导作用。投资回收期和平均报酬率指标等非贴现指标是次要的辅助性指标，为决策提供补充的信息，但由于其计算简便，用途也很广泛。

三、长期投资决策评价指标运用举例

下面举例说明如何运用长期投资决策评价指标解决常见的企业长期投资问题。

（一）固定资产更新决策

现代社会科学技术进步的速度越来越快，固定资产更新的周期也大大地缩短了。企业如果继续使用旧设备生产，产品的规格品种都无法与新设备相比，对原材料的消耗也更大。此外，旧设备可能还要发生一些维修费用；如果采用新设备生产，产品质量更高，能节约原材料的消耗，但是需要支付一笔较大的购买成本，因此如何进行固定资产更新决策就成为企业需要解决的一大问题。企业可以运用长期投资决策的评价指标的计算来解决这个问题。

1. 旧设备尚可使用年限与新设备的使用寿命相同

在这种情况下，可以根据净现值法或增量内部报酬率法来求解。下面以净现值法为例来求解。

【例 6-19】华诚公司考虑用一台新设备来更换旧设备。企业的资本成本为10%，所得税率为25%。新、旧设备均采用直线折旧法计提折旧，残值率均为 5%。为简化起见，假设新、旧设备的各年变现价值与折余价值相同。其他相关数据如表 6-9 所示。请根据计算结果确定该公司是否应该更新设备。

表 6-9　华诚公司设备更新的有关数据　　　　单位：元

项目	旧设备	新设备
设备原价	80 000	100 000
使用年限	10	5
已使用年限	5	0
剩余使用年限	5	5
残值（5%）	4 000	5 000
每年折旧额	7 600	19 000
目前变现价值	42 000	100 000
每年可获得的营业收入	20 000	38 000
每年需支付的付现成本	8 000	6 000

计算每年的所得税费用如下：

使用旧设备的每年所得税费用=（20 000-8 000-7 600）×25%=1 100（元）

使用新设备的每年所得税费用=（38 000-6 000-19 000）×25%

$$=3 250（元）$$

分别计算新、旧设备的现金流量和净现值如表 6-10 和表 6-11 所示。

表 6-10   使用旧设备的现金流量表   单位：元

日期（年）	0	1	2	3	4	5
初始净现金流量	-42 000					
运营期净现金流量		10 900	10 900	10 900	10 900	10 900
终结净现金流量						4 000
净现金流量合计	-42 000	10 900	10 900	10 900	10 900	14 900

初始净现金流量=旧设备目前变现价值=42 000（元）

运营期年净现金流量=每年销售收入-年付现成本-所得税

$$=20 000-8 000-1 100=10 900（元）$$

终结净现金流量=4 000（元）

使用旧设备的净现值=10 900×$PVIFA_{10\%,5}$+4 000×$PVIF_{10\%,5}$-42 000

$$=1 803.26（元）$$

表 6-11   使用新设备的现金流量表   单位：元

日期（年）	0	1	2	3	4	5
初始净现金流量	-100 000					
运营期净现金流量		28 750	28 750	28 750	28 750	28 750
终结净现金流量						5 000
净现金流量合计	-100 000	28 750	28 750	28 750	28 750	33 750

初始净现金流量=新设备目前变现价值=100 000（元）

运营期年净现金流量=每年销售收入-年付现成本-所得税

$$=38 000-6 000-3 250=28 750（元）$$

终结净现金流量=5 000（元）

使用新设备的净现值=28 750×$PVIFA_{10\%,5}$+5 000×$PVIF_{10\%,5}$-100 000

$$=12 089.73（元）$$

由于使用新设备的净现值大于使用旧设备的净现值，故应该更新。

2. 旧设备尚可使用年限与新设备的使用寿命不同

多数情况下，新设备的使用年限要大于旧设备。此时，可采用年均净现值指标（ANPV）来求解。

【例6-20】沿用例6-19的数据资料，假设新设备的使用年限为10年，其他数据不变，如表6-12所示。请根据计算结果确定该公司是否应该更新设备。

表6-12　华诚公司新设备折旧额计算　　　　　　　　单位：元

项目	新设备
设备原价	100 000
使用年限	10
已使用年限	0
剩余使用年限	10
残值（5%）	5 000
每年折旧额	9 500

使用新设备的每年所得税费用=（38 000-6 000-9 500）×25%=5 625（元）

计算新设备的现金流量和净现值如表6-13所示。

表6-13　使用新设备的现金流量表　　　　　　　　单位：元

日期（年）	0	1	2	3	4	5	6	7	8	9	10
初始净现金流量	-100 000										
运营期净现金流量		26 375	26 375	26 375	26 375	26 375	26 375	26 375	26 375	26 375	26 375
终结现金流量											5 000
净现金流量合计	-100 000	26 375	26 375	26 375	26 375	26 375	26 375	26 375	26 375	26 375	31 375

初始净现金流量=新设备目前变现价值=100 000（元）

运营期年净现金流量=每年销售收入-年付现成本-所得税

　　　　　　　　=38 000-6 000-5 625=26 375（元）

终结净现金流量=5 000（元）

使用新设备的净现值=26 375×PVIFA$_{10\%, 10}$+5 000×PVIF$_{10\%, 10}$-100 000

$$= 63\ 990.67（元）$$

使用公式计算旧设备和新设备的年均净现值如下：

旧设备：

$$ANPV=\frac{NPV}{PVIFA_{i,n}}=\frac{1\ 803.26}{PVIFA_{10\%,5}}=\frac{1\ 803.26}{3.791}=475.67（元）$$

新设备：

$$ANPV=\frac{NPV}{PVIFA_{i,n}}=\frac{63\ 990.67}{PVIFA_{10\%,10}}=\frac{63\ 990.67}{6.145}=10\ 413.45（元）$$

由于新设备的年均净现值大于旧设备的年均净现值，因此应该进行固定资产更新。

（二）投资开发时机决策

一些企业拥有自然资源。自然资源是稀缺的，随着开采的增加，储量下降，售价也会上升。因此，对于这些企业来说，就面临一个何时开发资源的问题：早开发可以早日获得收入，但可能价格比较低；晚开发的价格比较高，但获得收入也比较晚。进行此类决策时，基本的原则也是净现值最大化。需要注意的是需要把晚开发的净现值换算为早开发的投资期初的现值，才能进行比较。

【例 6-21】远航公司拥有一个稀有矿藏，由于储量有限，矿的价格在不断上升。据预测，4 年之后价格将一次性上升 20%。公司想知道现在开发好还是 4 年后再开发好。假设初始投资的数额都相同，资本成本为 10%，项目从第 1 年开始投产，投产后该矿藏只能生产 5 年。期初固定资产投资为 400 万元，流动资金垫支为 50 万元，期末固定资产残值为 20 万元，固定资产使用期限为 5 年，采用直线法折旧。投资期末垫支的流动资产全部收回。企业的所得税率为 30%。其余资料如表 6-14 所示。

表 6-14　远航公司投资开发时机资料表

项目	数据
年产销量（吨）	1 000
每吨售价（万元）	1

续表

项目	数据
4 年后每吨售价（万元）	1.2
每年付现成本（万元）	800
每年折旧费用（万元）	（400-20）/5=76

首先计算现在开发的净现值：

每年所得税费用=（1 000-800-76）×30%=37.2（万元）

现在开发的现金流量和净现值如表 6-15 所示。

表 6-15　使用新设备的现金流量表　　　　单位：元

日期（年）	0	1	2	3	4	5	6	7	8	9	10
初始净现金流量	-450										
运营期净现金流量		162.8	162.8	162.8	162.8	162.8					
终结净现金流量						70					
净现金流量合计	-450	162.8	162.8	162.8	162.8	232.8					

初始净现金流量=固定资产投资+流动资产垫支=400+50=450（万元）

运营期年净现金流量=每年销售收入-年付现成本-所得税

$$=1\ 000-800-37.2=162.8（万元）$$

终结净现金流量=固定资产残值+流动资金回收=20+50=70（万元）

现在开发的净现值=162.8×PVIFA$_{10\%,5}$+70×PVIF$_{10\%,5}$-450

$$=210.64（万元）$$

然后计算 4 年后开发的净现值：

每年所得税费用=（1 200-800-76）×30%=97.2（万元）

4 年后开发的现金流量和净现值如表 6-16 所示。

表 6-16　使用新设备的现金流量表　　　　　单位：元

日期（年）	0	1	2	3	4	5	6	7	8	9	10
初始净现金流量					-450						
运营期净现金流量						302.8	302.8	302.8	302.8	302.8	
终结净现金流量										70	
净现金流量合计					-450	302.8	302.8	302.8	302.8	372.8	

初始净现金流量=固定资产投资+流动资产垫支=400+50=450（万元）

运营期年净现金流量=每年销售收入-年付现成本-所得税

$$=1\ 200-800-97.2=302.8（万元）$$

终结净现金流量=固定资产残值+流动资金回收=20+50=70（万元）

4 年后开发的净现值=$302.8 \times PVIFA_{10\%,5}+70 \times PVIF_{10\%,5}-450$

$$=741.38（万元）$$

将 4 年后开发的净现值换算为早开发的投资期期初的现值：

净现值换算为投资期期初的现值=$741.38 \times PVIF_{10\%,4}$

$$=741.38 \times 0.683=506.36（万元）$$

由于 506.36 万元大于 210.64 万元，所以该企业应该等到 4 年后再开发矿藏。

（三）资本限量决策

在实际生活中，企业可用于投资的资金并不是无限的，而是有一定限度的。虽然有很多获利项目，但是资金有限，只能从中选择一些项目进行投资。在资金有限的情况下，应该如何选择呢？此时，可用采用净现值法和获利指数法两种方法。

决策的步骤如下：

1. 计算所有项目的获利指数和净现值，去掉获利指数小于 1 或净现值小于零的项目。

2. 如果资金总额能满足余下的项目的资金需求，则选择全部剩余项目进行投资。

3. 如果资金总额不能满足余下的项目的资金需求，则计算在资金限量范围内的所有可能项目的组合的加权平均获利指数或净现值总额，选择加权平均获利指数或净现值总额最大的项目组合进行投资。需要注意的是，计算加权平均获利指数时，如果有没用完的资金额度，则该部分资金按照获利指数为 1 参加计算。

【例 6-22】原野公司有 5 个可供选择的项目，各项目的情况如表 6-17 所示。公司可用的资金为 10 000 元。试确定应该选择哪些项目进行投资。

表 6-17　原野公司各可选项目情况表　　　　单位：元

投资项目	初始投资	PI	NPV
A	3 000	1.6	1 800
B	4 000	1.5	2 000
C	7 000	1.2	1 400
D	5 000	1.4	2 000
E	6 000	1.3	1 800

可能的投资组合和各组合的加权平均获利指数及净现值总额如表 6-18 所示。

表 6-18　原野公司可选项目组合情况表　　　　单位：元

投资项目组合	初始投资	加权平均 PI	ΣNPV
AB	7 000	1.38	3 800
AC	10 000	1.32	3 200
AD	8 000	1.38	3 800
AE	9 000	1.36	3 600
BD	9 000	1.40	4 000
BE	10 000	1.38	3 800

AB 的加权平均 $PI = \dfrac{3\,000 \times 1.6 + 4\,000 \times 1.5 + 3\,000 \times 1}{10\,000} = 1.38$，其余投资组合加权平均 PI 的计算以此类推。由计算结果可得，BD 组合的加权平均 PI 和净现值的总额均为最大，所以应该选择 B 项目和 D 项目进行投资。

第五节   投资敏感性分析

长期投资决策中的敏感性分析是指当投资方案的关键因素发生变动时，对该投资方案的净现值和内部报酬率产生的影响强度。如果关键因素的较小变化引起目标值的较大变化，则表明该因素的敏感性强，否则表明该因素的敏感性弱。对投资项目进行敏感性分析，有利于揭示有关因素变动对投资决策评价指标的影响程度，找出主要矛盾。敏感性很强的方案，由于受未来因素变动的影响较大，通常不宜采用。

敏感性分析可以采取计算各因素的临界值和计算目标值对各因素值的敏感系数两种方法。这两种方法实质上是同一问题的两个方面：某一项因素达到临界值前的可变动范围越大，则目标值对这项因素就越不敏感，敏感系数就越低；反之，则目标值对这项因素就越敏感，敏感系数就越高。本节结合例题介绍如何通过计算敏感系数对投资项目进行敏感性分析。敏感系数的计算公式为：

$$敏感系数 = \frac{目标值变动百分比}{因素值变动百分比}$$

【例 6-23】远方公司某长期投资项目需要购置一台市价为 300 万元的设备，设备在项目起点即初始投资日投入，投资项目的整个期限为 5 年，每年的销售量为 1 000 件，单位产品的售价为 0.6 万元，每年的付现成本为 470 万元，其中固定成本为 270 万元，变动成本为 200 万元，单位变动成本为 0.2 万元。设备的折旧年限为 5 年，采用直线法计提折旧，残值率为 5%。公司的所得税税率为 30%。预计项目结束时，设备的变现价值与残值相等，为 15 万元，公司的资本成本为 10%。该公司投资项目情况如表 6-19 所示。请计算该投资项目的 NPV 和 IRR。

表 6-19   远方公司投资项目情况表   单位：万元

	0	1	2	3	4	5
固定资产投资	-300					
销量（件）		1 000	1 000	1 000	1 000	1 000
销售单价		0.6	0.6	0.6	0.6	0.6

	0	1	2	3	4	5
变动成本		200	200	200	200	200
付现成本（=变动成本+固定成本）		470	470	470	470	470
折旧费用		57	57	57	57	57
税前利润		73	73	73	73	73
所得税		21.9	21.9	21.9	21.9	21.9
税后利润		51.1	51.1	51.1	51.1	51.1
运营期净现金流量		108.1	108.1	108.1	108.1	108.1
固定资产残值						15
总现金流量	-300	108.1	108.1	108.1	108.1	123.1
NPV	119.10					
IRR（%）	24.30%					

$$第1-5年的折旧费用=\frac{(1-5\%)\times300}{5}=57（万元）$$

第1-5年的税前利润=1 000×0.6-470-57=73（万元）

第1-5年的所得税费用=（1 000×0.6-470-57）×30%=21.9（万元）

第1-5年的税后利润=73-21.9=51.1（万元）

第1-5年的运营期净现金流量=1 000×0.6-470-21.9=108.1（万元）

根据公式计算得NPV=119.10万元，IRR为24.30%。

一、产品售价下降的敏感性分析

售价通常是影响建设项目经济效果的最敏感的因素。在其他条件不变的情况下，当售价下降10%即为0.54万元时，计算可得：

第1-5年的税前利润=1 000×0.54-470-57=13（万元）

第1-5年的所得税费用=13×0.3=3.9（万元）

第1-5年的税后利润=13-3.9=9.1（万元）

第1-5年的运营期净现金流量=1 000×0.54-470-3.9=66.1（万元）

NPV=-40.12万元，IRR为4.76%。

$$NPV的变动率=\frac{-40.12-119.1}{119.1}=-133.69\%$$

$$\text{IRR 的变动率=}\frac{4.76-24.30}{24.30}=-80.41\%$$

$$\text{NPV 对产品售价的敏感系数=}\frac{-133.69\%}{-10\%}=13.369$$

$$\text{IRR 对产品售价的敏感系数=}\frac{-80.41\%}{-10\%}=8.041$$

二、产品销售量下降的敏感性分析

产品的销售量通常是根据项目设计的生产能力和经验预估出来的。影响产品销售量的因素比较多，这个因素也常常变动，因此有必要了解目标值对销售量的敏感程度。销售量的变动将影响销售收入和变动成本。在其他条件不变的情况下，当销售量下降10%时，计算可得：

第1－5年的税前利润=900×0.6-450-57=33（万元）

第1－5年的所得税费用=33×0.3=9.9（万元）

第1－5年的税后利润=33-9.9=23.1（万元）

第1－5年的运营期净现金流量=900×0.6-450-9.9=80.1（万元）

NPV=12.96万元，IRR为11.64%。

$$\text{NPV 的变动率=}\frac{12.96-119.1}{119.1}=-89.12\%$$

$$\text{IRR 的变动率=}\frac{11.64-24.30}{24.30}=-52.10\%$$

$$\text{NPV 对产品销售量的敏感系数=}\frac{-89.12\%}{-10\%}=8.912$$

$$\text{IRR 对产品销售量的敏感系数=}\frac{-52.10\%}{-10\%}=5.210$$

三、初始投资增加的敏感性分析

项目的初始投资也很关键，有必要了解目标值对初始投资的敏感程度。在其他条件不变的情况下，当初始固定资产投资增加10%即为330万元时，计算可得：

第1－5年的税前利润=1 000×0.6-470-62.7=67.3（万元）

第 1－5 年的所得税费用=67.3×0.3=20.19（万元）

第 1－5 年的税后利润=67.3-20.19=47.11（万元）

第 1－5 年的运营期净现金流量=1 000×0.6-470-20.19=109.81（万元）

NPV=95.58 万元，IRR 为 20.60%。

$$NPV \text{ 的变动率} = \frac{95.58-119.1}{119.1} = -19.75\%$$

$$IRR \text{ 的变动率} = \frac{20.60-24.30}{24.30} = -15.23\%$$

$$NPV \text{ 对初始投资的敏感系数} = \frac{-19.75\%}{-10\%} = 1.975$$

$$IRR \text{ 对初始投资的敏感系数} = \frac{-15.23\%}{-10\%} = 1.523$$

可以看出，在三个关键影响因素中，售价的敏感系数最大，其次为产品销售量，初始投资的敏感系数最小。因此，销售价格的准确预测是至关重要的，需要企业在这方面多做调查研究，力求精确。其次，企业也要做好产品销售量的市场调研工作，以保证企业净现值、内部报酬率等经济效益指标的目标值的实现。

第六节　风险投资决策

长期投资项目涉及的时间比较长，由于企业内外环境、市场状况等因素都在不断变化，因此必然会面临各种风险。这就有必要在长期投资决策评价指标的计算中引入风险因素，通过调整评价指标的分子或分母来重新计算评价指标的数值。具体方法包括按风险调整资本成本和按风险调整现金流量两种。下面分别介绍这两种方法。

一、按风险调整资本成本

较大的风险会增加企业的资本成本，从而加大投资贴现率，降低项目的投资价值。如何按照风险调整企业的资本成本呢？可以根据资本资产定价模型来调整或者根据投资项目的变异系数来调整。

（一）根据资本资产定价模型调整

根据投资组合理论，投资风险可以分为系统风险和非系统风险两部分。非系统风险可以通过多元化投资分散，系统风险无法分散。项目系统风险的大小通常用 β 系数来计量，β 系数是指项目的系统风险相对于市场平均系统风险的比例，表示与市场平均系统风险相比，项目系统风险的大小程度。资本资产定价模型的计算公式如下：

$$E(R_i) = R_f + \beta_i \left[E(R_m) - R_f \right]$$

其中，R_i 指 i 项目的权益资本成本；R_f 指无风险收益率；R_m 指市场的平均风险报酬率。

求得项目的权益资本成本后，还需要根据以下公式计算项目的加权平均资本成本：

$$K = K_S \frac{S}{B+S} + K_B(1-T)\frac{B}{B+S}$$

其中，K 为项目的加权平均资本成本；K_S 为权益资本成本；K_B 为税前债务资本成本；T 为所得税税率；B 为债务的价值；S 为股东权益的价值。

【例 6-24】大诚公司某长期投资项目的 β 系数为 1.2，市场上无风险收益率为 6%，市场的平均风险报酬率为 10%，税前债务资本成本为 8%，所得税税率为 25%，债务资本占全部资本的比例为 40%。试求该项目的加权平均资本成本。

根据计算公式，可得：

$$E(R_i) = R_f + \beta_i \left[E(R_m) - R_f \right]$$
$$= 6\% + 1.2 \times （10\% - 6\%）$$
$$= 10.8\%$$

$$K = K_S \frac{S}{B+S} + K_B(1-T)\frac{B}{B+S}$$
$$= 10.8\% \times (1 - 40\%) + 8\% \times (1 - 25\%) \times 40\%$$
$$= 8.88\%$$

这种方法的关键是计算项目的权益资本成本时如何确定项目的 β 系数。当公司的经营项目单一时，可认为项目所面临的市场风险与公司所面临的市场风险一致。若公司又投资建设同类的新项目，可以采用公司的 β 系数作为项目的 β 系数。当公司经营多种投资项目时，就不能这样做了。可行的办法：一是参考与项目同一行业的主要上市公司的 β 系数值；二是通过将项目所在部门资产的会计收益对市场收益进行回归得到 β 系数。

1. 参考与项目同一行业的主要上市公司的 β 系数值

计算权益资本成本的公式中采用的 β 系数值又称为权益 β 系数值。实际上，β 系数有两种形式，一种是权益 β 系数值，另一种是全部资产的 β 系数值。项目的全部资产既包括普通股等权益，还包括负债。权益 β 系数值（β_u）和全部资产 β 系数值（β_1）之间的换算关系如下：

$$\beta_1 = \beta_u \left[1 + (1-T)\frac{B}{S} \right]$$

$$\beta_u = \frac{\beta_1}{1 + (1-T)\frac{B}{S}}$$

其中，T 为所得税税率；B 为债务的价值；S 为股东权益的价值。通常，全部资产的 β 系数值小于权益 β 系数值。

【例 6-25】腾飞公司对某长期投资项目进行调研。已知市场上与该项目同一行业的主要上市公司有三家，权益的 β 系数值分别为 1.1、1.2 和 1.3；债务与股东权益的比值分别为 20%、40% 和 30%。所得税税率为 25%。市场上的无风险报酬率为 6%，市场平均风险报酬率为 10%。假设腾飞公司该项目的债务与股东权益的比值为 50%，试计算腾飞公司的权益资本成本。

同行业主要上市公司权益的 β 系数值的平均值＝（1.1+1.2+1.3）/3=1.2

同行业主要上市公司债务与股东权益比值的平均值 ＝（20%+40%+30%）/3=30%

将同行业主要上市公司的平均权益 β 系数值转换为全部资产的 β 系数值：

$$\beta_u = \frac{\beta_1}{1 + (1-T)\frac{B}{S}} = \frac{1.2}{1 + (1-0.25) \times 0.3} = 0.980$$

以该值作为项目的全部资产 β 系数值，计算项目的权益 β 系数值如下：

$$\beta_l=\beta_u\left[1+(1-T)\frac{B}{S}\right]=0.980\times\left[1+(1-0.25)\times0.5\right]=1.3\ 475$$

按照权益资本成本的计算公式，可得：

$$E(R_i)=R_f+\beta_i\left[E(R_m)-R_f\right]$$

$$=6\%+1.3\ 475\times（10\%-6\%）=11.39\%$$

2. 将项目所在部门资产的会计收益对市场收益进行回归得到 β 系数

这种方法只要有历史会计收益数据和市场收益数据，就可以通过回归的方式求得 β 系数。回归公式为：y=a+bx，其中 y 为项目所在部门的会计收益率，x 为市场收益率。回归出来的系数 b 即为 β 系数值。这种方法使用起来比较简单，但缺点是由于会计收益还受到市场收益之外的其他因素的影响，因此计算结果的误差比较大。举例略。

（二）根据项目的变异系数调整

项目的变异系数也可以反映项目的风险程度。变异系数高的项目，风险更高，资本成本也应该更高；变异系数低的项目，风险更低，资本成本也应该更低。计算公式如下：

$$K=R_f+R_k=R_f+b\times Q$$

其中，K 为风险调整后的资本成本，R_f 为无风险收益率；R_k 为风险收益率；b 为风险报酬斜率；Q 为变异系数，表示风险程度。

风险报酬斜率 b 表示资本成本受变异系数影响的大小。对于风险厌恶型企业，b 应该设得大一些；对于风险偏好型企业，b 应该设得小一些。

【例6-26】原野公司某长期投资项目的变异系数为 0.5，风险报酬斜率为 0.2。市场上的无风险报酬率为 6%。试计算该项目风险调整后的资本成本。

由计算公式，可得：

$$K=R_f+R_k=R_f+b\times Q$$

$$=6\%+0.2\times0.5=7\%$$

二、按风险调整现金流量

按风险调整现金流量就是把不确定的现金流量调整为无风险的确定的现金流量，然后用无风险的资本成本进行贴现。这种调整是通过肯定当量系数确定的。肯定当量系数是指把不确定的 1 元现金流量调整为无风险的确定现金流量的系数，计算公式如下：

$$肯定当量系数=\frac{肯定的现金流量}{预期现金流量的期望值}$$

例如，某项目某一年的预期现金流量的分布为：5 000 元的概率为 20%，4 000 元的概率为 50%，6 000 元的概率为 30%，则预期现金流量的期望值为 4 800 元（5 000×20%+4 000×50%+6 000×30%）。如果认为无风险的现金流量 4 200 元与这个有风险的现金流量 4 800 元是没有差异的，则 4 200 元就是 4 800 元的肯定现金流量，肯定当量系数为 0.875（4 200/4 800）。肯定当量系数的取值范围为 0—1，取值的大小与投资者的风险偏好程度有关。如果投资者对风险的承受能力较高，则可以取较大的值；反之则取较小的值。

按风险调整现金流量法的主要步骤为：首先计算项目各年现金流量的期望值，然后用肯定当量系数将期望值调整为无风险的确定现金流量，最后采用无风险的贴现率来折现，求得项目的净现值。

【例 6-27】永兴公司准备投资一个新的项目。各年的期望现金流量和肯定当量系数如表 6-20 所示。公司的无风险贴现率为 7%。试计算该项目风险调整后的净现值。

表 6-20　永兴公司投资项目各年期望现金流量和肯定当量系数表

年度	0	1	2	3	4	5
期望现金流量（万元）	-1 000	180	220	260	300	350
肯定当量系数	1	0.9	0.8	0.8	0.7	0.6

按照肯定当量系数法对该项目调整现金流量并计算净现值，如表 6-21 所示。

表 6-21　永兴公司投资项目调整现金流量及净现值计算表

年度	期望现金流量（万元）	肯定当量系数	无风险现金流量	贴现系数（7%）	现值
0	-1 000	1	-1 000	1	-1 000
1	180	0.9	162	0.9346	151.41
2	220	0.8	176	0.8734	153.72

年度	期望现金流量（万元）	肯定当量系数	无风险现金流量	贴现系数（7%）	现值
3	260	0.8	208	0.8163	169.79

续表

年度	期望现金流量（万元）	肯定当量系数	无风险现金流量	贴现系数（7%）	现值
4	300	0.7	210	0.7629	160.21
5	350	0.6	210	0.7130	149.73
NPV	−215.15[①]				

由于风险调整后计算出来的净现值为-215.15 万元，小于零，该项目不可行。如果不采用肯定当量系数进行风险调整，项目的净现值计算结果为 51.03 万元，大于零，会得出项目可行的错误结论。由此可以看出，对长期投资项目的评价指标进行风险调整是十分必要的。按风险调整现金流量法的缺陷是对肯定当量系数的确定主要根据经验，没有公认的客观标准，主观性比较大。

【本章小结】

本章介绍了长期投资决策的相关内容。

第一节，主要介绍了长期投资决策的程序和长期投资决策的类型。长期投资决策是针对企业的长期投资项目做出的决策，具有投资额大、风险高、影响时间长的特点。长期投资决策的程序包括：（1）进行周密的调查研究，搜集相关的数据资料；（2）做出合理预测，提出备选方案；（3）选择最优方案；（4）项目实施与后评价。按照不同的标准，长期投资项目可分为多种类型。按照投资项目与其他项目之间的关系，可分为独立项目和相关项目；按照投资的经济效果，可分为增加收入型投资项目和降低成本型投资项目；按照投资项目的风险程度，可以分为确定型投资项目和风险型投资项目。

第二节，主要介绍了货币时间价值，包括单利与复利和年金两方面的内容。货币时间价值是指货币作为资本在投资和再投资的过程中发生的价

---

① NPV 与各年现值之和的差异（0.01）是由于小数点四舍五入所致。

值增值。单利是指仅对本金计息，产生的利息不再计息。复利是指不仅本金计息，产生的利息也要计息。复利终值系数用 FVIF 来表示，复利现值系数用 PVIF 来表示。年金是指一定时期内每期相等金额的收付款项，可分为后付年金、先付年金、递延年金和永续年金等形式。普通年金终值系数通常用 FVIFA 来表示，普通年金现值系数通常用 PVIFA 来表示。

第三节，主要介绍了现金流量，包括现金流量的定义、现金流量计算期的确定和现金流量的计算三个方面的内容。在投资决策分析中所指的现金是一个广义的概念，不仅包括现金和现金等价物，还包括非货币资产的变现价值。按照流向，长期投资项目的现金流量又可分为三种：（1）现金流出量；（2）现金流入量；（3）净现金流量。与现金流量有关的时间包括三个时点和两个时期。三个时点分别为初始投资日、投产日和终结日；两个时期分别为项目的建设期和项目的运营期。根据现金流量计算期，可以将长期投资项目的现金流量划分为建设期现金流量、运营期现金流量和终结现金流量三部分，各部分又包括明细的内容。

第四节，主要介绍了长期投资决策的评价指标，包括非贴现指标、贴现指标和长期投资决策评价指标运用举例三方面的内容。非贴现指标在计算时不需要进行贴现，主要包括投资回收期和平均报酬率两种。贴现指标主要是考虑货币时间价值计算时需要进行贴现的一类指标，常见的贴现指标包括净现值、获利指数和内部报酬率三种。净现值等贴现指标是主要的评价指标，在评价项目的财务可行性中起到主导作用。投资回收期和平均报酬率指标等非贴现指标是次要的辅助性指标，为决策提供补充的信息。对于投资期限相同、各期现金流发生的时点也相同的互斥项目，可以采用增量内部报酬率法进行决策。在举例说明长期投资评价指标的运用时，本节主要介绍了固定资产更新决策、投资开发时机决策和资本限量决策。

第五节，主要介绍了如何进行投资敏感性分析。长期投资决策中的敏感性分析是指当投资方案的关键因素发生变动时，对该投资方案的净现值和内部报酬率产生的影响强度。敏感性分析可以采取计算各因素的临界值和目标值对各因素值的敏感系数两种方法。本小节结合例题介绍了如何进行产品售价下降的敏感性分析、产品销售量下降的敏感性分析和初始投资增加的敏感性分析。

第六节，主要介绍了如何进行风险投资决策。长期投资项目涉及的时间比较长，必然会面临各种风险，有必要在计算中引入风险因素，通过调整评价指标的分子或分母来重新计算评价指标的数值。具体方法包括按风险调整资本成本和按风险调整现金流量两种。按风险调整资本成本又包括根据资本资产定价模型调整和根据项目的变异系数调整两种方法。按风险调整现金流量就是把不确定的现金流量调整为无风险的确定的现金流量，然后用无风险的资本成本进行贴现。这种调整是通过肯定当量系数实现的。

【思考题】

1. 长期投资决策包括哪些程序？长期投资项目有哪些类型？

2. 如何计算复利现值、复利终值、年金现值和年金终值？先付年金和后付年金的区别是什么？

3. 长期投资项目的现金流量包括哪三大部分？各个部分又包括哪些内容？

4. 长期投资决策有哪些评价指标？各自的优缺点是什么？

5. 如何对长期投资决策的评价指标进行风险调整？

第七章　全面预算

【引例】

  伟业公司是经营有色金属的上市公司，该公司以生产和销售电解铜及其加工品为主业。该公司成立初期，国际铜市场价格大幅度下跌，并保持连续下滑态势，短时期内没有回暖迹象。为了让企业在严酷的市场形势下保住竞争优势，在残酷的市场竞争中立于不败之地，公司开始全面推行预算管理。通过实施全面的预算管理，内部挖潜，公司在整体调控能力方面上一个新台阶。在铜价最为低迷的几年中，公司不仅顶住了残酷的市场竞争，而且超额完成各年预算目标，公司的净利润每年增长近 20%。

第一节　全面预算概述

  自 20 世纪 20 年代预算方法在美国通用电气公司、杜邦公司、通用汽车公司产生之后，很快就被大型工商企业普遍使用。它从最初的计划、协调生产而逐渐发展成为现在的集约束、激励、评价于一体的综合贯彻企业战略方针的经营机制，从而使预算管理处于企业内部控制系统的核心位置。

一、全面预算的含义

  全面预算管理是利用预算对企业内部各部门、各单位的各种财务及非财务资源进行分配、考核、控制，以便有效地组织和协调企业的生产经营活动，完成既定经营目标。它以销售预算为起点，按照企业既定的经营目标，对企业未来特定期间的销售、生产、成本、现金收支等各方面的活动进行预测，并在此基础上，编制出一套预计的财务报表，以反映企业在此期间的财务状况和经营成果。

二、全面预算的作用

通过编制全面预算，有助于使各部门乃至全体员工明确工作任务，协调并控制各部门的工作，并对员工业绩的评价有了客观的标准。编制全面预算的作用主要表现以下几个方面。

（一）落实企业的战略目标

全面预算管理是以价值形式和其他数量形式综合分析企业未来计划和目标等各方面的信息，是全面落实企业战略目标的具体行动方案与控制制度，它通过对企业的销售、生产、分配以及筹资等活动确定明确的目标，进而据以执行与控制，分析并调节差异，指导企业在市场竞争中趋利避险，全面实现企业战略目标。

（二）明确各职能部门的具体工作目标

企业总体的战略目标需要各职能部门共同努力才能实现，这就需要制定一系列能够指导企业各职能部门正常展开生产经营活动的具体工作目标。通过编制全面预算，企业各职能部门可以明确各自具体的工作任务以及要达到的目标，明确各自在成本、利润、资金等方面必须达到的水平，从而使工作在总体目标和具体行动计划的指导下有条不紊地进行。

（三）协调各部门工作

全面预算把企业各方面的工作纳入统一计划中，促使企业内部各部门的预算相互协调，达到平衡，在保证企业总体目标最优的前提下，组织各自的生产经营活动。

（四）控制各部门的经济活动

在预算执行的过程中，各部门应当对实际指标和预算指标进行对比分析及时发现差异，并找出产生差异的具体原因，采取有效措施确保各项经济活动处于预算控制之下，以保证企业总目标的实现。

（五）衡量各部门工作业绩

在执行全面预算过程中，实际指标偏离预算指标的差异，不仅是控制企业日常经济活动的主要依据，也是考核各部门工作业绩的重要标准。只有根据预算的完成情况，分析偏离预算的程度和原因，划清责任，奖罚分明，才能促使各部门为完成预算规定的目标而努力工作。

三、全面预算的内容

全面预算是由一系列预算按其经济内容及相互关系有序排列组成的有机体。全面预算体系主要由以下三个方面组成。

（一）经营预算

经营预算是与企业日常经营活动有关的预算，主要包括销售预算、生产预算、直接材料预算、直接人工预算、制造费用预算、单位生产成本预算、期末存货预算、销售及管理费用预算。这些预算大多以实物量指标和价值量指标分别反映企业收入与费用的构成情况。

（二）专门决策预算

专门决策预算是指企业为那些在预算期内不经常发生的一次性经济活动所编制的预算。与在日常经营业务基础上编制的经营预算和财务预算不同，专门决策预算所涉及的不是经常预测和决策的事项，而是为长期或不定期编制的预算，其针对性较强。

（三）财务预算

财务预算是指与企业现金收支经营成果和财务状况相关的预算，主要包括现金预算、预计利润表、预计资产负债表，这些预算以价值量指标总括反映经营预算的结果。

四、全面预算的编制期与编制程序

（一）全面预算的编制期

编制企业经营预算与财务预算的期间，通常以一年为期，这样可使预算期间与会计年度相一致，便于预算执行情况的分析、评价和考核。年度预算要有分季的数字，而其中第一季度还要有分月的数字，当第二季度来临时，又要将第二季度的预算按月分解，提出分月的预算数，以此类推。对于更细的预算可由部门或车间负责人根据需要进行分解制定。资本支出的预算期应根据长期投资决策的要求具体制定。

在预算的具体时间上，生产经营预算一般在下年度到来之前的三个月着手编制，按规定进程由各级人员组织编、报、审等各项工作，年底要形成完整的全面预算并发布至各个职能部门。

（二）全面预算的编制程序

预算编制的基本程序应当符合两个方面的要求：一是符合企业治理结构的要求，在体现出资人报酬期望、协调各二级单位相互利益关系的基础上，通过预算的编制与实施，发挥资源与管理的整合协同效应，确立企业持续发展的优势地位；二是符合高效预算机制的内在要求，贯彻全员民主参与的人本管理思想，使编制形成的预算具有广泛的群众基础。

因此，预算的编制应采取自上而下与自下而上相结合的方法，一方面可以减少上下级讨论预算目标时，下级处于优势地位所造成的信息不对称问题；另一方面也可以利用"压力传递"，将公司总部的生存和发展压力传递到下属的二级单位，有助于公司目标的协调一致。

全面预算编制的一般程序为：

1. 在预测与决策的基础上，由预算委员会拟定企业预算总方针，包括经营方针、各项政策以及企业总目标和分目标，如利润目标、销售目标、成本目标等，下发到各部门。

2. 组织各生产、业务部门按具体目标要求编制本部门预算草案。

3. 由预算委员会平衡、协商、调整各部门的预算草案，并进行预算的汇总与分析。

4. 审议预算并上报董事会，最终通过企业的综合预算和部门预算。

5. 将批准后的预算下达各级、各部门执行。

五、预算管理中的行为问题

预算管理系统将预算指标与奖惩挂钩，虽然能产生正面的激励，但也会诱发预算执行者"急功近利"的行为。预算控制能否成功，一个重要因素是管理人员如何认识和把握预算管理中的行为问题。以下就参与预算、预算松弛、预算指标水平和预算道德问题进行讨论。

（一）参与预算

按照作为预算执行者和预算制定与管理者的下级在预算编制中所发挥的作用，可以区分出三类不同性质的预算，即指令（imposed）预算、咨询（consultative）预算和参与（participative）预算。指令预算完全由上级决定，下级只是执行。咨询预算是指上级在预算被决定和下达之前要征求下级的意见，但是否采纳仍然由上级定夺。参与预算是指上级和下级共同参与预算制定的过程。与非参与预算相比，参与预算具有明显优势：首先，参与预算过程意味着有关部门及其人员在预算编制中可以充分表达自己的意见，这样可以调动企业内部所有员工，使他们在实现预算目标时会表现出更高的积极性和自觉性；其次，参与的过程必然增加企业内部沟通和讨论的机会，从而集思广益，改进经营。

（二）预算松弛

预算松弛（budgetary slack）是指预算指标所表示的预算执行的业绩水平低于预算执行者自己预期可能达到业绩水平的部分，换言之，是预算数额与预算执行者能够达成的数额的差额。预算松弛的原因在于信息不对称、预算执行者倾向认为超过预算就会得到上司赏识的心理、预算者用来防范和规避风险和不确定性，以及分配资源时"成本预测数据总是被削减"的心理。解决的方案包括：设计有效的信息系统，特别是会计信息系统，使私有的信息公开化，改善上级和下级之间的信息分布状况；创新制度，建立分权型组织结构，通过鼓励下级参与预算编制实现决策前的沟通；建立激励制度。除以上方法外，还有许多具体方法用来缓解甚至消除预算松弛，具体包括发现成本动因、标杆法、重新设计奖惩制度等。

（三）预算指标水平

在实务中，预算指标水平多高为高，或者多低为低（how high is high enough）往往难以验证。人们至少发展出可行的（practical）、理想的（ideal）和超理想的（stretching）三种指标水平，可供人们选择。每一种指标水平都是根据特定假设或观点推演出来的，在实际应用中会引起当事人不同的行为。

一种观点认为，预算指标过高将挫伤执行者的积极性，助长预算执行者的沮丧情绪；过低，则会助长执行者的懒惰风气。因此，选择可行或可达到的指标水平做业绩标准，效果最佳。另一种观点认为，激烈的竞争环境要求企业彻底消除低效率以及那些不能满足顾客要求和不增加股东价值的东西。为此，企业各成员的业绩标准必须确定在最高水平上，反映在预算金额的确定上就是所谓的理想水平。还有一种观点认为，信息不对称以及不确定因素的存在不仅使得"可行水平"中夹杂着"预算松弛"，而且使人们根本无法知道何为"理想水平"。既然如此，不如将预算指标水平确定在"理想水平"之上。于是，只要预算执行者能够接受，指标水平越高越好。由此推演出的"超理想水平"的概念似乎不合理，但实际上国内外有很多企业却运用得十分成功。美国通用电气等多家公司采用的"超理想水平"预算（stretching budgeting）就是很好的例证。

（四）预算道德问题

预算与道德因为两个主要原因连接在一起。一是预算管理系统的运行以其中当事人一定的道德水平为依托。再严密的制度也有漏洞，预算管理亦然。二是预算常常与奖惩制度、资源分配等相联系，因而，在预算编制、执行以及执行结果的评价环节都可能反映出当事人的利益冲突。在这些利益冲突发生时，需要各当事人按照职业道德规范行事。但由于当事人所处地位不同，处于有利地位的当事人可能利用自己的有利地位损害其他当事人来牟取私利。

预算管理中的行为问题具有极为重要的意义，因为预算会涉及企业中的每一个成员：有人编制预算，有人使用预算进行决策，还有一些人需要依据预算来得到评价，这些问题均会涉及人们的行为。在预算的编制过程中，应当对这些问题予以充分考虑。

第二节   全面预算的编制

一、经营预算的编制

（一）销售预算

销售预算，是规划预算期内由于企业的销售活动而产生的预计销售收入而编报的一种经营预算。销售预算是整个预算的编制起点，其他预算的编制都以销售预算作为基础。

销售预算的主要内容是销量、单价和销售收入。销量是根据市场预测或销售合同并结合企业生产能力确定的。单价是通过价格决策确定的。销售收入是两者的乘积，在销售预算中计算得出。销售预算通常要分品种、分月份、分销售区域、分推销员来编制。为了简化，本例中只划分了季度销售数据。销售预算中通常还包括预计现金收入的计算，其目的是编制现金预算提供必要的资料。

【例 7-1】某企业 2020 年度各季度的销售预算如表 7-1 所示。其中各季度的销售收入中本季度收到现金 60%，另外 40%现金要到下季度才能收到。

表 7-1a　某企业 2020 年度销售预算　　　　　单位：元

季度	一	二	三	四	全年
预计销售量（件）	1 000	1 500	2 000	1 800	6 300
预计单位售价	180	180	180	180	180
销售收入	180 000	270 000	324 000	324 000	1 134 000

表 7-1b　某企业 2020 年度经营现金收入预算　　　　单位：元

季度	一	二	三	四	全年
销售收入	180 000	270 000	324 000	324 000	1 134 000
上年应收账款	84 000				84 000
第一季度现金收入	108 000	72 000			180 000
第二季度现金收入		162 000	108 000		270 000
第三季度现金收入			216 000	144 000	360 000
第四季度现金收入				194 400	194 400
现金收入合计	192 000	234 000	324 000	338 400	1 088 400

（二）生产预算

生产预算是指为规划一定预算期内预计生产量水平而编制的一种经营预算。生产预算是在销售预算的基础上编制的，其主要内容有销售量、期初和期末存货、生产量。

通常企业的生产和销售不能做到"同步同量"，需要设置一定的存货，以保证在发生意外需求时按时供货。在实践中可按下期预计需用量的一定比例估算，材料预计期初库存量等于其期末库存量。

沿用例 7-1 的资料，假定各季度的期末存货按下一季度销售量的 10%计算，企业的生产预算如表 7-2 所示。

表 7-2   2020 年度生产预算   单位：件

季度	一	二	三	四	全年
预计销售量	1 000	1 500	2 000	1 800	6 300
加：预计期末存货	150	200	180	160（估计数）	160（估计数）
合计	1 150	1 700	2 180	1 960	6 460
减：预计期初存货	120	150	200	180	120
预计生产量	1 030	1 550	1 980	1 780	6 340

生产预算中的"预计销售量"来自销售预算，其他数据在表 7-2 中计算得出：

预计期末存货＝下季度销售量×10%

预计期初存货＝上季度期末存货

预计生产量＝（预计销售量＋预计期末存货）－预计期初存货

生产预算在实际编制时是比较复杂的，产量受到生产能力的限制，存货销售数量受到仓库容量的限制，只能在此范围内来安排存货数量和各期生产量。在编制预算时，应注意保持生产量、销售量、存货之间合理的比例关系，以避免储备不足、产销脱节或超储积压等问题。

（三）直接材料预算

直接材料预算是指为规划一定预算期内因组织生产活动和材料采购活动预计发生的直接材料需用量、采购数量和采购成本而编制的一种经营预算。

直接材料预算是以生产预算为基础编制的，同时要考虑原材料存货水平。

沿用表 7-2 的计算结果，假定该企业生产单位产品材料用量为 10 千克，计划单价为 5 元/千克。各季度的期末材料库存量按下一个季度材料耗用量的 20%计算，年末预计库存量为 3 000 千克。每季度的购料款当季付50%，其余在下一个季度付讫。该企业直接材料预算如表 7-3 所示。

表 7-3　2020 年度直接材料预算

季度	一	二	三	四	全年
预计生产量（件）	1 030	1 550	1 980	1 780	6 340
单位产品材料用量（千克/件）	10	10	10	10	10
生产需要量（千克）	10 300	15 500	19 800	17 800	63 400
加：预计期末存量（千克）	3 100	3 960	3 560	3 000	3 000
合计	13 400	19 460	23 360	20 800	66 400
减：预计期初存量（千克）	2 400	3 100	3 960	3 560	2 400
单价（元/千克）	11 000	16 360	19 400	17 240	64 000
预计采购金额（元）	5	5	5	5	5
预计现金支出					
上年应付账款（元）	22 500				22 500
第一季度	27 500	27 500			55 000
第二季度		40 900	40 900		81 800
第三季度			48 500	48 500	97 000
第四季度				43 100	43 100
合计	50 000	68 400	89 400	91 600	299 400

表 7-3 是某企业的直接材料预算。"预计生产量"的数据来自生产预算，"单位产品材料用量"的数据来自标准成本资料或消耗定额资料，"生产需用量"是上述两项的乘积。年初和年末的材料存货量，是根据当前情况和长期销售预测估计的。

预计采购量=（生产需用量+期末存量）-期初存量

（四）直接人工预算

直接人工预算是指为规划一定预期内人工工时的消耗水平和人工成本水平而编制的一种经营预算。

直接人工预算编制的基础也是生产预算，其主要内容有预计生产量、单位产品工时定额、人工总工时、单位小时工资率和人工总成本。

由于人工工资都需要以现金支付，所以不需要另外预计现金支出，可直接参加现金预算汇总。该企业直接人工预算如表 7-4 所示。

表 7-4　2020 年度直接人工预算

季度	一	二	三	四	全年
预计生产量（件）	1 030	1 550	1 980	1 780	6 340
单位产品工时定额（小时/件）	10	10	10	10	10
人工总工时（小时）	10 300	15 500	19 800	17 800	63 400
每小时人工成本（元/小时）	5	5	5	5	5
人工总成本（元）	51 500	77 500	99 000	89 000	317 000

（五）制造费用预算

制造费用预算是指为规划一定预计转期内除直接材料和直接人工预算以外预计发生的其他生产费用水平而编制的一种经营预算。

当以变动成本法为基础编制制造费用预算时，可按变动制造费用和固定制造费用两部分内容分别编制。变动费用根据预计生产总工时和预计变动制造费用分配率计算；固定制造费用预算，需要逐项进行预计，通常与本期产量无关，按季度实际需要的支付额预计，然后求出全年数。该企业制造费用预算如表 7-5 所示。

为便于以后编制产品成本预算，需要计算小时费用率：

固定制造费用分配率=120 000÷63 400=1.8927（元/小时）

表 7-5　2020 年度制造费用预算

季度	一	二	三	四	全年
变动制造费用					
预计人工总工时（小时）	10 300	15 500	19 800	17 800	63 400
费用分配率（元/小时）	2	2	2	2	2
小计/元	20 600	31 000	39 600	35 600	126 800
固定制造费用	30 000	30 000	30 000	30 000	120 000
合计（元）	50 600	61 000	69 600	65 600	246 800
减：折旧费	9 000	9 000	9 000	9 000	36 000
现金支出的费用（元）	41 600	52 000	60 600	56 600	210 800

（六）产品成本预算

产品成本预算是指为规划一定预算期内每种产品的单位产品成本而编制的一种经营预算，是生产预算、直接材料预算、直接人工预算、制造费用预算的汇总。

产品成本预算的主要内容是产品的单位成本和总成本。单位产品成本的数据来自前述三个预算。生产量、期末存货量来自生产预算，销售量来自销售预算。生产成本、存货成本和销售成本等数据，根据单位成本和有关数据计算得出。该预算必须按照各种产品进行编制，其程序与存货的计价方法相关；不同的存货计价方法，需要不同的预算编制方法。同时，不同的成本核算模式也会产生不同的影响。该企业成本预算如表 7-6 所示。

表 7-6　2020 年度产品成本预算

	单位成本			生产成本（6 340 件）	期末存货（160 件）	销货成本（6 300 件）
	每千克或每小时	投入量	成本（元）			
直接材料	5	10	50	317 000	8 000	315 000
直接人工	5	10	50	317 000	8 000	315 000
变动制造费用	5	10	20	126 800	3 200	12 600
合计			120	760 800	19 200	642 600

（七）销售及管理费用预算

销售费用预算，是规划预算期内企业预计发生的销售费用而编制的一种经营预算。它以销售预算为基础，分析销售收入、销售利润和销售费用的关系，力求实现销售费用的最有效使用。在编制销售费用预算时，要对过去的销售费用进行分析，考察过去销售费用支出的必要性和效果。

管理费用预算是规划预算期内企业预计发生的管理费用而编制的一种经营预算。管理费用一般会随着企业规模的扩大而增加。在编制管理费用预算时，要分析企业业绩和一般经济状况，务必做到费用合理化。该预算的编制可以采取以下两种方法：可以按照项目反映全年的预算水平，这是因为管理费用大多为固定费用；也可以按成本型态将计划分为变动型管理费用和固定型管理费用，采用与制造费用相同的方法。该企业销售及管理费用如表 7-7 所示。

表 7-7　2020 年度销售及管理费用

季度	一	二	三	四	全年
预计销售量	1 000	1 500	2 000	1 800	6 300
单位变动销售及管理费用	5	5	5	5	5
预计变动销售及管理费用	5 000	7 500	10 000	9 000	31 500
固定销售及管理费用					
管理人员工资	6 000	6 000	6 000	6 000	24 000
广告费	4 000	4 000	4 000	4 000	16 000
保险费	2 000	2 000	2 000	2 000	8 000
租赁费	3 000	3 000	3 000	3 000	12 000
预计固定销售及管理费用合计	15 000	15 000	15 000	15 000	60 000
减：折旧	0	0	0	0	0
销售及管理费用现金支出	20 000	22 500	25 000	24 000	9 1500

二、专门决策预算的编制

（一）经营决策预算的编制

经营决策预算是指与短期经营决策密切相关的专门决策预算。此类预算的主要目标是通过制定最优生产经营决策和存货控制决策来合理利用或调配企业经营活动所需要的各种资源。

本类预算通常是根据短期经营决策确定的最优方案编制的，因而需要直接纳入经营预算体系，同时也将影响现金预算等财务预算。沿用例 7-1 的资料，该企业为提高产品质量，拟于 2020 年增设一台专用检测设备，通过对购置和租赁方案的比较，企业决定在预算期的一季度以自有资金购置设备一台，价值 80 000 元，预计可使用 10 年，期末净残值为原价的 10%。购入后，预计每年可为公司创造 20 000 元的净现金流量。该企业预算如表 7-8 所示。

表 7-8　2020 年度设备投资预算

项目	购置时间	价值	预计使用年限	期末残值	资金来源	资金成本	每年收回金额	回收期
购入设备一台	一季度	80 000	10 年	8 000	自有	12%	20 000	4 年

（二）一次性专门业务预算

企业为了提高资金的使用率，需要对库存现金做出合理安排，即对资金投放、资金筹措及其他财务决策等一次性专门业务进行预算。

再看例 7-1，假定该企业财务部门根据预算期内现金收支情况，预计第一季度初向银行借款 50 000 元，第三季度末归还本金 50 000 元及其利息（利率为 12%）。另外根据税法规定，预算期间每季度预付所得税 4 000 元，全年预付所得税 16 000 元。根据董事会决议，预算期间每季度末支付股利3 500 元，全年共需支付 14 000 元，该企业预算年度专门决策预算如表 7-9和表 7-10 所示。

表 7-9　2020 年度资金筹措及归还预算

专门业务名称	一	二	三	四	全年
筹措资金来源	银行				
金额（元）	50 000				50 000
年利率（%）	12				
归还借款资金去向	银行				
本金			50 000		50 000
利息			4 500		4 500

表 7-10　2020 年度其他现金支出预算

专门业务名称	一	二	三	四	全年
预付所得税（元）	4 000	4 000	4 000	4 000	16 000
股利（元）	3 500	3 500	3 500	3 500	14 000

三、财务预算的编制

（一）现金预算

现金预算是为了反映预算期内企业由于各种经营活动和投资活动引起的现金收入、现金支出、现金多余或不足、现金的筹措和运用情况以及期末现金余额水平等内容而编制的一种财务预算。

现金预算是企业现金管理的重要工具，它是全面预算的一个重要环节。现金预算有助于企业合理安排和调配资金，降低资金的使用成本，同时，对于多余的现金可以进行投资筹划，尽可能地获取收益。现金预算是所有有关现金收入预算的汇总。它通常包括现金收入、现金支出、现金多余或不足、资金的筹集和应用四个部分。

现金收入包括期初现金余额和预算期现金收入，销货取得的现金收入是其主要来源。期初的现金余额是在编制预算时预计的，销货现金收入的数据来自销售预算，可供使用现金是期初余额与本期现金收入之和。

现金支出部分包括预算期内的各项现金支出。直接材料、直接人工、制造费用、销售及管理费用的数据分别来自前述有关预算。此外，还包括所得税费用、购置设备、股利分配等现金支出，有关的数据分别来自上述的专门预算。

现金多余或不足部分列示现金收入合计与现金支出合计的差额。差额为正，说明收大于支，现金有多余，可用于偿还过去向银行取得的借款，或者用于短期投资；差额为负，说明支大于收，现金不足，要向银行借入新的款项。

现金的筹措和运用是根据预算期内现金收支的差额和企业有关资金管理的各项政策，确定筹措或运用资金的数额。该企业现金预算如表 7-11 所示。

表 7-11　2020 年度现金预算

季度	一	二	三	四	全年
期初现金余额	20 000	11 400	17 500	5 500	20 000
加：销货现金收入	192 000	234 000	324 000	338 400	1088 400
合计	212 000	245 400	341 500	343 900	1108 400

季度	一	二	三	四	全年
减：各项支出					
直接材料	50 000	68 400	89 400	91 600	299 400
直接人工	51 500	77 500	99 000	89 000	317 000
制造费用	41 600	52 000	60 600	56 600	210 800
销售及管理费用	20 000	22 500	25 000	24 000	91 500
所得税费用	4 000	4 000	4 000	4 000	16 000
设备购置	80 000				80 000
股利	3 500	3 500	3 500	3 500	14 000
合计	250 600	227 900	281 500	268 700	1028 700
现金多余或不足	（38 600）	17 500	60 000	75 200	79 700
资金筹措与运用					
向银行借款	50 000				50 000
还银行借款			（50 000）		（50 000）
利息支出			（4 500）		（4 500）
合计	50 000		（54 500）		
期末现金余额	11 400	17 500	5 500	75 200	75 200

（二）预计利润表

预计利润表是指以货币形式综合反映预算期内企业经营活动成果而编制的一种财务预算。

该预算需要在销售预算、产品成本预算、销售及管理费用预算等经营预算的基础上，根据权责发生制编制。它反映预算期内预计销售收入、销售成本和预计可实现的利润或可能发生的亏损，通过编制预计利润表可以预测企业的经营成果，有助于企业管理当局及时调整经营策略。该企业利润预算如表 7-12 所示。

表 7-12　2020 年度利润预算　　　　　　　单位：元

项目	金额
销售收入	1 134 000
变动成本	

项目	金额
产品销售成本	756 000
销售及管理费用	31 500
变动成本合计	787 500
边际贡献	346 500
固定成本	
制造费用	120 000
销售及管理费用	60 000
财务费用	4 500
固定成本合计	184 500
营业利润	162 000
减：所得税	16 000
净利润	146 000

（三）预计资产负债表

预计资产负债表反映企业预算期末有关资产、权益及其相互关系。在资产负债表基础上，依据经营预算和现金预算，即可编制预计资产负债表。该企业预计资产负债表如表 7-13 所示。

表 7-13 预计资产负债表 单位：元

资产			负债及所有者权益		
	年初数	年末数		年初数	年末数
流动资产			流动负债		
现金	20 000	75 200	短期借款	125 000	12 500
应收账款	84 000	129 600	应付账款	22 500	43 100
存货	14 100	19 200	流动负债合计	147 500	168 100
流动资产合计	118 400	224 000	长期负债		
			长期借款合计	80 000	80 000
固定资产			负债合计	227 500	248 100
固定资产原值	473 600	553 600	股东权益		
减：累计折旧	10 000	17 200	股本	100 000	100 000
固定资产净值	463 600	536 400	留存利润	254 500	412 300
固定资产合计	463 600	536 400	股东权益合计	354 500	512 300
资产总计	582 000	760 400	负债及股东权益合计	582 000	760 400

第三节 预算编制的其他具体方法

预算编制的方法从不同的角度可以分为若干种类型，常用的预算编制方法包括固定预算（第二节内容）、弹性预算、零基预算、滚动预算，另外还有概率预算、作业基础预算、参与制预算和责任预算等类型。

一、弹性预算

（一）弹性预算方法的含义

编制预算的方法按其业务基础的数量特征不同，可分为固定预算方法和弹性预算方法两大类。

固定预算方法简称固定预算，又称为静态预算，是根据预算期内固定的业务量（如生产量、销售量）水平，不考虑预算期内可能发生的变动而编制预算的方法。

当企业的实际业务量水平与预计业务量水平一致时，采用固定预算方法是合理的。但是，当实际业务量水平因企业内外部因素发生变动而与预计业务量水平相差较大时，有关预算指标的实际数与预算数之间就会因业务量基础不同而失去可比性。因此，按照固定预算方法编制的预算不利于正确地控制考核和评价企业预算的执行情况。

弹性预算方法简称弹性预算，又称为变动预算或滑动预算，是根据本、量、利之间有规律的数量关系，按照一系列业务量水平编制的有伸缩性的预算。只要这些数量关系不变，弹性预算可以持续使用较长时期，不必每月重复编制。

（二）弹性预算方法的特点

弹性预算与按特定业务水平编制的固定预算相比，有两个显著的特点：

1. 弹性预算是按一系列业务量水平编制的，扩大了预算的适用范围。弹性预算方法能够反映预算期内与一定相关范围的可预见的多种业务量水平相对应的不同预算额，扩大了预算的适用范围，便于预算指标的调整。

2. 可比性强，弹性预算是按成本的不同型态分类列示的，便于在计划期终了时计算实际业务量的预算水平，使预算执行情况的评价和考核建立在更加现实和可比的基础上。

（三）弹性预算的编制

弹性预算编制的基本步骤包括：选择业务量计量单位；确定业务量范围；逐项研究确定各项成本费用和业务量之间的数量关系；计算各项预算成本，并用一定的方式来表示。

业务量的计量单位应当能代表本部门生产经营活动水平。例如，以手工操作为主的车间应选用人工工时；制造单一产品或零件的部门可以选用实物数量；制造多种产品或零件的部门可以选用人工工时和机器工时等。

弹性预算的业务量范围是指弹性预算所适用的业务量变动区间。一般来说，可定在正常生产能力的70%－110%之间，或以历史上最高业务量和最低业务量为其上下限。

弹性预算的质量高低，在很大程度上取决于成本型态分析的水平。

弹性预算的表达方式，主要有列表法和公式法。

1. 列表法

采用列表法，首先要在确定的业务量范围内，划分出若干个不同水平，然后分别计算预算成本，汇总列入一个预算表格。列表法中，业务量的间隔为10%，这个间隔可以更大些，也可以更小些。间隔越大，水平级别就少一些，可以简化编制工作，但太大了又会失去弹性预算的优点；间隔较小，用以控制成本较为准确，但会增加编制的工作量。

列表法的优点是：不管实际业务量是多少，不必经过计算机可找到与业务量相近的预算成本，用以控制成本较为方便；混合成本可按其型态计算填列，不必用数学方法修正为近似的直线成本。但是采用列表法评价和考核实际成本时，往往需要使用插补法来计算实际业务量的预算成本，比较麻烦。

【例7-2】某企业发生的制造费用项目包括管理人员工资、折旧费、保险费、间接材料费、动力费、运输费、修理费、间接人工工资和设备租金九项。业务量范围为5 600－8 800人工小时，该企业按列表法编制的制造费用弹性预算，如表7-14所示。

表 7-14　某企业预算期制造费用弹性预算（列表法）

业务量（直接人工小时）	5 600	6 400	7 200	8 000	8 800
生产能力利用程度（%）	70	80	90	100	110
固定成本项目					
管理人员工资	800	800	800	800	800
保险费	80	80	80	80	80
折旧费	720	720	720	720	720
变动成本项目					
间接材料	560	640	720	800	880
动力费	336	384	432	480	528
运输费	448	512	576	640	704
混合成本项目					
修理费	648	712	776	840	904
间接人工工资	756	804	852	900	948
设备租金	146	154	162	170	178
制造费用合计	4 494	4 806	5 118	5 430	5 742

2. 公式法

因为任何成本都可以用公式 $y=a+bx$ 来近似地表示，所以只要在预算中列示 a（固定成本）和 b（单位变动成本），便可随时利用公式计算任意工作量（x）的预算成本（y）。表 7-15 是一个公式法的弹性预算，其数据资料与前述列表法一样，只是表达方式不同。

根据表 7-15，利用 $y=2\,310+0.39x$，可以计算人工小时在 5 600－8 800 小时的范围内任意业务量基础上的制造费用预算总额；也可以计算出在 5 600－8 800 小时的范围内任意业务量的某一制造费用项目的预算额，如设备租金 $y=60+0.01x$。

公式法的优点是在一定范围内不受业务量波动影响，编制预算的工作量较小；缺点是在进行预算控制和考核时，不能直接查出特定业务量下的总成本预算额，而且按照细目分解成本比较麻烦，同时也会存在一定误差。

表 7-15 某企业预算期制造费用弹性预算（公示法）

项目	固定费用（元）	业务量范围（5 600—8 800 小时）
	a	b
管理人员工资	800	
折旧费	720	
保险费	80	
间接材料费		0.1
动力费		0.06
运输费		0.08
修理费	200	0.08
间接人工工资	420	0.06
设备租金	90	0.01
合计	2 310	0.39

二、零基预算

（一）零基预算方法的含义

编制成本费用预算的方法按其出发点的特征不同，可分为增量预算方法和零基预算方法两大类。

增量预算方法，简称增量预算，又称调整预算，是指以基期成本费用水平为基础，结合预算期业务量水平及有关影响成本因素的未来变动情况，通过调整有关原有费用项目而编制预算的一种方法。传统的预算编制方法基本上采用的是增量预算方法，这种方法比较简单。

零基预算的全称为以零为基础编制计划和预算的方法，简称零基预算，又称零底预算，是指在编制成本费用预算时，不考虑以往会计期间内所发生的费用项目或费用数额，而是将所有的预算支出以零为出发点，一切从实际需要与可能出发，逐项审议预算期内各项费用的内容及开支标准是否合理，在综合平衡的基础上编制费用预算的一种方法。

（二）零基预算方法的特点

零基预算方法打破了传统预算的限制，不再以历史资料为基础进行调整，而是一切以零为基础。编制预算时，首先要确定各个费用项目是否应该存在，然后按项目的轻重缓急，安排企业的费用预算。与增量预算相比，零基预算具有以下显著特点：

1. 不受现有费用项目和开支水平的限制，可以促使企业合理有效地分配资源，将有限的资金用在刀刃上。

2. 有助于企业内部的沟通、协调，充分发挥各级管理人员的积极性、主动性和创造性，促进各预算部门精打细算，合理使用资金，调动各基层单位降低费用的积极性。

3. 有助于企业未来发展。这种方法以零为出发点，有利于企业面向未来发展考虑预算问题。

零基预算需要对企业现状和市场进行大量的调查研究，对现有资金使用效果和投入产出关系进行定量分析，所以，这种预算方法会耗费大量的人力、物力和财力。在实务中，企业并不需要每年都按零基预算方法编制预算，而是每隔几年才按此方法编制一次预算。零基预算特别适用于产出较难辨认的服务性部门费用预算的编制。

（三）零基预算的编制

零基预算的编制主要有以下三个步骤：

第一步，提出预算目标。企业各有关部门根据企业在预算期内的总体目标和该部门的具体任务，提出相应的费用计划方案，并说明每一项费用开支的理由与数额。

第二步，开展成本—效益分析，对各部门提出的每一项费用或开支项目（一般为酌量性固定成本），进行成本—效益分析，权衡轻重缓急，划分成不同等级并排出先后顺序。

第三步，按照已排出的等级和顺序，并根据企业预算期内可以使用的财力资源分配资金，落实预算。

【例 7-3】某企业拟采用零基预算方法编制下年度管理费用预算。管理部门的全体职工根据本企业下年度的目标利润和本部门的具体任务，多次反复讨论和研究，认为在预算期内须发生如下费用，如表 7-16 所示。

表 7-16　预计管理项目及开支金额　　　　单位：元

费用项目	费用金额
房屋租赁费	100 000
培训费	50 000
劳动保护费	150 000
业务招待费	200 000
办公费	150 000

经过充分讨论，得出以下结论：房屋租赁费、劳动保护费和办公费是不可避免的费用支出，属于约束性固定成本；培训费和业务招待费可以增减其费用额，属于酌量性固定成本。

根据历史资料对培训费和业务招待费进行成本－效益分析，得到以下数据，如表 7-17 所示。

表 7-17　成本效益分析表　　　　　　单位：元

费用项目	成本	收益	成本收益率
培训费	1	2	200%
业务招待费	1	0.5	50%

权衡上述各项费用开支的重要性排出顺序：房屋租赁费、劳动保护费和办公费属于不可避免的约束性固定成本，因其在预算期内必不可少，需全额得到保证，应先予以满足，这三项费用均排在第一层次。

培训费属于可以避免的酌量性固定成本，可根据预算期内企业财力情况酌情增减，因为其成本－收益率大于业务招待费，故排在第二层次。

业务招待费也属于可以避免的酌量性固定成本，可同培训费一样考虑；因其成本－效益小于培训费，故排在第三层次。

假定该企业在预算期内各项费用可动用的财力资源只有 500 000 元，根据以上排列的层次和次序，分配资源，最终落实的预算金额如下：

（1）不可避免的约束性固定成本的预算金额：

100 000+150 000+150 000=400 000（元）

（2）尚可分配的资金：500 000-400 000=100 000（元）

（3）尚可分配的资金按成本－效益率的相应比率在培训费和业务招待费之间分配：

培训费预算数=100 000×2/（2+0.5）=80 000（元）

业务招待费预算数=100 000×0.5/（2+0.5）=20 000（元）

三、滚动预算

（一）滚动预算方法的含义

编制预算的方法按其预算期的时间特征不同，可分为定期预算方法和滚动预算方法两大类。

　　定期预算方法，简称定期预算，是指在编制预算时以不变的会计期间作为预算期的一种编制预算方法。这种预算方法能够使预算期间与会计年度相配合。

　　滚动预算方法，简称滚动预算，又称连续预算或永续预算，是指在编制预算时，将预算期与会计年度脱离，随着预算的执行不断延伸补充预算，逐期向后滚动，使预算期永远保持为一个固定期间的一种预算编制方法。

（二）滚动预算的特点

　　滚动预算的理论依据是：首先，生产经营活动是持续不断进行的，作为其控制依据的预算也应与此相符，保持其连续性。其次，生产经营活动是复杂多变的，往往需要经历由模糊到具体的过程，采用滚动预算就可以做到长计划、短安排，使执行月份的预算始终保持先进性，进而最大限度地克服预算的盲目性。具体来说，滚动预算相对于定期预算的特点包括：

　　1. 透明度高。由于编制预算不再是预算年度开始之前几个月的事情，而是实现了预算编制与日常管理的紧密衔接，可以使管理人员始终能够从动态的角度把握企业近期的规划目标和远期战略布局，使预算具有较高的透明度。

　　2. 及时性强。滚动预算能够根据前期预算的执行情况，结合各种因素的变化，及时修改和调整近期预算，从而使预算的时间性得到加强，提高其对真实经营活动的指导和控制。

　　3. 连续性好。滚动预算在时间上不再受日历年度的限制，因此能够连续不断地规划未来的经营活动，其连续较强。

　　4. 完整性和稳定性突出。

　　但是，滚动预算的编制工作较为繁重，将会耗费大量的人力、物力和财力。因此，企业必须根据实际情况选择是否采用滚动预算的编制方法和滚动期的长短，如按月份滚动还是按季度滚动。

　　逐月滚动预算示意图如图 7-1 所示。

图 7-1 逐月滚动预算示意图

【本章小结】

全面预算管理是利用预算对企业内部各部门、各单位的各种财务及非财务资源进行分配、考核、控制，以便有效地组织和协调企业的生产经营活动，完成既定的经营目标。它以企业的总目标为前提，以销售预算为起点，依次对生产、成本及现金收支等各方面进行预测，并在这些预测数据的基础上编制预计的财务报表。

全面预算的内容涵盖企业生产经营和财务的各方面，既有经营预算，又有财务预算。各预算彼此联系，经营预算是基础，财务预算是对经营预算的综合反映。全面预算体系包括经营预算、专门决策预算和财务预算。经营预算是与企业日常经营活动有关的预算，主要包括销售预算、生产预算、直接材料预算、直接人工预算、制造费用预算、单位生产成本预算、期末存货预算、销售及管理费用预算。专门决策预算是指企业为那些在预算期内不经常发生的、一次性经济活动所编制的预算。财务预算是指与企业现金收支、经营成果和财务状况相关的预算，主要包括现金预算、预计利润表、预计资产负债表。预算是一个有机体系，其中销售预算是整个企业预算的关键和起点，它决定了生产预算、现金收入预算和预计利润的数额。生产预算是编制直接材料、直接人工、现金支出预算以及预计资产负债表和预计利润表数额的依据。设备投资预算影响到现金支出预算和预计资产负债表。

科学的预算方法是保证企业总目标实现的有效手段，常用的预算编制方法包括弹性预算、零基预算和滚动预算。弹性预算与传统的固定预算相比，能够适应企业预算期内业务量水平的变化，扩大了预算的适用范围；零基预算打破了传统预算以历史资料为基础的做法，一切以零为基础，根据项目的轻重缓急，安排企业的费用预算。滚动预算具有适应生产经营持续不断的特点，动态地保持近期目标与远景规划的一致性。

【思考题】

1. 什么是全面预算？它有哪些作用？
2. 全面预算包括哪些主要内容？它为什么会协调各部分之间的关系？
3. 什么是预算管理中的行为问题？
4. 简述现金预算编制的原理。
5. 弹性预算为什么会克服固定预算的编制缺陷？
6. 什么是零基预算？它有什么优缺点？

【案例】

伟业公司是一家制造型企业，该公司财务部门准备编制 2021 年度的全面预算，有关资料如下：

（1）伟业公司 2020 年第四季度的销售量为 50 000 件，售价为 160 元。

（2）2021 年的预计年销售量为 230 000 件，每个季度的销量分别为：55 000、60 000、65 000、50 000 件。预计售价仍为 160 元，所有销售均为赊销，在销售当季可以收回 60%的赊销款，其余的 40%于下个季度收讫。2021 年初应收账款的金额为 350 000 元。

（3）该公司各季度末预计产成品存货量为下季度销售量的 20%，2021年第一季度的销售量预计为 55 000 件，2021 年期初产品存货量为 4 000 件。

（4）公司生产产品的直接材料消耗定额为 5 千克/件，每千克原材料的标准价格为 18 元。各季度末的预计原材料存货等于下季度生产需用量的 15%，2021 年初直接材料的存货量为 30 000 千克，2021 年第一季度的预计原材料用量为 300 000 千克。

（5）公司购买原材料的款项当季度支付 50%，剩余款项于下季度付讫。2020 年末的应付原材料采购款为 400 000 元。

（6）该公司生产单位产品消耗直接人工 3 小时，直接人工小时工资率为 6 元/小时，所有人工工资当季付现。

（7）预计当年的变动制造费用分配率为 2 元/小时，所有的变动制造费用全部在每个季度付现。

（8）每个季度的固定制造费用总计为 1200 000 元，其中 300 000 元为折旧费用。

（9）该公司预计 2021 年度的变动销售及管理费用为 10 元/千克，所有的变动销售及管理费用均在当期付现。

（10）固定销售及管理费用每个季度总计为 500 000 元，其中 60 000 元为折旧费。公司预计每个季度预付所得税 50 000 元，预计每个季度支付股利 50 000 元。

（11）分别于 2021 年第一季度和第四季度拟购入价值为 2500 000 元和100 000 元的专用设备。

（12）公司预算期内最低库存限额为 300 000 元，如果不足，可以向银行贷款，贷款一般应为整数（以"万元"为计量单位）。假设借款都发生在季初，银行借款利率为 8%。假设偿还贷款发生于季末，利息在还款时一并支付。

该公司 2020 年度的资产负债表如表 7-18 所示。

表 7-18　2020 年度资产负债表　　　　单位：元

库存现金	230 000	应付账款	500 000
应收账款	4 000 000		
存货：其中原材料	900 000		
产成品	620 000		
流动资产合计	5 750 000	负债合计	500 000
固定资产（机器设备）	75 000 000	股本	60 000 000
减：累计折旧	7 500 000	留存收益	12 750 000
固定资产合计	67 500 000	所有者权益合计	72 750 000
资产合计	73 250 000	负债及所有者权益合计	73 250 000

要求：根据上述资料编制伟业公司 2021 年度的全面预算。

第八章　责任会计

【引例】

　　世佳公司是一家厨房电器生产制造公司。随着公司业务的不断扩展，其规模也越来越大。但公司有一个情况，困扰着公司董事长李世佳。首先，随着生产能力的提高和市场的扩大，生产部门生产的产品开始供应给其他的零售和批发商，销售部门的经理和员工对此意见很大。生产部经理和销售部经理弄不清楚各自部门究竟是只为本公司服务，还是作为一个相对独立的可盈利部门实现最大化利润。如果两者均为独立可盈利部门，产品在两个部门转移的内部核算价格该如何确定。其次，公司每年均会编制当年的预算，用于控制各项成本费用。但是管理层和员工执行预算的积极性普遍不高，对未完成预算的责任相互推诿。

第一节　责任会计概述

一、责任会计的含义

　　责任会计作为现代管理会计的一个重要分支，是指为适应企业内部经济责任制的要求，对企业内部各责任中心的经济业务进行规划与控制，以实现业绩考评的一种内部会计控制制度。

二、分权管理与责任会计

　　责任会计是 20 世纪 20 年代为适应泰勒制的推广和运用而产生并发展起来的。特别是第二次世界大战之后，许多公司的产销规模日益庞大，管理层次逐渐增多，组织机构越来越复杂，分支机构遍布世界各地。企业高层管理当局为了有效地管理庞大的经济组织，必须将自己拥有的一部分权限下放，以便刺激各级管理人员的积极性和主动性，于是纷纷实行分权管理。

分权管理（Decentralization Management），就是现代企业组织为发挥低层组织的主动性和创造性，将生产经营决策权以及相对应的经济责任一同划分给不同层次的管理人员，使其对日常经营活动做出及时、有效决策的一种组织管理形式。

与分权管理相对应的概念是集权管理，在集权管理的组织中，决策由最高管理层制定，下属单位负责执行；分权的组织则赋予下属单位管理人员一定程度的决策权力。

集权管理对应的组织结构为 U 型结构（Unitary Structure），也称一元结构。在这种结构下，企业内部按不同的职能划分为若干部门，各部门独立性较小，由企业进行集中控制和指挥。U 型结构能够使企业达到必要的规模和效率，因而适用于市场稳定、产品品种少、需求价格弹性较大的环境。简单结构向 U 型结构的转变是适应工业革命带动机器大生产的结果，其主要途径是通过专业化的分工提高生产效率，通过职能化的管理引入各类专业人员的"智力资源"，以及通过层级结构的建设实现有效控制，其典型特征是在管理分工的基础上，实行中央集权控制。

分权管理对应的组织机构为 M 型结构（Multidivisional Structure），又被称为事业部制或分权制结构，它是一种集权与分权相结合的组织形式，它将日常经营决策权下放到掌握相关信息的下属部门，总部只负责制定和执行战略决策、计划、协调、监督等职能，从而可以解决大规模企业内部诸如产品多样化、产品设计、信息传递和各部门决策协调的问题，使企业的高层管理者既能摆脱日常管理的烦琐事务，又能和基层保持密切的联系，降低了企业内部的交易成本，因而成为现代企业广泛采用的一种企业组织形式。

分权管理及其对应的 M 型组织结构与集权管理及其对应的 U 型组织结构相比，具有以下几方面的优势：

1. 信息专门化

管理者获得的信息，其内容和专业化程度会直接影响其决策的质量。当公司规模扩大，涉及行业增加时，企业的中央管理层与下级部门分享部门信息的困难性也在增大，这就造成了信息的不对称。

分权管理赋予下级管理者更多的决策权，使得基层部门的管理者可以根据区域性的专业信息制定相应的对策，提高了决策质量；对于基层部门无权制定决策的问题，基层部门的管理者将自己获取的专业信息传递给上层管理者，帮助他们制定高质量的决策。

2. 时效性强

分权管理可以发挥下级管理人员在制定和实施决策过程中能迅速做出反应的优势。通过允许下属在某种程度上拥有决策权，可以使分权管理单位能够对一些意外情况做出快速反应，而不致使所有的行动方案均等到中央管理层点头才执行。而高度集中的决策方式则在以下过程中会导致延误：（1）把有关决策所需要的信息从下级传给中央单位的过程；（2）中央决策部门召集相关人员理解、研讨信息并制定决策所用的时间；（3）将中央单位批准的信息传达给具体执行单位的时间。

3. 为高层管理者节约时间

企业高层管理者的时间是企业最为稀缺的资源，分权管理将企业高层管理者从繁忙的日常事务中解放出来，将有限的时间和精力集中在企业的长远规划和重大决策上，使企业内部各部门在科学的战略目标指引下健康发展。

4. 提高基层管理者的管理水平

如果所有重大决策均由企业高层管理者制定，而企业基层部门管理者只是执行既定的决策，那么基层部门管理者可能无法全面领会高层管理者决策的整体意图，从而在执行中产生偏差。在分权化的企业中，基层部门管理者可以依据自身的权限，根据自身获取的信息，自主制定并执行所在部门的决策，这样不仅可以激发基层管理者的积极性，还有助于培养和提高基层管理者的管理水平。

5. 激励基层部门管理者

任何人都会以自己的工作成果为荣。如果只是接受高层管理者的命令行事，而无权自主决策，会使基层部门管理者逐渐对工作失去兴趣。

分权管理存在的问题。当决策权下放给各部门和单位时；各分权单位会呈现出某种程度的依存性，如果各个单位相互提供产品和劳务，也会呈现出相对的独立性。因此，各分权单位被赋予决策自主权时，也会带来一些值得关注的问题：分权单位可能以牺牲企业整体利益或长远利益为代价，使自己的业绩实现最大化；各分权单位之间为了各自的利益产生冲突和竞争；各分权机构的设置、各项管理信息的归集，会相应地增加各种行政费用开支，造成重复支出和浪费。

为了发挥分权管理的优点，抑制其缺点，就必须加强企业内部有效控制，企业内部的交易成本责任会计正是顺应这种管理要求而不断发展和完善起来的一种有效的控制制度。在分权制企业中，要求利用会计信息对各分权单位进行业绩计量、评价、考核和奖惩，建立以责任中心为主体，责、权、利相统一的企业内部控制系统，即责任会计系统。

三、责任会计的核算原则

责任会计是用于企业内部控制的会计，各个企业可以根据自身的特点确定责任会计的具体形式。但是，无论采用何种责任会计的形式，在组织责任会计核算时，都应当遵循以下基本原则：

（一）责任主体原则

责任会计的核算应以企业内部的责任中心为对象，责任会计资料的搜集、记录、管理、计算和对比分析等工作，都必须紧紧围绕不同的责任中心展开。而责任中心承担着与管理权力相当的责任，同时获得对应的经济利益，是一个责、权、利的统一体。

（二）目标一致性原则

企业责任中心内部权责范围的确定、责任预算的编制以及责任单位业绩的考评，都应始终注意与企业整体目标保持一致，避免责任中心片面追求局部利益而影响整体利益，促使企业内部各责任中心协调一致地为实现企业的总体目标而努力工作。

（三）可控性原则

对各责任中心所赋予的责任，应以其能够控制为前提。在责任预算和业绩报告中，各责任中心只对其能够控制的经济活动所产生的结果负责，对其无法控制的经济活动所产生的结果不承担经济责任。在考核时，应尽可能排除责任中心不能控制的因素，以保证责、权、利关系的紧密结合。

（四）激励原则

责任会计的目的之一在于激励管理人员提高效率和效益，更好地完成企业的总体目标。因此，责任目标和责任预算的确定应当是合理的、符合实际的，经过努力完成目标后所得到的激励和报酬与所付出的劳动比值是值得的，这样就可以不断激励各责任中心为实现预算目标而努力工作。

（五）及时反馈原则

为了保证责任中心对其经营业绩的有效控制，必须及时、准确、有效地反馈生产经营过程中的各种信息。这种反馈应当是双向的，一方面向各责任中心反馈，使其能够及时了解预算的执行情况，不断调整偏离预算的差异；另一方面是向其上级责任中心反馈，以便上级责任中心及时了解所管辖范围内的情况。

（六）例外管理原则

例外管理原则要求责任中心在核算时，对于偏离责任预算的差异区分轻重缓急，对于一般合乎预算或者差异很小的问题，可以忽略不计，而把主要精力放在差异较大的问题上，这样可以集中精力解决突出问题。

第二节 责任中心及其业绩考核

要使下级管理者对其业绩承担责任，其权责范围必须是明确可辨认的，下级管理者在此基础上能控制相应的经济活动。责任中心（responsibility center）是指承担一定经济责任，并拥有相应管理权限或享受相应利益的企业内部责任单位的统称。根据责任和控制范围的大小，责任中心可以分为成本中心、利润中心和投资中心三大类型。

一、成本中心及其业绩考核

（一）成本中心的含义

成本中心是指不形成或者不考核其收入，而着重考核其所发生的成本和费用的责任中心。成本中心是没有收入的。例如，一个没有销售职能的生产车间，它的产成品和半成品并不由自己出售，没有货币收入。有的成本中心可能有少量收入，但不成为主要的考核内容。例如，生产车间可能会取得少量外协加工收入，但这不是它的主要职能，不是车间考核的主要内容。

成本中心的范围很广，一般来说，凡企业内部有成本发生、需要对成本负责，并能实施成本控制的单位，都可以成为成本中心。一个成本中心可以有若干个更小的成本中心组成。成本中心的责任，是用一定的成本去完成规定的具体任务。

（二）成本中心的类型

成本中心有两种类型：标准成本中心和费用中心。

标准成本中心又称技术型成本中心，是指其生产的产品稳定而明确，并且已经知道单位产品所需要的投入量的责任中心。通常标准成本中心的典型代表是制造业工厂、车间、工段、班组等。在生产制造活动中，每个产品都可以有明确的原材料、人工和间接制造费用的数量标准与价格标准。实际上，任何一种重复性的活动都可以建立标准成本中心。这类中心不需要对实际产出量与预算产量的变动负责，往往通过应用标准成本制度来控制产品成本。

费用中心又称酌量性成本中心，是指其产出物不能用财务指标衡量，或者投入和产出之间没有密切关系的单位。这些单位包括一般行政管理部门、研发部门和某些销售部门等，这类中心一般不形成实物产品，不需要计算实际成本，往往通过加强对预算总额的审批和严格执行预算标准来控制经营费用开支。

（三）成本中心的考核指标

通常情况下，成本中心不具备经营权和销售权，他的经济结果一般不会形成可以用货币计量的收入。因此，成本中心只有货币形式计量投入，不以货币形式计量产出。

为了明确成本中心的业绩考核指标，必须理解可控成本和不可控成本的概念。可控成本是指在特定时期内，特定责任中心能够直接控制企业发生的成本。其对称概念是不可控成本。

可控成本总是针对特定责任中心而言的。一项成本，对某个责任中心来说是可控的，对另外的责任中心来说则是不可控的。例如，耗用材料的进货成本，采购部门是可以控制的，使用材料的生产单位是都不能控制的。有些成本，对于下级单位来说是不可控的，而对于上级单位来说则是可控的。例如，员工不能控制自己的工资，而他的上级则可以控制。

区分可控成本和不可控成本，还要考虑成本发生的时间范围。一般来说，在消耗或支付的当期成本是可控的，一旦消耗或支付就不再可控。

总之，成本是否可控取决于决策选取的空间范围和时间范围。对于整个企业的空间范围和很长的时间范围来说，所有成本都是可控的。但是，对于特定的人或时间来说，则有些是可控的，有些是不可控的。

具体而言，可以按以下原则确定是否是可控成本：

（1）假如某责任中心通过自己的行动能有效地影响一项成本的数额，那么该中心就要对这项成本负责。

（2）如果某责任中心有权决定是否使用某种资产或劳务，它就应当对这些资产或劳务的成本负责。

（3）某管理人员虽然不直接决定某项成本，但是上级要求他参与有关事项，从而对该项支出施加了重要影响，则他对该成本也要承担责任。

属于某成本中心的各项可控成本之和，被称为该成本中心的责任成本。成本中心的业绩考核指标通常是该成本中心的所有可控成本，即责任成本。

责任成本可以分为预算责任成本和实际责任成本。前者是指由预算分解确定的各责任中心应承担的责任成本，后者是指各责任中心从事经营活动所实际发生的责任成本。对成本中心进行控制时，应以成本中心的预算责任成本为依据，确保实际责任成本不会超过预算责任成本；对成本中心进行业绩考核时，应比较成本中心的实际责任成本与预算责任成本，确定其成本控制的绩效，揭示产生差异的原因，据此对责任中心的工作成果进行评价。

成本中心的考核指标可以分为绝对指标和相对指标，即责任成本变动额和责任成本变动率。

责任成本变动额=实际责任成本−预算责任成本

责任成本变动率=（实际责任成本÷预算责任成本）×100%

在对成本中心进行考核时，如果预算产量与实际产量不一致，应注意按弹性预算的方法先行调整预算指标，然后再按上述指标计算。

需要强调的是，如果标准成本中心的产品没有达到规定的质量，或没有按计划生产，则会对其他单位产生不利影响。因此，标准成本中心必须按照规定的质量、时间标准和计划产量进行生产。

二、利润中心及其业绩考核

（一）利润中心的含义

一个责任中心，如果能同时控制生产和销售，既要对成本负责又要对收入负责，但没有责任和权力决定该中心资产投资的水平，因而可以根据其利润的多少来评价该中心的业绩，那么该中心称为利润中心。

利润中心往往处于企业内部的较高层次，与成本中心相比，该类责任中心的权力和责任都相对较大，它不仅要绝对地降低成本，而且更要寻求收入的增长，并使之超过成本的增长。

（二）利润中心的类型

利润中心有两种类型：一种是自然利润中心，它直接向企业外部出售产品，在市场上进行购销业务。例如，某些公司采用事业部制，每一个事业部均有销售、生产、采购的职能，有很大的独立性，这些事业部就是自然利润中心。另一种是人为利润中心，它主要在企业内部按照内部转移价格出售产品。例如，大型钢铁公司分为采矿、炼铁、炼钢、轧钢等几个部门，这些生产部门的产品主要在公司内部转移，只有少量对外销售，或者全部对外销售由专门的销售机构完成，这些生产部门可视为利润中心并称作人为利润中心。再如，企业内部的辅助部门，包括修理、供电、供水、供气等部门，可以按固定的价格向生产部门收费，它们也可以确定为人为的利润中心。

通常利润中心被看成一个可以用利润衡量其一定时期业绩的组织单位。但是，并不是可以计量利润的组织单位都是真正意义上的利润中心。利润中心的真正目的是激励下级制定有利于整个公司的决策并努力工作。从根本目的来看，利润中心是指管理人员有权对其供货的来源和市场的选择进行决策的单位。一般来说，利润中心要向顾客销售其大部分产品，并且可以自由地选择大部分材料、商品和服务等项目的来源。把不具有广泛权力的生产或销售部门定为利润中心，并用利润指标评价它们的业绩，往往会引起内部冲突或次优化，对加强管理反而有害。

（三）利润中心的考核指标

利润中心要对利润负责，需要以计算和考核责任成本为前提，即如何分配成本到各利润中心。对此问题，通常有两种方法来解决：一是利润中心只计算可控成本，不分担不可控成本，即不分担共同成本。这种方式主要是用于共同成本难以合理分摊或无须进行共同成本分摊。按这种方式计算出来的盈利不是通常意义的利润，而是相当于"边际贡献总额"。企业各利润中心的边际贡献总额之和，减去未分配的共同成本，经过调整后才是企业的利润总额。二是利润中心不仅计算可控成本，也计算不可控成本。这种利润中心在计算时，如果采用变动成本法，应先计算出边际贡献，再减去固定成本，才是税前利润；如果采用完全成本法，利润中心可以直接计算出税前利润。

利润中心的考核指标为利润，但由于成本计算方式不同，各利润中心利润指标的表现形式也不相同。在考核利润中心的业绩时，我们至少有四种选择：边际贡献、可控边际贡献、部门边际贡献和税前部门利润。

边际贡献=销售收入-变动成本

可控边际贡献=边际贡献-可控固定成本

部门边际贡献=可控边际贡献-不可控固定成本

税前部门利润=部门边际贡献-公司管理费用

以边际贡献作为业绩评价指标不够全面。部门经理至少可以控制某些固定成本，并且在固定成本和变动成本的划分上有一定的选择余地。以边际贡献作为评价标准，可能导致部门经历尽可能地多支出固定成本以减少变动成本支出，尽管这样也不能降低总成本。因此，业绩考核至少应包括可控的固定成本。

以可控边际贡献作为业绩考核指标可能是最好的，它反映了部门经理在其权限和控制范围内有效使用资源的能力。部门经理可控制收入，以及变动成本和部分固定成本，因而可以对可控边际贡献承担责任。这一衡量指标的主要问题在于可控固定成本和不可控固定成本的区分比较困难。例如，折旧、保险等，如果部门经理有权处理这些有关的资产，那么，它们就是可控的；反之，则是不可控的。

以部门边际贡献作为业绩评价依据，可能更适合评价该部门对企业利润和管理费用的贡献，不适合对部门经理的评价。如果要决定该部门的取舍，部门边际贡献是具有重要意义的信息。如果要评价部门经理的业绩，却把一部分部门经理无法改变的固定成本包括进去，则失之偏颇。

以税前部分利润作为业绩评价的指标通常是不合适的。公司总部的管理费用是部门经理无法控制的成本，由于分配公司管理费用引起部门利润的不利变化，不能由部门经理负责。不仅如此，分配给各部门的管理费用的计算方法常常是任意的，部门本身的活动和分配来的管理费用高低并无因果关系。普遍采用的销售百分比、资产百分比、工资百分比等，会使其他部分分配基数的变化影响本部门分配管理费用的数额。许多企业把所有的总部管理费用分配给下属部门，其目的是提醒部门经理注意各部门提供的边际贡献必须抵补总部的管理费用，否则企业作为一个整体就不会盈利。

三、投资中心及其业绩考核

（一）投资中心的含义

投资中心是指对投资负责的责任中心，经理所拥有的自主权不仅包括制定价格、确定产品和生产方法等短期经营决策权，而且还包括投资规模和投资类型等投资决策权。投资中心的经理不仅能控制住公司分摊管理费用外的全部成本和收入，而且能控制占用的资产，因此，不仅要衡量其利润，而且要衡量其资产并把利润与其所占有的资产联系起来。

投资的目的是获得利润，因而，投资中心也是利润中心，但它又不同于利润中心，其主要区别包括：其一，利润中心没有投资决策权；其二，考核利润中心的业绩时，不联系投资多少或占用资产的多少，即不进行投入产出的比较。

投资中心是处于企业最高层次的责任中心，具有最大的决策权，也承担最大的责任。一般而言，大型集团所属的子公司、分公司、事业部往往是投资中心。在组织形式上，责任中心一般不是独立法人，利润中心可以是也可以不是独立法人，而投资中心一般是独立法人。

（二）投资中心的考核指标

评价投资中心业绩的指标通常有以下两种选择：

1. 投资报酬率

这是最常见的考核投资中心业绩的指标。这里所说的投资报酬率是部门边际贡献除以该部门所拥有的资产额。假设某个部门的资产额为 100 000 元，部门边际贡献为 20 000 元，那么投资报酬率为 20%。

用投资报酬率来评价投资中心的业绩有很多优点：投资报酬率能反映投资中心的综合盈利能力；该指标还具有横向可比性，它剔除了不同投资中心因投资额不同而导致的利润差异的不可比因素，它可以作为选择投资机会的依据，有利于调整资产存量，优化资源配置；同时，它还可以作为评价投资中心经营业绩的尺度，有利于正确引导投资中心的经营管理行为，使其行为长期化。

投资报酬率指标的不足也是十分明显的：部门经理会放弃高于资本成本而低于目前部门投资报酬率的机会，或者减少现有的投资报酬率较低但高于资本成本的某些资产，使部门的业绩获得较好评价，却伤害了企业整体利益。假设前边提到的企业资金成本为15%。部门经理面对一个投资报酬率为17%的投资机会，投资额为50 000元，每年部门边际贡献8 500元。尽管对整个企业来说，由于投资报酬率高于资本成本，应当利用这个投资机会，但是它使这个部门的投资报酬率由过去的20%下降到19%。

投资报酬率=（20 000+8 500）/（100 000+50 000）=19%

同样道理，当情况与此相反，假设该部门有一项资产价值50 000元，每年获利8 500元，投资报酬率为17%，超过了资金成本，部门经理却愿意放弃该项资产，以提高部门的投资报酬率：

投资报酬率=（20 000-8 500）/（100 000-50 000）=23%

减少公式的分母来提高这个比例。实际上，减少分母更容易实现。这样做，会失去不是最有利但可以扩大企业总盈利的项目。从引导部门经理采取与企业总体利益一致的决策来看，投资报酬率并不是一个很好的指标。

2. 剩余收益

剩余收益是一个绝对数指标，是为了克服由于使用利率衡量部门业绩带来的次优化问题而被选用的。

剩余收益=部门边际贡献-部门资产应计报酬

　　　　=部门边际贡献-部门资产×资本成本

剩余收益具有两个特点：一是体现了投入产出关系；二是避免本位主义。使用剩余收益指标可以使业绩考核与企业的目标协调一致，引导部门经理采用高于企业资本成本的决策。

根据前边的资料计算：

目前部门剩余收益=20 000-100 000×15%=5 000（元）

采纳增资方案后剩余收益=（20 000+8 500）-（100 000+50 000）×15%

　　　　　　　　　　=6 000（元）

$$采纳减资方案后剩余收益 = (20\,000 - 8\,500) - (100\,000 - 50\,000) \times 15\%$$
$$= 4\,000 （元）$$

部门经理会采纳增资的方案而放弃减资的方案，这正是与企业总目标相一致的。

采用剩余收益指标还有一个好处，就是允许使用不同的风险调整资本成本。从现代财务理论来看，不同的投资有不同的风险，要求按风险程度调整其资本成本。因此，不同行业部门的资本成本不同，在使用剩余收益指标时，可以对不同部门或者不同资产规定不同的资本成本百分数，使剩余收益这个指标更加灵活。

剩余收益指标也存在一定的局限性，比如，规模大的部门容易获得较大的剩余收益，而它们的投资报酬率并不一定很高。因此，很多企业在使用这一方法时是先建立与每个部门资产结构相适应的剩余收益预算，然后通过实际与预算的对比来评价部门业绩。

3. 经济附加值

尽管剩余收益指标相对于投资报酬率指标具有理论上的优越性，但是其并未在实践中得到广泛应用，直到 20 世纪 80 年代末，几家财务咨询公司公布了一些研究成果，揭露了公司剩余收益的变动比投资报酬率的变动与公司股价的变动具有更大的相关性。当其重新被赋予一个更容易理解、更可接受的名字——经济附加值（Economic Value Added，EVA）之后，受到了公众更大的关注。

经济附加值，由美国思腾思特（Stern Stewart）公司于 1991 年率先引入价值评估领域。它基于这样的一种理论：按公认会计准则编制的会计报表没有反映资本成本这一关键信息。传统的会计方法以利息费用的形式反映债务资本成本，却忽略了权益资本成本，认为权益资本可以免费使用。事实上，对于投资人而言，权益资本的真实成本就是转投于其他领域能获得的收益总和，相当于经济学中的机会成本。投资人将资金投向公司，是因为预期这笔投资能够带来超过其他投向的回报，如果投资不能达到其预期的回报，投资人就会选择抽回资金。因此，企业需要获取足够的利润，以弥补包括债务和股权的全部资本。只有在企业当年的利润超过投入的全部资本成本时，才能为股东创造财富。

经济附加值衡量的就是企业资本收益与其相应的资本成本之间的差

异，其简略的计算公式如下：

经济附加值（EVA）＝税后净营业利润－加权平均资本成本×资本总额

仔细研究经济附加值的计算公式，可以发现这并不是一个新的观点，它来源于剩余收益。如果将税后净营业利润作为剩余收益计算公式中的部门边际贡献，加权平均资本成本作为公式中的资本成本，资本作为公式中的部门资产，那么剩余收益的计算公式就变成 EVA 的计算公式。

经济附加值的另一表现形式为：

经济附加值（EVA）＝资本效率×资本总额

虽然经济附加值来源于剩余收益概念，但是它在几个方面拓展了传统的剩余收益评价方法。首先，它基于金融经济学的最新发展，特别是在行业基础和风险特征之上通过"资本资产定价（CPAM）"推导出单个部门的资本成本。其次，它是对因财务报告的需要而按公认会计准则要求披露的信息做出调整后得到的权益成本作为企业的一项确实的成本，应从收益中扣除。

经济附加值具有剩余收益指标的全部优点，同时克服了剩余收益的缺点，尽量剔除了会计信息失真的影响，减少了对企业真实经济业绩的歪曲。

四、成本中心、利润中心和投资中心三者之间的关系

成本中心、利润中心和投资中心彼此并非孤立存在的，每个责任中心都要承担相应的经济责任。

成本中心应就经营的可控成本向其上层成本中心负责；上层的成本中心应就其本身的可控成本和下层转来的责任成本一并向利润中心负责；利润中心应就其本身经营的收入、成本和利润向投资中心负责；投资中心最终就其经管的投资报酬率和剩余收益向总经理和董事会负责。

这样，企业各个层次和各种类型的责任中心就形成了一个"责任系统"，促使每个责任中心为保证经营目标一致而协调运转。

五、部门业绩的报告与考核

业绩的考核涉及成本控制报告、差异调查和奖惩等问题。考核的目的是纠正偏差，改进工作。

（一）成本控制报告

成本控制报告是责任会计的重要内容之一，也称为业绩报告。其目的是将责任中心的实际成本与限额比较，以判别成本控制业绩。

1. 控制报告的目的

形成一个正式的报告制度，使人们知道它们的业绩将被衡量、报告和考核，会使他们的行为和没有考核时大不一样；控制报告显示过去工作的状况，提供改进工作的线索，指明方向；控制报告向各级主管部门报告下属的业绩，为他们采取措施纠正偏差和实施奖惩提供依据。

2. 控制报告的内容

控制报告的内容包括实际成本资料，它回答"完成了多少"，实际资料可以通过账簿系统提供，也可以在责任中心设置兼职核算员，在账簿系统之外搜集加工。控制报告还包括控制目标的资料，这些控制目标可以是目标成本，也可以是标准成本。最后，控制报告还包括实际成本和控制目标的差异及原因。

3. 良好的控制报告应满足的要求

良好的控制报告的内容应与其责任范围一致；报告的信息要适合使用人的需要；报告的时间要符合控制的要求；报告的列示要简明、清晰、实用。

（二）差异调查

成本控制报告将使人们注意到偏离目标的表现，但它只是指出问题的线索。只有通过调查研究，找到原因，分清责任，才能采取纠正行动、收到降低成本的时效。

发生偏差的原因很多，可以分为三类：

1. 执行人的原因，包括过错、没经验、技术水平低、责任心差、不协作等。

2. 目标不合理，包括原来制定的目标过高或过低，或者情况变化使目标不适用等。

3. 实际成本核算有问题，包括数据的记录、加工和汇总有错误、故意造假等。

只有通过调查研究，才能找到具体原因，并针对原因采取纠正行动。

（三）奖励与惩罚

奖励是对超额完成目标成本行为的回报，是表示赞许的一种方式。目前奖励的方式主要是奖金，也会涉及加薪和提升。奖励的原则是：奖励的对象必须是符合企业目标、值得提倡的行为；要让职工事先知道成本达到何种水平将会得到何种奖励；避免奖励华而不实的行为和侥幸取得好成绩的人；奖励要尽可能前后一致。

惩罚是对不符合期望的行为的回报。惩罚的作用在于维持企业运转所要求的最低标准，包括产量、质量、成本、安全、出勤、接受上级领导等。如果达不到最低要求，企业将无法正常运转。达不到成本要求的惩罚手段主要是批评和扣发奖金，还涉及降级、停止提升和免职等。惩罚的目的是避免类似行为的重复出现，包括被惩罚人的行为和企业中其他人的行为。惩罚的原则是：在调查研究的基础上，尽快采取行动，拖延会减弱惩罚的效力；预先要有警告，只有重罚者和违反尽人皆知准则的人才受惩罚；惩罚要一视同仁，前后一致。

（四）纠正偏差

纠正偏差是成本控制系统的目的。如果一个成本控制系统不能揭示成本差异及其产生原因，不能揭示应由谁对差异负责从而保证采取某种纠正措施，那么这种控制系统仅仅是一种数字游戏，白白浪费了职能人员的时间。

纠正偏差是各责任中心主管人员的主要责任。如果成本控制的标准是健全的并且是适当的，评价和考核也是按这样的标准进行的，则产生偏差的操作环境和责任人已经指明，具有责任心和管理才能的称职的主管人员就能够通过调查研究找出具体原因，并有针对性地采取纠正措施。

纠正偏差的措施通常包括：第一，重新制定计划或修改目标；第二，采取组织手段重新委派任务或明确职责；第三，采取人事管理手段增加人员，选拔和培训主管人员或者撤换主管人员；第四，改进指导和领导工作，给下属以更具体的指导和实施更有效的领导。

成本指标具有很强的综合性，无论哪一项生产作业或管理作业出了问题都会引起成本失控，因此纠正偏差的措施必须与其他管理职能结合在一起才能发挥作用，包括计划、组织、人事及指导和领导。

纠正偏差最重要的原则是采取行动。一个简单的道理是不采取行动就不可能纠正偏差。由于管理过程的复杂性和人们认识上的局限性，纠正行动不一定会产生预期的效果，反而会出现新的偏差。这种现象不是拒绝采取行动的理由，反而表明需要不断地采取行动。这就如同在高速公路上驾车，要不断调整方向盘，才能确保汽车顺利前进，把定方向盘不动的后果是尽人皆知的。

第三节   内部转移价格

企业内部各责任中心在生产经营活动中既相互联系，又相互独立地开展各自的活动，各责任中心之间经常相互提供中间产品或劳务。为了正确客观地评价各责任中心的经营业绩，明确经营责任，使各责任中心的业绩考核与评价建立在客观可比的基础上，从而调动各责任中心的积极性，企业应当为各责任中心之间交换的产品和劳务制定具有经济依据的内部转移价格。

一、内部转移价格的含义

内部转移价格，是指企业内部各责任中心之间相互转让中间产品或劳务时，进行结算的计价标准或结算价格。

制定内部转移价格的目的主要有两个：一是防止成本转移带来的部门间责任转嫁，使每个利润中心都能作为单独的组织单位进行业绩评价；二是作为一种价格引导下级部门采取明智的决策，生产部门据此确定提供产品的数量，购买部门据此确定所需要的产品数量。但是，这两个目的往往会相互冲突。能够满足评价部门业绩的转移价格，可能引导部门经理采取并非对企业最理想的决策；而能够正确引导部门经理的转移价格，可能使某个部门获利水平很高而另一个部门亏损。我们很难找到理想的转移价格来兼顾业绩评价和制定决策，只能根据企业的具体情况选择基本满意的解决方法。

二、制定内部转移价格的原则

制定内部转移价格，必须遵循以下原则：

（一）全局性原则

制定内部转移价格必须强调企业的整体利益高于各责任中心的利益。在各责任中心出现局部利益彼此冲突的情况下，企业和各责任中心应本着企业利润最大化的要求，合理地制定内部转移价格。

（二）公平性原则

内部转移价格的制定会直接影响不同责任中心的考核指标，从而影响不同责任中心的利益，因此内部转移价格的制定应公平合理，应充分体现各责任中心的工作态度和经营业绩，防止某些责任中心因价格优势而获得额外的利益，某些责任中心因价格劣势而遭受额外损失。

（三）自主性原则

在确保企业整体利益的前提下，只要可能，就应通过各责任中心的资助竞争或讨价还价来确定内部转移价格，真正在企业内部实现市场模拟，使内部转移价格能为各责任中心所接受。

（四）重要性原则

重要性原则即内部转移价格的制定应当格外关注企业内部的大宗重要产品或劳务的交易，而对于数量较小的交易活动，其内部转移价格可以从简制定。

三、内部转移价格的类型及其利弊

内部转移价格包括市场价格、以市场为基础的协商价格、变动成本加固定费转移价格、全部成本转移价格和双重内部转移价格。

（一）市场价格

在中间产品存在完全竞争市场的情况下，市场价格减去对外的销售费用，是理想的转移价格。

产品内在经济价值计量的最好方法是把它们投入市场，在市场竞争中判断社会所承认的产品价格。企业为把中间产品销售出去，还需追加各种销售费，如包装、发运、广告、结算等，因此，市场价格减去某些调整项目才是目前未销售的中间产品的价格。从机会成本的观点来看，中间产品用于内部而失去外销收益，是它们被内部购买部门使用的应计成本。这里失去的外销收益并非市场价格，而是需要扣除必要的销售费用，才是失去的净收益。

以市场价格为依据制定内部转移价格，一般假设中间产品有完全的竞争市场，或中间产品提供部门没有闲置的生产能力。完全竞争市场这一假设条件，意味着企业外部存在中间产品的公平市场，生产部门被允许向外界顾客销售任意数量的产品，购买部门也可以从外界供应商那里获得任意数量的产品。由于以市场价格为基础确定的内部转移价格，通常会低于市场价格，所以，应尽可能使企业中间产品在各责任中心之间进行内部转移。首先应保证内部责任单位对特定产品的需要，除非有充分理由说明对外交易比对内交易更为有利。值得注意的是外部供应商为了能做买卖可能先报一个较低的价格，同时期望日后提高价格。因此，在确定外部价格时要采用可以长期保持的价格。另外，企业内部转移的中间产品比外购产品的质量可能更有保证，更容易根据企业需要加以改进。

在西方国家，通常认为市价是制定内部转移价格的依据，市价意味着企业内部引入了市场机制，使各责任中心各自经营、相互竞争，最终通过利润指标考核和评价其业绩。当然，高度发达的外部竞争市场的存在是以市场价格作为内部转移价格的前提条件，而这种完全竞争市场在现实经济生活中是很难找到的，一些中间产品更是缺乏相应的市价作为其定价的依据。

（二）以市场为基础的协商价格

如果中间产品存在非完全竞争的外部市场，可以采用协商的办法确定转移价格，即双方部门经理就转移中间产品的数量、质量、时间和价格进行协商并设法取得一致意见。

成功的协商转移价格依赖于以下条件：首先，要有一个某种形式的外部市场，两个部门经理可以自由地选择接受或拒绝某一价格。如果根本没有可能从外部取得或销售中间产品，就会使一方或双方处于垄断状态，这样的谈判结果不是协商价格而是垄断价格。在垄断的情况下，最终价格的确定受谈判人员实力和技巧的影响。其次，信息的对称也是成功协商转移价格的重要条件，只有这样，才能使协商价格接近一方的机会成本，如双方都接近机会成本则更为理想。最后，最高管理阶层的必要干预。在出现价格不能由买卖双方自行决定、协商双方发生矛盾又不能自行解决、双方协商确定的价格不符合企业利润最大化要求时,最高管理阶层要进行干预。这种干预应当是有限的、得体的，不能使整个谈判变成上级领导裁决一切问题。

协商价格确定过程中，供求双方当事人可以在模拟市场环境下讨价还价，充分发表意见，调动各方的积极性。但协商价格不可避免地发生定价过程中的人力、物力、时间的耗费，而且可能会导致部门之间的矛盾，部门获利大小与谈判人员的谈判技巧有很大关系，是这种价格的缺陷。尽管有上述不足之处，协商转移价格仍被广泛采用，它的一个好处是有一定弹性，可以照顾双方利益并得到双方认可。

在中间产品有非竞争性市场，生产单位有闲置的生产能力以及变动生产成本低于市场价格，且部门经理有讨价还价权力的情况下，可采用协商价格作为内部转移价格。

（三）变动成本加固定费转移价格

这种方法要求中间产品的转移用单位变动成本来定价，与此同时，还应向购买部门收取固定费，作为长期以低价获得中间产品的一种补偿。这样做，生产部门有机会通过每期收取固定费补偿其固定成本并获得利润；购买部门每期支付特定数额的固定费之后，对于购入的产品只需支付变动成本，通过边际成本等于边际收入的原则来选择产量，可以使其利润达到最优水平。

按照这种方法，供应部门收取的固定费总额为期间固定成本预算额与必要的报酬之和，它按照各购买部门的正常需要量比例分配给购买部门。此外，为单位产品确定标准的变动成本，按购买部门的实际购入量计算变动成本总额。如果总需求量超过了供应部门的生产能力，变动成本不再表示需要追加的边际成本，则这种转移价格将失去其积极作用。反之，如果最终产品的市场需求很少时，购买部门需要的中间产品也变得很少，但它仍然需要支付固定费。在这种情况下，市场风险全部由购买部门承担了，而供应和购买部门都受到最终产品市场的影响，应当共同承担市场变化引起的市场波动。

这种转移价格的问题主要在于：首先，加成的比例如何确定？在这个问题上容易产生代理问题；其次，变动成本和固定成本的划分比较困难。如何解决这些问题，是变动成本加固定费转移价格用好的前提和关键。

（四）全部成本转移价格

国外学者研究发现，在建立责任会计制度的企业中，采用完全成本作为转移价格的企业所占的比例较大。这一事实说明了这种转移价格制定方法的优势：第一，获取完全成本信息的成本极低，可以直接从企业的会计记录中获取；第二，完全成本具有比较简单、客观、不易改变的特性，可以在很大程度上缓解代理成本。

但是这种内部转移价格也存在一些自身的缺陷：其一，这种转移价格对于中间产品或劳务的"买方"过于有利，而"卖方"得不到任何利益。不过，依然可以采用完全成本加成的办法解决这个问题，但是，以完全成本为基础，会鼓励部门经理维持比较高的成本水平，并据此取得更多的利润。其二，在这种方法下，"卖方"的成本全部转嫁给"买方"，同时也转嫁了"卖方"的低效率，这样对"卖方"缺乏降低成本的激励作用。

因此，只有在无法采用其他形式转移价格时，才考虑使用全部成本来制定转移价格。

（五）双重内部转移价格

当中间产品或劳务存在外部市场，"卖方"有剩余生产能力，且单位变动成本低于市价时；或者当采用单一转移价格不能够激励各责任中心有效经营而保证责任中心与整个企业利益一致时，可以采用双重内部转移价格。

所谓双重内部转移价格，是指中间产品或劳务的"卖方"和"买方"分别采用不同的转移价格。比如，对中间产品或劳务的"买方"，可按协商的市场价格计价，对"卖方"按中间产品和劳务的单位变动成本计价，其差额最终由会计负责调整。再如，当中间产品或劳务出现不同价格时，"卖方"以最高价格计价，而"买方"则以最低价格计价，其差额也最终由会计负责调整。

双重内部转移价格的优势主要在于：首先，可以较好地满足"卖方"和"买方"不同的需求，既能使"卖方"获利又能使"买方"承担一定的成本；其次，能够激励双方在经营上发挥其各自的积极性和主动性。

当然，双重内部转移价格也存在自身的缺陷，由于对同一笔业务，不同的责任中心分别采取不同的计价方法，其差额最终也由会计负责调整，从而加大了实施这种方法的成本。

【本章小结】

传统的集中管理模式已经无法满足迅速变化的企业组织结构，现代分权思想已为越来越多的企业所接受。为了发挥分权管理的优点，抑制其缺点，就必须加强企业内部控制。责任会计正是顺应这种要求而不断发展和完善起来的一种有效的控制制度。

责任会计中，根据责任和控制范围的大小，可以划分为三种不同的责任中心，即成本中心、利润中心和投资中心。每一类责任中心又对应不同的业绩考核指标。成本中心的业绩考核指标通常是该成本中心的所有可控成本，即责任成本；利润是利润中心使用最广泛的业绩考核指标，但是利润的合理计量，需要解决可控成本和不可控成本在不同责任中心的分配问题；投资中心的业绩评价指标主要有投资报酬率和剩余收益。

内部转移价格是指企业内部责任中心之间相互转让中间产品或劳务时，进行结算的计价标准或结算价格。内部转移价格的不同形式会影响不同责任中心的利润，也会影响企业的总体利润。

【思考题】

1. 试分析分权管理出现的原因，并进一步分析其与集权管理相比的优势。

2. 什么是责任会计? 其核算原则有哪些?

3. 什么是责任中心? 责任中心有哪些基本形式? 如何对不同的责任中心进行业绩考核?

4. 什么是剩余收益? 如何计算剩余收益? 为什么要以剩余收益指标考核投资中心的业绩?

5. 你认为 EVA 评价指标是否完全克服了传统剩余收益指标的缺陷?

6. 什么是内部转移价格? 为什么要确定内部转移价格? 应怎样合理制定内部转移价格?

【案例】

某公司下设 A、B 两个投资中心，部分资料如表 8-1 所示。

表 8-1 某公司利润及总资产占用情况表

投资中心	A	B	总公司
利润	60	270	330
经营总资产平均占用额	1 200	1 800	3 000

总公司规定的最低投资利润率为 10%。现有两个追加投资的方案可供选择：第一，若 A 中心追加投入 600 万元经营资产，每年将增加 48 万元利润；第二，若 B 中心追加投入 600 万元经营资产，每年将增加 87 万元利润。假定资金供应有保证，剩余资金无法用于其他方面。暂不考虑剩余资金的机会成本。

（1）列表计算 A 中心追加投资后，各个中心的投资报酬率和剩余收益指标及总公司新的投资报酬率和剩余收益指标。

投资中心评价指标分析（1）

投资中心	A中心			B中心	总公司		
	变动前	变动后	变动量		变动前	变动后	变动量
利润							
经营资产							
投资报酬率							
剩余收益							

（2）列表计算 B 中心追加投资后，各个中心的投资报酬率和剩余收益指标及总公司新的投资报酬率和剩余收益指标。

投资中心评价指标分析（2）

投资中心	A中心	B中心			总公司		
		变动前	变动后	变动量	变动前	变动后	变动量
利润							
经营资产							
投资报酬率							
剩余收益							

（3）根据投资报酬率指标和剩余收益指标，分别从 A 中心、B 中心和总公司的角度评价上述追加投资方案的可行性，并据此评价该指标。

第九章　作业管理

光明电器公司主要产品是一种灯具。近期，企业在原来只生产和销售标准型灯具的基础上，推出了同一种产品的豪华型。但是随着豪华型灯具市场份额不断扩大，企业的业绩却在不断下滑。而在没有推出豪华型产品之前，标准型的产品定价远低于现在的价格，而企业仍保持了较高的获利能力。相反，为了提高市场竞争力，企业开始生产豪华型产品时，标准型的定价已经达到了企业能容忍的最低限度，但是仍然很高。公司的会计主管认为很有可能是企业成本核算系统出了问题。

第一节　作业成本法概述

一、新制造环境对传统成本计算方法的冲击

1. 高科技环境下间接费用的合理分配

在高新技术环境下，企业自动化程度的提高，可以及时满足顾客多样化、个性化和小批量的商品需求。企业宣传方式的变化，机器设备的价值越来越高，机器设备的维护费用、折旧费用也越来越高。高技术环境的维持费等间接费用的增加，造成了产品成本结构的重大变化，直接人工成本的比例大大减少，而间接费用的比例大幅度增加。从西方的许多企业来看，1970 年以前制造费用比重仅为直接人工成本的 50%−60%，到了 1970 年以后，很多企业的制造费用已增加为直接人工成本的 400%−500%，而直接人工成本在产品成本中的比重仅为 10%−20%，甚至仅占成本的 3%−5%。在这样的环境下，再沿用忽视正确分配间接费用的传统成本计算方法，就容易出现成本高估或低估。其结果是，企业若低估产品成本，则可能接

受表面上盈利而实际上亏本的业务；如果高估产品成本，则将会有被竞争者抢占其市场的风险。

2. 多种基础分配间接费用的方法是发展趋势

传统成本计算方法常用一个全厂范围的费用分配率，或是分部门的一系列的部门费用分配率来解决间接费用分配问题，这就是经济费用单一基础分配制度。在此制度下，制造费用按共同的基础及比率分配于各种产品。经常使用的分配基础有生产的直接人工工时、直接人工工资、机器工时、产品产量、计划成本等。这种分配率的合理性取决于制造费用是否完全与生产数量相联系。然而，在现代制造过程中，许多制造费用并不单一地与生产数量有关。单一基础分配间接费用的方法忽视了发生这些间接费用的多种原因。由此，必须改为按多种基础来分配各相关间接费用。

二、作业成本法

（一）作业成本法的相关基本概念

1. 作业和作业链

作业（activity）是指企业为了实现自己的经营目的而从事的一系列活动，作业的实施必然消耗企业的资源。在作业成本法中，一项作业是最基本的成本归集单位。作业对资源的耗费，形成了作业成本。

作业按其等级不同可以分为单位层作业、批量层作业、产品层作业和公司层作业四种类型。

（1）单位层作业（unit level activity）是指作业动因随单位产品数量变动而成比例变动的作业，如直接材料、直接人工等。这类作业的作业动因是机器小时、人工工时等。

（2）批量层作业（batch level activity）是指作业动因随批次的变动而成比例变动的作业，如机器调整、产品检验等。这类作业的作业动因是生产批次、检验次数等，它们与产品的产量变动无关。

（3）产品层作业（product level activity）是指为满足客户的需要，作业动因随特定产品种类的变动而成比例变动的作业，如产品设计、产品介绍等。这类作业的作业动因通常与正在生产的产品产量、生产批量无关，而与企业总体规划中的特定产品相联系。

（4）公司层作业（facility level activity）是指为企业整体服务，与企业整体管理水平有关的作业，如人事管理、一般管理等。这类作业通常与企业的整体能力形成有关，故有人将其称为生产能力层作业。

作业链（activity chain）是指企业为了满足顾客需要而设立的一系列前后有序的作业的集合体。作业链的设计与建立以顾客为出发点，通过作业链分析有助于消除不增加企业价值的作业，从而达到降低产品成本的目的。

价值链（value chain）是指企业作业链的价值表现。生产经营中的各项作业有序进行，各项作业的转移同时伴随着价值的转移，最终产品是全部作业的集合，同时也表现为全部作业的价值集合。从这点来看，作业链的形成过程，就是价值链的形成过程，要想提高价值链，必须改进作业链；而作业链的完善，是从分析价值链开始的。

2. 成本动因

成本动因是指诱导成本发生的原因，是联系成本标的、作业和资源的中介因素。

对成本动因的分类有多种依据，其中，根据成本动因在作业成本法中的作用可以将其分为资源动因和作业动因两类。

（1）资源动因（resource driver），它是将各类资源耗费归集到不同作业的依据，反映了作业与资源之间的关系，资源动因的高低，可以评价作业对资源的利用是否有效。

（2）作业动因（activity driver），它是将不同作业归集的成本费用分配到成本标的的依据。通过对作业动因的分析，可以揭示增值作业和非增值作业，促使企业生产流程的合理化。

成本动因按其性质可以分为：

（1）积极型成本动因（positive cost driver），是指能够产生收入、产品或利润的作业的动因。例如销售订单、生产通知单等。

（2）消极型成本动因（negative cost driver），是指引起不必要的工作和利润减少的作业的动因。例如重复运送产品。

3. 成本库

成本库又称成本中心或作业中心，是指按同一作业动因，将各种资源耗费项目归集在一起的成本类别。显然成本库中所汇集的成本可以相同的作业动因为标准，将其成本分配给各产品或劳务。

（二）作业成本法的含义及本质

作业成本法（Activity-Based Costing），简称 ABC 成本法，是指以作业为计算产品成本的中间桥梁，通过作业动因来确认和计量个作业中心的成本，并以作业动因为基础来分配间接费用的一种成本计算方法。其理论依据是：作业消耗资源，产品消耗作业。

早期的作业成本法是由美国会计学家科勒（E Kohler）结合水力发电这一特殊行业的特点于 20 世纪 30 年代末提出的，但由于当时其他企业尚不具备推广所需要的条件，因此作业成本法并未得到人们的关注。

作业成本法计算真正在实践中得到应用是从 20 世纪 80 年代开始的。美国哈佛大学的库珀（R Cooper）和卡普兰（R Kaplan）两位教授在撰写了一系列相关案例、论文和著作之后，使作业成本计算得到了理论界的普遍重视，自此作业成本法的理论不断完善，实践不断深入。

作业成本的计算贯穿于企业生产经营管理的始终，通过追踪所有作业活动而进行动态反映，从而更好地发挥在决策、计划和控制中的作用，以促进企业生产经营管理水平的不断提高。因此，作业成本计算不仅是先进的成本计算方法，同时也是实现成本计算与成本管理控制相结合的有效的全面成本管理控制制度。

作业成本计算与传统成本计算最大的不同在于，它不是就成本论成本，而是把着眼点放在成本发生的前因后果上。从前因来看，成本由作业引起，形成一个作业的必要性如何；从后果看，作业的执行完成资源实际耗费，这些资源的耗费可对产品最终提供给顾客的价值做多大的贡献。分析这一过程，可以有效促进企业改进产品设计、提高作业完成的效率和质量水平，在所有环节上减少浪费并尽可能降低资源耗费，寻求最有利的产品和顾客以及相应的最有利的投资方向，从而使企业整个生产经营价值链的水平不断提高。

（三）作业成本分配率

作业成本分配率（activity rate），就是成本归集期内，单位作业量对应的成本库中归集的总成本的相应成本数量，即用作业成本库中归集的总成本除以相应的作业量计算获得。其计算公式表述为：

某种作业成本分配率＝归集期内以成本库归集的总成本÷归集期内相应的作业量

三、作业成本法的优点和不足

（一）作业成本法的优点

作业成本法被越来越多的企业采用，主要是基于以下几方面优点：

1. 作业成本法能够提供更加精确的成本信息。这是作业成本法最基本的优点。它不仅满足了财务会计对成本核算精确度的要求，也为企业进行成本相关的生产经营决策提供了更有效的决策信息。

2. 作业成本法引入了更多作业。这不仅增加了成本计算的精度，也为企业进行作业成本管理提供了科学的依据，对企业生产流程进行持续改进和再造提供了支持。

3. 作业成本法加强了企业对间接成本的控制。企业实施作业成本法后，不同类型的间接成本的产生原因就更加明确了，便于企业严格地监控间接成本的动因，加强对间接成本的控制。

（二）作业成本法的不足

1. 作业成本法设计、实施成本较高。在作业成本法设计和实施过程中，大量的人员协调工作，区分和确定所需的作业。根据不同作业动因计量作业数量、计算作业成本分配率，以及将间接成本分配到成本标的等行为和过程，都产生了大量成本。虽然信息技术和电算化体系的不断发展在一定程度上降低了作业成本法的实施成本，但相对于传统成本法，其核算成本依旧很高。

2. 作业成本法仍然存在一定的主观判断成分。作业成本法不能使用企业生产经营过程中所涉及的全部作业，而是通过剔除合并，大量减少作业数，这里需要依靠一定程度的主观判断。

第二节　作业成本核算的过程

一般来讲，作业成本法的成本分配过程大体上可分为两个阶段，如图9-1所示。第一阶段将资源分配给作业，确定重要的作业，并按每种作业所消耗资源的比例，通过资源动因的计算，将间接成本分配给作业。给每种作业的间接费用成本建立一个作业成本库，第二阶段确定适合于每个作业成本库的作业动因，然后按照每条产品线消耗的作业动因量，将间接费用成本从每个作业成本库中分配给每种成本对象。

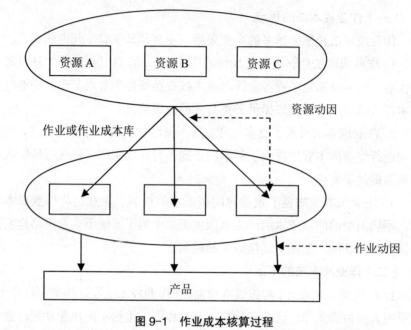

图 9-1 作业成本核算过程

由于直接成本的产生与成本计算对象直接相关，也就是相关的成本动因很简单，所以，无论使用哪种成本核算方法，都比较容易处理。与其他的成本方法一样，在作业成本法下，直接成本根据相关的动因首先被直接归集分配到成本对象上，而间接成本的归集、分配方法和步骤，就成了不同成本方法的主要区别。

一、作业成本法核算的一般过程

（一）分析与确认作业

如前所述，作业是一个组织为了实现其经营目的而从事的一系列活动。为此，我们以典型的社会组织——企业为主要对象。在企业中，作业就是为提供一定量的产品或服务所消耗的人、财、物、信息等的活动。

分析和确认作业的方法主要有业务职能活动分解法、过程定位法、价值链分析法和生产经营活动或作业流程图分析法。

1. 业务职能活动分析法

按作业成本计算目标和重要性原则来分解。作业成本计算目标不同，分解作业的要求就不同。若要制定价格策略和生产发展战略，那么应准确地确定各产品的成本及创利能力，为此，要求作业的定义较为广泛，分解作业要求十分细致。如果仅是要求找出不可增值的作业，以有效降低现有成本，则只需要分析特定活动的真实成本。作业的定义较为狭窄，分解作业就不需要很细。

2. 过程定位法

找出生产经营阶段上的不同作业，按这些作业的不同地位及作用，分别确认为过程作业，或支持作业、产品线作业等。过程定位根据作业是直接随某一特定产品而确认为加工作业，还是取而代之被分类为加工支持作业、组织和设施支持作业、顾客或市场支持作业及产品或产品线作业来进行定位。

3. 价值链分析法

价值链分析是把企业职能的每个部分看作基本的和有价值的因素。价值链分析具有多种功能。首先，它能找出无效或低效的作业，从而为降低企业成本、提高企业竞争能力提供有用的分析工具。其次，它能协调企业内部各项活动，使之按成本最小、收益最大的原则进行，创造企业的竞争优势。在此，对比同行的价值链，可以发现价值链的异同，重新配置优化企业价值链，从而改变企业成本构成，树立新的经营理念，帮助企业扬长避短。

作业确定以后，可以以作业清单的形式列示出来。

（二）分析和确认成本动因

1. 成本动因理论

卡普兰和库珀批评传统成本计算系统仅仅分配了间接成本，却没有研究这些成本究竟从何而来。他们认为作业成本法是把间接成本与隐藏其后的推动力联系起来。这种隐藏在间接成本之后的推动力，就是他们所称的成本动因。成本动因是决定成本产生的重要的活动或事项。成本行为由成本动因支配。要把间接成本分配到各产品中，首先要了解成本行为，以便识别出真正的成本动因。按照这种观点，对短期变动成本应该利用数量相关成本驱动因素，如直接人工小时、机器小时、直接材料成本等。但是，对于长期变动成本中的绝大部分,采用与数量相关的成本动因是不适宜的。因为这些成本由各种各样复杂得多的因素驱动,而并非由数量因素驱动。许多成本的变动并非由产量变动引起,而是由生产的品种范围决定的。如果仅是产量发生变动而生产的品种范围不变,则长期变动成本也相对不变;若是产量不变,生产的品种范围发生变动,则支援部门的成本将随之变动。

因此,用与数量相关的成本驱动因素把支援部门的成本分配到产品中,计算出的产品成本将发生扭曲。事实上,产量低的产品对某些支援部门的需求并不一定低。按数量成本驱动因素分配间接成本的结果只能是:产量高的产品负担的间接成本将超过其实际耗费,产量低的产品则相反。产生这种情况的根本原因在于,许多间接成本是被各种活动驱动的,这些活动主要表现为各支援部门所提供的工作,某种产品所需要的活动量与该产品产量并不成比例,有时会差别很大。一般来说,越是具有专门用途的低产量产品,从长期看,其间接成本越会增长,在数量基础分配体系下,这部分增长的单位成本中的大部分却被那些产量高、发展平衡和连续生产的产品所负担,从而造成成本信息的扭曲。

从上述内容不难看出,成本驱动因素也可以从这个角度划分为两类:第一类是数量相关成本驱动因素,或称数量基础成本驱动因素,它们导致了短期变动成本的发生,因此也是短期变动成本的分配基础;第二类是作业或事项基础成本驱动因素,它们导致了长期变动成本的发生,因此也应成为长期变动成本的分配基础。

成本动因理论的提出,充实完善了成本会计中的成本型态理论。过去人们按照成本与产量之间的变动关系,将成本区分为变动成本与固定成本两类,所有半变动成本最终也要分解划归变动成本和固定成本。卡普兰和库珀认为,应当将变动成本进一步区分为短期变动成本和长期变动成本。其中,短期变动成本是指原来意义上的变动成本,这些成本以数量为基础,与产品产量成比例变动;长期变动成本则是以作业量为基础,随作业量的变动而变动。例如,生产计划制定成本主要是由每种产品的生产批次所引发的,在大量生产的情况下,生产计划制定成本的高低,取决于有多少生产批次需要制定计划,而非取决于有多少数量单位的产品被生产。

2. 成本动因选择原则

成本动因是作业成本法实施的关键因素,成本动因选择的合理与否直接关系到资源费用能否准确地分配到最后的成本标的。因此，选择成本动因必须慎重。一般做出选择时，需要遵循以下原则：

（1）成本动因的多样化。在现代生产条件下，企业产品的多元化使制造费用的构成日益复杂，生产工艺的繁简程度也各不相同，引起了成本核算方法的变革。在作业成本法下，成本动因的数量多少取决于产品的多样化程度。成本动因反映了成本发生的原因，不同的产品工艺流程会使成本发生的原因多样化，为了将资源耗费准确地分配到产品成本中，就必须选择多样化的成本动因。

（2）成本动因必须真正反映成本标的、作业和资源之间的关系。成本动因是成本分配的标准，只有该标准能够正确地解释成本发生的原因，才能实现成本核算的准确与合理。因此，在寻找动因时，必须找出那些真正与成本发生密切关系相关的因素作为成本核算的基准。

（3）成本动因数量的合理性。尽管作业成本法要求成本动因多样化，但是从成本核算的成本效益原则来看，动因越多，成本核算的精度就越高。但是，成本核算系统的复杂性越高，实施成本也就越大。因此，在既定要求下，为了实现成本的最小化，必须将成本动因的数量控制在一定范围内。巴拜德（Babad）和巴拉钱德兰（Balachandran）调研的公司选择 6－9 个成本动因，而卡普兰（Kaplan）和阿特金森（Atkinson）则认为应选择不超过 30－50 个成本动因。

（三）资源的确认

资源是企业生产产品的最原始形态。如果把整个企业看成一个与外界进行物质交换的投入－产出系统，则所有进入该系统的人力、物力、财力等都属于资源范畴。因此，资源可以简单地区分为：货币资源、材料资源、人力资源、动力资源等几类。有关各类资源耗费的信息可以从企业的各级会计分类账上得到。作业成本法并不改变企业所耗资源的总额，作业成本法改变的只是资源总额在各种产品之间的分配额以及资源总额在存货和销售成本之间的分配额。在将各项费用归集到各个作业成本库时，要确定合适的资源动因，一般采取以下原则：

1. 某一项资源耗费能直观地确定其为某一特定产品所消耗，则直接进入该特定产品成本，此时资源动因也就是作业动因，该动因可以认为是"终结耗费"。

2. 如果某项资源耗费可以从发生的区域上区分出各个作业所耗，则可以直接计入各作业成本库，此时资源动因可以认为是"专属耗费"。

3. 如果某项资源耗费不满足以上两种情形，耗费形式复杂，则需要选择合适的量化依据将资源分配到各作业，这个量化的依据就是资源动因。

根据上面的原则，将企业消耗的资源合理地分配到每个作业上，然后再选择出适当的作业动因，计算出最终的产品和服务的成本。

（四）作业动因的确认和产品成本的计算

将资源耗费分配给作业成本库后，就可以确定作业动因，作业动因经常是作业流程图中一个作业的产出。例如，购货作业的主要产出是购货单，所以购货单数量就是购货作业成本库的作业动因。如果一个有着数百个部件的产品，比一个只有两三个部件的产品需要处理更多的购货单的话，它就应该分配更多的购货成本。若购货作业有一个投入和三个产出，这时候，我们就应找出其中最重要、最基本的产出作为作业动因。在这里假定是购货单，依据在于购货作业履行的主要职能就是发出购货单。

确定作业动因应注意两个问题：（1）如果一个作业有多个产出，就应分析是否应当把这个作业分解成几个更小的有自己特定产出的作业。如果这个作业功能十分明确，不能再分解，就应按上面所述的找到最主要的产出作为作业动因。（2）如果两个或两个以上的作业还有相同的基本产出时，它们应该整合为一个作业，组成作业中心，把几个作业成本库归入一个成本中心。把相关的作业成本归入作业中心，能更清晰地了解组织及其运作。

在作业成本计算中，应按作业中心设置作业成本明细账。这样，每一个成本明细账所代表的是那个中心所执行的作业。将归集起来的投入成本或资源分配到每一个成本明细账中，实质上就是要确认每个作业中心的资源耗用量。在这一过程中，作业量的多少决定资源的耗用量，资源耗用量的高低与最终产出量没有直接关系。这种资源消耗量与作业量的关系称作资源动因，是接下来按成本动因分配成本的基础。成本归集到作业中心后，应按成本动因作业量来分配作业成本，总的规则是产出量的多少决定作业的耗用量，作业耗用量与企业产出量的关系为作业动因。

二、作业成本法应用

伟业公司生产三种产品，分别是 A、B、C。产品 A 是三种产品中工艺最简单的一种，公司每年销售 5 000 件；产品 B 工艺相对复杂一些，公司每年销售 10 000 件，在三件产品中销量最好；产品 C 工艺最复杂，公司每年只能销售 2 000 件。原材料和零部件均外购。

（一）传统成本计算方法

1. 公司的成本资料如表 9-1 所示。

表 9-1　伟业公司成本资料

产品名称	A	B	C	合计
产量	5 000	10 000	2 000	
直接材料（元）	200 000	600 000	40 000	840 000
直接人工（元）	250 000	500 000	100 000	850 000
间接成本（元）				1 200 000
直接人工工时（小时）	15 000	40 000	5 000	60 000

2. 传统成本计算法下，伟业公司以直接人工工时分配间接成本，如表 9-2 所示。

表 9-2　传统成本计算法下的费用分配

产品名称	A	B	C	合计
直接人工工时（小时）	15 000	40 000	5 000	60 000
分配率（%）	20	20	20	
间接成本（元）	300 000	800 000	100 000	1 200 000

3. 传统成本计算法下，伟业公司的产品成本，如表 9-3 所示。

表 9-3　传统成本计算法下的产品成本

产品名称	A	B	C
直接材料（元）	200 000	600 000	40 000
直接人工（元）	250 000	500 000	100 000
间接成本（元）	300 000	800 000	100 000
合计（元）	750 000	1 900 000	240 000
产量（件）	5 000	10 000	2 000
单位成本（元）	150	190	120

（二）作业成本法

随着伟业公司规模的扩大，公司引入了先进的生产和管理系统，大量的自动化制造系统被引入生产中，在产品销售、售后服务方面加大了投资，并且行政管理方面的支出也不断增加。与此同时，随着竞争者的加入，外部市场压力不断加大，伟业公司面临巨大的价格压力。特别是伟业公司原来采用成本加成的方法确定售价，按照产品成本的10%设定目标利润，并计算售价，如表9-4所示。

表9-4　目标及实际售价

产品名称	A	B	C
产品成本	150	190	120
目标售价	165	209	132
实际售价	165	196	260

产品A按照目标售价销售正常，而来自其他公司的竞争迫使公司将产品B的售价降到196元，大大低于目标售价209元，而销售仍有下滑的趋势；产品C的售价定于132元时，公司收到的订单数量非常多，超过公司的生产能力，因此公司将产品C的价格调高到260元。即使在260元这一价格下，公司的订单仍然很多。根据以上情况，公司管理人员认为可能是使用的传统成本计算方法出现了问题。他们决定采用作业成本法重新计算产品成本。

1. 管理人员经过分析，确认了作业，列出了作业清单，将其主要分为九个作业成本库，并将间接成本归集到各作业成本库中。如表9-5所示。

表9-5　伟业公司作业库以及成本动因

作业成本库	成本动因	金额（元）
产品设计	产品复杂度	200 000
材料采购	订单数量	60 000
物料处理	材料移动次数	90 000
批量配置	批量配置时数	10 000
生产装配	机器小时数	360 000
质量控制	检验小时数	120 000

作业成本库	成本动因	金额（元）
产品包装	包装次数	150 000
产品运输	集装箱容积	80 000
产品管理	直接人工工时	130 000
合计		1 200 000

2. 管理人员计算出作业成本库的单位作业成本，如表 9-6 所示。

表 9-6　伟业公司作业成本分配率

作业成本库	成本动因	金额（元）	作业数量	作业成本分配率
产品设计	产品复杂度	200 000	400	500
材料采购	订单数量	60 000	1 000	60
物料处理	材料移动次数	90 000	600	150
批量配置	批量配置时数	10 000	100	100
生产装配	机器小时数	360 000	3 600	100
质量控制	检验小时数	120 000	1 000	120
产品包装	包装次数	150 000	1 000	150
产品运输	集装箱容积	80 000	200	400
产品管理	直接人工工时	130 000	2 500	52

3. 确定作业动因消耗量，如表 9-7 所示。

表 9-7　伟业公司作业消耗量

作业成本库	成本动因	作业量		
		A	B	C
产品设计	产品复杂度	80	120	200
材料采购	订单数量	100	300	600
物料处理	材料移动次数	70	180	350
批量配置	批量配置时数	30	40	30
生产装配	机器小时数	1 000	1 800	800
质量控制	检验小时数	200	400	400
产品包装	包装次数	100	300	600
产品运输	集装箱容积	50	120	30
产品管理	直接人工工时	700	1 400	400

4. 将作业成本库的间接费用按单位作业成本分配率分摊到各产品，如表 9-8 所示。

表 9-8 各产品间接费用分配表

作业成本库	作业成本分配率	A		B		C	
		作业量	作业成本	作业量	作业成本	作业量	作业成本
产品设计	500	80	40 000	120	60 000	200	100 000
材料采购	60	100	6 000	300	18 000	600	36 000
物料处理	150	70	10 500	180	27 000	350	52 500
批量配置	100	30	3 000	40	4 000	30	3 000
生产装配	100	1 000	100 000	1 800	180 000	800	80 000
质量控制	120	200	24 000	400	48 000	400	48 000
产品包装	150	100	15 000	300	45 000	600	90 000
产品运输	400	50	20 000	120	48 000	30	12 000
产品管理	52	700	36 400	1 400	72 800	400	20 800
合计			254 900		502 800		442 300

5. 经过重新计算，管理人员得到的产品成本资料如表 9-9 所示。

表 9-9 作业成本法下各产品成本计算表

项目	A	B	C
直接材料	200 000	600 000	40 000
直接人工	250 000	500 000	100 000
产品设计	40 000	60 000	100 000
材料采购	6 000	18 000	36 000
物料处理	10 500	27 000	52 500
批量配置	3 000	4 000	3 000
生产装配	100 000	180 000	80 000
质量控制	24 000	48 000	48 000
产品包装	15 000	45 000	90 000
产品运输	20 000	48 000	12 000
产品管理	36 400	72 800	20 800
合计	704 900	1 602 800	582 300
产量	5 000	10 000	2 000
单位产品成本	140.98	160.28	291.15

通过作业成本法的计算，我们可以得出 A、B、C 三种产品的单位成本分别为 140.98 元、160.28 元和 291.15 元。

6. 不同成本方法计算结果的比较。目标售价仍按照企业采用的成本加成法，加成率为 10%，如表 9-10 所示。

表 9-10　不同成本方法计算结果的比较

项目	A	B	C
产品成本（传统成本计算法）	150	190	120
产品成本（作业成本计算法）	140.98	160.28	291.15
目标售价（传统成本计算法）	165	209	132
目标售价（作业成本计算法）	156	176	320
实际售价	165	196	240

由表 9-10 可知，根据作业成本法计算的产品成本，产品 B 的目标售价为 176 元，公司原来的定价为 196 元，显然是不合理的。产品 A 的实际售价 165 元，高于目标售价 156 元，是企业的高盈利产品。产品 C 在传统成本法下的成本被明显低估了，造成了公司目标售价定得过低。公司如果不能提高该产品的售价，就必须考虑是否停产或转产该产品。

（三）企业选择作业成本法的条件

从前面的讨论可以看出，作业成本法是一个非常有用的管理工具。但是作业成本法的实施需要某些特定条件。如果希望通过实施作业成本法来提高企业生产经营管理效率，那么企业必须满足如下六个基本条件。

1. 企业提供的不同产品或服务在数量上和复杂程度上存在显著的差异。如果企业仅仅生产或提供少数几种产品或服务，那么传统的成本核算方法就能满足企业日常生产经营管理的需要。

2. 间接成本在企业生产产品或提供服务的总成本中占相当大的比例。只有间接成本在全部成本中的比例较大时，采用作业成本法才能创造出高于其较高的核算成本的成本信息收益，符合成本—收益原则，为企业提供更多的收益。

3. 企业存在不同级别的成本核算对象。不同级别成本核算对象的存在，为企业在设计、实施作业成本法时，分析、确定各种不同级别的作业提出了实际要求。根据生产经营管理的特点和不同的成本核算对象的特征，作业成本法对作业的选用满足了企业对不同目的成本信息的需求。

4. 企业现有的成本核算系统提供的成本信息存在严重的不准确和歪曲。正是因为这个原因，企业才需要寻找和采用一种能提供更加准确的成本信息的成本核算方法，作业成本法成为一个有效的备选成本核算方法。

5. 企业拥有高效的管理信息系统和电算化基础。这不仅仅要求企业拥有先进的网络化管理信息系统的软硬件平台，还需要作业成本法实施过程中的参与者具有熟练使用电算化和信息系统的能力。

6. 企业外部竞争压力不断增强。随着企业所处的竞争压力不断增大，其所处的地位，尤其是控制价格的能力不断降低。为了保证有效的获利能力，维系短期的生产经营和战略发展，在没有采取其他有效措施之前，企业至少可以通过降低自身的成本，在价格不能很好地自我控制的情况下，保持较为理想的获利能力。作业成本法一方面使成本信息更精确，另一方面通过作业成本管理降低了成本，增强了企业的竞争力。

第三节 作业管理

一、作业管理的含义

作业管理（activity-based management）是指以客户需要为出发点，以作业分析为核心，以不断降低成本、提高企业价值为目的，通过对作业链的不断改进和优化，使企业获得竞争优势的一种先进的成本管理方式。

作业管理的依据是：现代企业是一个为满足客户需要而设计的一系列作业的集合体，各种作业有序地前后衔接，连成一个整体，最终为企业的外部客户服务。作业管理的有效实施有赖于作业成本法提供的信息支持，两者之间的关系可以通过作业管理二维模型反映出来，如图9-2所示。

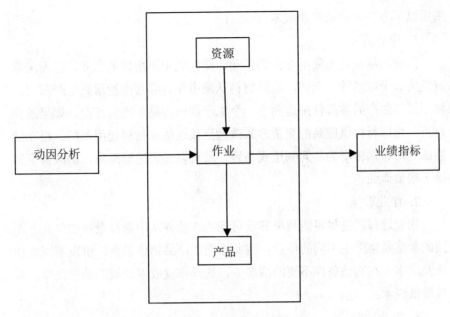

图 9-2　作业管理模型

正如上述作业管理模型所示，过程价值分析包括三个部分，即动因分析、作业分析和业绩考核。

（一）动因分析

要管理作业必须关注作业发生的原因。作业动因并不是作业发生的根源，而是作业执行结果的分配依据。动因分析的目的是找到真正的根源，判别哪些因素是引起作业成本发生的真正原因。因此改进作业必须从分析作业发生的原因开始。

（二）作业分析

作业分析是指确认、描述和评价一个组织所执行的作业，它是过程价值分析的核心。作业分析可以分为三个步骤：首先是执行了什么作业；其次是执行作业所需要的时间和资源；最后是评价作业的价值。确定增值作业和非增值作业是作业分析中最重要的一步。对于一些作业，如果消除后会影响产品对顾客的价值，那么这些作业可称为增值作业（value-added cost）；相反，那些消除后不影响企业价值的作业是非增值作业（nonvalue-added cost）。但是，由于非增值作业仍然消耗了企业的资源，因此对于企业来说，这些作业实际上是一种浪费。在作业分析中，可以具体采用以下方法来降低作业成本。

1. 作业消除

作业消除就是消除不增值的作业，即先确定不增值的作业，进而采取有效措施予以消除。例如，将原材料从集中保管的仓库搬运到生产部门、将某部门生产的零部件搬运到下一个生产部门都是不增值作业。如果条件许可，将原材料供应商的交货方式改为直接送达原材料使用部门，将功能性的工厂布局转变为单元制造式布置，就可以缩短运输距离，消减甚至消除不增值作业。

2. 作业选择

作业选择就是尽可能列举各项可行的作业并从中选择最佳的作业。不同的策略经常产生不同的作业，因此不同的产品销售策略，引发不同的作业及成本。在其他条件不变的情况下，选择作业成本最低的销售策略，可以降低成本。

3. 作业减低

作业减低就是改善必要作业的效率或者改善在短期内无法消除的不增值作业，例如减少整备次数，就可以改善整备作业及其成本。世界著名机车制造商哈德雷－戴维森（Hardley-Davidson），就是通过作业减低方式减少了 75% 的机器整备作业，从而降低了成本。

4. 作业分享

作业分享就是利用规模经济效应提高必要作业的效率，即增加成本动因的数量但不增加作业成本，这样可以降低单位作业成本及分摊产品的成本。例如，新产品在设计时如果考虑到充分利用其他现有产品已使用的零件，就可以免除新产品零件的设计作业，从而降低新产品的成本。

（三）业绩考核

对作业进行业绩考核，应当把握以下三点：

1. 作业业绩考核的对象就是作业中心

作业中心的业绩考核一般是通过一定期间发生的可控作业成本，与作业中心相应的预算作业成本相比较，进行差异计算和原因分析，并编制作业中心业绩报告来实现。作业中心的责任成本是中心的可控成本。而责任成本和作业成本在收集和计算口径上是一致的，唯一的差异就在于，作业成本不一定是责任成本。

2. 业绩考核指标

业绩考核指标的选取是对作业进行业绩考核的核心问题。目前对作业管理中作业业绩指标的确定尚处于探索阶段。我们认为，设立作业的业绩考核指标应该从作业管理模型的二维作业成本观的流程出发，从定性和定量两方面结合来加以制定；对作业的投入和产出两方面应同时加以考核；在对作业进行业绩考核时也应体现价值观念，应该将作业执行的时间以及增值性作业为一个关键的业绩指标。例如，我们可以将质量指标作为衡量作业是否具有价值的一个替代，而在设计质量指标时，要强调产品的质量与稳定、供应商的稳定程度、客户的满意度等。在对作业进行业绩考核时，应该注意的一点是：采用多样化的计量标准，即实行财务计量与非财务计量相结合，既要采用成本、现金流量、盈利增长率、投资报酬率等财务指标，也要采用市场占有率、单位时间内的作业次数、失误次数、员工协作程度和士气等非财务指标。

3. 作业业绩考核报告

对作业进行业绩考核之后应该出具业绩考核评价报告。报告是对每个作业中心过去一段时间成本控制情况的系统概括和总结，根据评价报告可以进一步对成本差异形成的原因和责任进行具体分析，充分发挥成本信息的作用，有助于管理当局对成本实施有效的控制和调解，促使各作业中心根据各自的特点，实现企业总体成本目标。

二、作业预算的编制

与传统管理会计中的成本控制相同，要控制作业成本除进行作业分析外，还应编制作业预算，以便对作业预算的执行结果进行分析评价。

编制作业预算与实际作业成本的计算十分相似，所不同的是作业分配过程中设计的数量和价格与成本动因相关，而且这些数额是预计值而不是实际值。在实际工作中，编制作业预算应当以作业中心为核心。

按照预算制定的生产环境不同，可将作业预算分为理想作业预算和现实作业预算两类。

理想作业预算是以企业现有的生产技术和经营管理水平处于最佳状态为基础制定的最低作业成本。这种理想状态要求企业生产过程中没有非增值作业，资源消耗无浪费，各类职工素质较高，技能娴熟，操作中不存在废品损失和停工现象，机器按照约定的生产能力满负荷运转等。显然，以此编制预算，目的是为企业指明努力奋斗的方向，一般难以实现。

现实作业预算是在企业正常有效的经营条件下，根据下一期改进作业后应该发生的资源耗用量、资源预计价格和预计生产经营能力为基础制定。正常有效的经营条件是指将生产经营中一些难以避免的非增值作业，如一定量的废品、停工损失、一定的存储等也计算在内，以此制定作业预算，既具有先进性，也具有可行性，是实际工作中应该定期编制的一种预算。

现实作业预算的编制程序如下：

（一）制定标准

制定标准是编制作业预算的前提条件。同传统预算相同，在编制作业预算的过程中会涉及单位数量和价格，如材料的单位消耗量和价格等。因此，在编制预算前必须首先确定其相关的标准。

（二）编制作业中心资源耗费预算

编制作业预算必须预计各作业中心的资源动因量，根据单位资源的价格标准确认各作业中心的资源耗费；作业中心的专属费用，其性质类似于传统固定成本，应直接预计其总额。

（三）编制作业中心成本分配预算

各作业中心归集的资源耗费总成本即该中心的预计作业成本，这类成本属于间接成本，须分配计入产品成本。分配作业成本必须以作业动因为标准，预计各作业中心的成本分配率，按照不同产品的作业动因预计量分配给各产品，从而确定各产品的间接成本。

（四）编制产品成本预算

作业中心的预算仅反映产品应分配的间接费用，要编制产品成本预算还应考虑产品的直接费用，据此编制的预算为各产品的成本预算。需要说明的是，这里的直接费用可以直接计入各产品成本，无须通过作业中心进行分配。

三、作业水平的分析评价

在作业管理中，作业水平的分析评价是指按照一定方法对作业执行的实际结果进行的分析评价。将作业预算的实际执行结果与其预算相比，就可以揭示实际脱离预算的差额。如果实际值大于预算值，说明作业成本超支，为不利差异，这种情况下，应分析作业差异产生的原因。如果实际值小于预算值，说明作业成本节约，为有利差异，这是企业期望的结果；但如果节约差异很大，则因该考虑是否预算制定的标准已经过时。如果过时，应当及时修订标准。

在分析短期变动成本（即单位层作业成本）差异的产生原因时，可采用传统的差异分析方法，即把差异分为价格差异和数量差异，因为单位层作业的成本随产品产量成正比例变动。

由于长期变动成本（即批量层作业、产品层作业和公司层作业）的成本动因不是产品产量，其高低与产品产量的高低无关，因此，需要考虑与此相关的批次和产品种类等动因。但长期变动成本的动因会随着具体作业中心的不同而有所不同，因此分析中应区别对待。

对于批量层作业和产品层作业，虽然其作业动因与产品产量无关，但作业动因与批次和产品种类相关，在这种情况下，可采取类似于短期变动成本的差异分析，只是分解因素略有不同。

对于公司层作业，这类作业与企业整体管理水平相关，因此作业动因较难确定。

【本章小结】

作业成本法，与传统成本核算方法的最大不同在于使用多种分配基础分配归集间接成本。具体来说，相对于传统的成本核算方法，作业成本法通过对生产经营流程进行作业分析和确认，针对不同作业的成本动因，设计成本分配基础，完成间接成本的分配。

作业成本核算的一般过程包括：分析和确认作业、分析和确认成本动因、确定资源动因、建立作业成本会计明细账；确定作业动因，将作业成本库的成本分配至成本计算对象。

作业管理是一种将管理的重心放在作业上，以作业作为企业管理的起点和核心，并以提高顾客价值和利润为目标的一种全系统范围、一体化的管理方法。作业管理增加了管理者对生产经营过程的了解，使管理者的注意力集中在降低和消除非增值作业上，从而优化了流程。

【思考题】

1. 什么是作业成本法?

2. 什么是作业?作业可分为哪些类型?

3. 作业成本法实施的具体步骤有哪些?

4. 作业成本法的优点和缺点有哪些?

5. 什么是作业管理?怎样进行作业管理?

【案例】

美联公司主要生产 A、B 两种产品,且两种产品共用同一条生产线。其中 A 产品是公司近两年刚引进投产的产品。由于 A 产品的市场价格较高,为了获得更多收益,公司减少了 B 产品的产量,以便生产更多的 A 产品。但是令公司领导困惑的是,公司的经营状况开始恶化,并且 B 产品的成本提高,其水平甚至接近市场售价。于是公司财务部工作人员开始认真分析查找问题出现的真正原因。

经调查研究后发现:两种产品使用同一条生产线,但生产 A 产品的工艺十分复杂,在正式投产前需要进行大量的生产准备工作,而且生产 A 产品需要投入的原材料种类繁多,而生产 B 产品的工艺则相对简单。在现行成本计算体系下,制造费用是按机器公司进行分配的,分配到两种产品的制造费用相差不大。

公司的作业和作业动因如表 9-11 所示。

表 9-11　美联公司作业及作业动因明细表

作业中心	作业	作业动因
原材料处理中心	购货	购货数量
	收货	收货数量
	验货	验货报告数量
	存储	存储数量
生产中心	机制	机器工时
	生产准备	生产准备小时数

实施作业成本法后美联公司的成本数据资料如表 9-12 和表 9-13 所示。

表 9-12　美联公司作业成本明细表

作业中心	作业动因	总费用
存储	存储体积	800 000
购货	购货数量	400 000
收货	收货数量	280 000
验货	验货单数量	160 000
机制	机器工时	320 000
生产准备	生产准备小时数	346 000
合计		2 306 000

表 9-13　产品作业耗费明细表

作业	A	B	合计
购货	5 000	3 000	8 000
收货	2 400	400	2 800
验货	1 500	500	2 000
存储	25 000	5 000	30 000
机制	2 000	1 600	3 600
生产准备	90	10	100

其中，本会计期间 A 产品的生产数量是 5 000 件，B 产品的生产数量为 3 000 件。

要求：

（1）根据上面的资料计算，在作业成本法下本期分配给 A 和 B 产品的制造费用，并分别计算单位产品制造费用。

（2）美联公司原来制造费用是按照机器工时进行分配的，请按照其原来的制造费用分配方法重新分配本期 A 产品承担的制造费用和 B 产品承担的制造费用，并分别计算单位产品分摊的制造费用。

（3）比较（1）和（2）的计算结果，并说明差异的原因。

（4）请结合你的分析，向美联公司领导指出其引进 A 产品后经营状况恶化的原因，并提出改进建议。

参考文献

1. 查尔斯·T 亨格瑞，斯里坎特·M 达塔尔，乔治·福斯特，马达·V 拉詹，克里斯托弗·伊特纳. 成本与管理会计[M]. 王立彦，刘应文，罗炜，译. 北京：中国人民大学出版社，2010.

2. 财政部. 关于全面推进管理会计体系建设的指导意见. 2014.

3. 财政部. 管理会计基本指引. 2015.

4. 尹美群. 成本管理会计[M]. 北京：高等教育出版社，2010.

5. 尹美群. 企业成本管理会计[M]. 北京：中国财政经济出版社，2010.

6. 孟焰，刘俊勇. 成本管理会计[M]. 北京：高等教育出版社，2016.

7. 孙茂竹，支晓强，戴璐. 管理会计学[M]. 北京：中国人民大学出版社，2018.

8. 刘运国. 管理会计学[M]. 北京：中国人民大学出版社，2018.

9. 雷·H 加里森，埃里克·W 诺琳，彼得·C 布鲁尔. 管理会计[M]. 王满，译. 北京：机械工业出版社，2018.

10. 刘俊勇，孙瑞琦，段文譞，安娜. 管理会计[M]. 大连：东北财经大学出版社，2019.

11. 孙茂竹，于富生. 成本与管理会计[M]. 北京：中国人民大学出版社，2020.

12. 吴大军，牛彦秀. 管理会计[M]. 大连：东北财经大学出版社，2021.

附　录

附录 1　复利终值系数表

n\i(%)	1	2	3	4	5	6	7	8	9	10	11	12	13	14	15	16	17	18	19	20	25	30
1	1.010	1.020	1.030	1.040	1.050	1.060	1.070	1.080	1.090	1.100	1.110	1.120	1.130	1.140	1.150	1.160	1.170	1.180	1.190	1.200	1.250	1.300
2	1.020	1.040	1.061	1.082	1.103	1.124	1.145	1.166	1.188	1.210	1.232	1.254	1.277	1.300	1.323	1.346	1.369	1.392	1.416	1.440	1.563	1.690
3	1.030	1.061	1.093	1.125	1.158	1.191	1.225	1.260	1.295	1.331	1.368	1.405	1.443	1.482	1.521	1.561	1.602	1.643	1.685	1.728	1.953	2.197
4	1.041	1.082	1.126	1.170	1.216	1.262	1.311	1.360	1.412	1.464	1.518	1.574	1.630	1.689	1.749	1.811	1.874	1.939	2.005	2.074	2.441	2.856
5	1.051	1.104	1.159	1.217	1.276	1.338	1.403	1.469	1.539	1.611	1.685	1.762	1.842	1.925	2.011	2.100	2.192	2.288	2.386	2.488	3.052	3.713
6	1.062	1.126	1.194	1.265	1.340	1.419	1.501	1.587	1.677	1.772	1.870	1.974	2.082	2.195	2.313	2.436	2.565	2.700	2.840	2.986	3.815	4.827
7	1.072	1.149	1.230	1.316	1.407	1.504	1.606	1.714	1.828	1.949	2.076	2.211	2.353	2.502	2.660	2.826	3.001	3.185	3.379	3.583	4.768	6.276
8	1.083	1.172	1.267	1.369	1.477	1.594	1.718	1.851	1.993	2.144	2.305	2.476	2.658	2.853	3.059	3.278	3.511	3.759	4.021	4.300	5.960	8.157
9	1.094	1.195	1.305	1.423	1.551	1.689	1.838	1.999	2.172	2.358	2.558	2.773	3.004	3.252	3.518	3.803	4.108	4.435	4.785	5.160	7.451	10.604
10	1.105	1.219	1.344	1.480	1.629	1.791	1.967	2.159	2.367	2.594	2.839	3.106	3.395	3.707	4.046	4.411	4.807	5.234	5.696	6.192	9.313	13.786
11	1.116	1.243	1.384	1.539	1.710	1.898	2.105	2.332	2.580	2.853	3.152	3.479	3.836	4.226	4.652	5.117	5.624	6.176	6.777	7.430	11.642	17.922
12	1.127	1.268	1.426	1.601	1.796	2.012	2.252	2.518	2.813	3.138	3.498	3.896	4.335	4.818	5.350	5.936	6.580	7.288	8.064	8.916	14.552	23.298
13	1.138	1.294	1.469	1.665	1.886	2.133	2.410	2.720	3.066	3.452	3.883	4.363	4.898	5.492	6.153	6.886	7.699	8.599	9.596	10.699	18.190	30.288
14	1.149	1.319	1.513	1.732	1.980	2.261	2.579	2.937	3.342	3.797	4.310	4.887	5.535	6.261	7.076	7.988	9.007	10.147	11.420	12.839	22.737	39.374
15	1.161	1.346	1.558	1.801	2.079	2.397	2.759	3.172	3.642	4.177	4.785	5.474	6.254	7.138	8.137	9.266	10.539	11.974	13.590	15.407	28.422	51.186
16	1.173	1.373	1.605	1.873	2.183	2.540	2.952	3.426	3.970	4.595	5.311	6.130	7.067	8.137	9.358	10.748	12.330	14.129	16.172	18.488	35.527	66.542
17	1.184	1.400	1.653	1.948	2.292	2.693	3.159	3.700	4.328	5.054	5.895	6.866	7.986	9.276	10.761	12.468	14.426	16.627	19.244	22.186	44.409	86.504
18	1.196	1.428	1.702	2.026	2.407	2.854	3.380	3.996	4.717	5.560	6.544	7.690	9.024	10.575	12.375	14.463	16.879	19.673	22.091	26.623	55.511	112.46
19	1.208	1.457	1.754	2.107	2.527	3.026	3.617	4.316	5.142	6.116	7.263	8.613	10.197	12.056	14.232	16.777	19.748	23.214	27.252	31.948	69.389	146.19
20	1.220	1.486	1.806	2.191	2.653	3.207	3.870	4.661	5.604	6.727	8.062	9.646	11.523	13.743	16.367	19.461	23.106	27.393	32.429	38.338	86.736	190.05
25	1.282	1.641	2.094	2.666	3.386	4.292	5.427	6.848	8.623	10.835	13.585	17.000	21.231	26.462	32.919	40.874	50.658	62.669	77.388	95.396	264.7	705.64
30	1.348	1.811	2.427	3.243	4.322	5.743	7.612	10.063	13.268	17.449	22.892	29.960	39.116	50.950	66.212	85.850	111.07	143.37	184.68	237.38	807.79	2620
40	1.489	2.208	3.262	4.801	7.040	10.286	14.974	21.725	31.409	45.259	65.001	93.051	132.78	188.88	267.86	378.72	533.87	750.38	1051.7	1469.8	7523.2	36119
50	1.645	2.692	4.384	7.107	11.467	18.420	29.457	46.902	74.358	117.39	184.57	289.00	450.74	700.23	1083.7	1670.7	2566.2	3927.4	5988.9	9100.4	70065	497929

附录 2 复利现值系数表

n\i(%)	1	2	3	4	5	6	7	8	9	10	11	12	13	14	15	16	17	18	19	20	25	30
1	0.990	0.980	0.971	0.962	0.952	0.943	0.935	0.926	0.917	0.909	0.901	0.893	0.885	0.877	0.870	0.862	0.855	0.847	0.840	0.833	0.800	0.769
2	0.980	0.961	0.943	0.925	0.907	0.890	0.873	0.857	0.842	0.826	0.812	0.797	0.783	0.769	0.756	0.743	0.731	0.718	0.706	0.694	0.640	0.592
3	0.971	0.942	0.915	0.889	0.864	0.840	0.816	0.794	0.772	0.751	0.731	0.712	0.693	0.675	0.658	0.641	0.624	0.609	0.593	0.579	0.512	0.455
4	0.961	0.924	0.888	0.855	0.823	0.792	0.763	0.735	0.708	0.683	0.659	0.636	0.613	0.592	0.572	0.552	0.534	0.516	0.499	0.482	0.410	0.350
5	0.951	0.906	0.863	0.822	0.784	0.747	0.713	0.681	0.650	0.621	0.593	0.567	0.543	0.519	0.497	0.476	0.456	0.437	0.419	0.402	0.328	0.269
6	0.942	0.888	0.837	0.790	0.746	0.705	0.666	0.630	0.596	0.564	0.535	0.507	0.480	0.456	0.432	0.410	0.390	0.370	0.352	0.335	0.262	0.207
7	0.933	0.871	0.813	0.760	0.711	0.665	0.623	0.583	0.547	0.513	0.482	0.452	0.425	0.400	0.376	0.354	0.333	0.314	0.296	0.279	0.210	0.159
8	0.923	0.853	0.789	0.731	0.677	0.627	0.582	0.540	0.502	0.467	0.434	0.404	0.376	0.351	0.327	0.305	0.285	0.266	0.249	0.233	0.168	0.123
9	0.914	0.837	0.766	0.703	0.645	0.592	0.544	0.500	0.460	0.424	0.391	0.361	0.333	0.308	0.284	0.263	0.243	0.225	0.209	0.194	0.134	0.094
10	0.905	0.820	0.744	0.676	0.614	0.558	0.508	0.463	0.422	0.386	0.352	0.322	0.295	0.270	0.247	0.227	0.208	0.191	0.176	0.162	0.107	0.073
11	0.896	0.804	0.722	0.650	0.585	0.527	0.475	0.429	0.388	0.350	0.317	0.287	0.261	0.237	0.215	0.195	0.178	0.162	0.148	0.135	0.086	0.056
12	0.887	0.788	0.701	0.625	0.557	0.497	0.444	0.397	0.356	0.319	0.286	0.257	0.231	0.208	0.187	0.168	0.152	0.137	0.124	0.112	0.069	0.043
13	0.879	0.773	0.681	0.601	0.530	0.469	0.415	0.368	0.326	0.290	0.258	0.229	0.204	0.182	0.163	0.145	0.130	0.116	0.104	0.093	0.055	0.033
14	0.870	0.758	0.661	0.577	0.505	0.442	0.388	0.340	0.299	0.263	0.232	0.205	0.181	0.160	0.141	0.125	0.111	0.099	0.088	0.078	0.044	0.025
15	0.861	0.743	0.642	0.555	0.481	0.417	0.362	0.315	0.275	0.239	0.209	0.183	0.160	0.140	0.123	0.108	0.095	0.084	0.074	0.065	0.035	0.020
16	0.853	0.728	0.623	0.534	0.458	0.394	0.339	0.292	0.252	0.218	0.188	0.163	0.141	0.123	0.107	0.093	0.081	0.071	0.062	0.054	0.028	0.015
17	0.844	0.714	0.605	0.513	0.436	0.371	0.317	0.270	0.231	0.198	0.170	0.146	0.125	0.108	0.093	0.080	0.069	0.060	0.052	0.045	0.023	0.012
18	0.836	0.700	0.587	0.494	0.416	0.350	0.296	0.250	0.212	0.180	0.153	0.130	0.111	0.095	0.081	0.069	0.059	0.051	0.044	0.038	0.018	0.009
19	0.828	0.686	0.570	0.475	0.396	0.331	0.277	0.232	0.194	0.164	0.138	0.116	0.098	0.083	0.070	0.060	0.051	0.043	0.037	0.031	0.014	0.007
20	0.820	0.673	0.554	0.456	0.377	0.312	0.258	0.215	0.178	0.149	0.124	0.104	0.087	0.073	0.061	0.051	0.043	0.037	0.031	0.026	0.012	0.005
25	0.780	0.610	0.478	0.375	0.295	0.233	0.184	0.146	0.116	0.092	0.074	0.059	0.047	0.038	0.030	0.024	0.020	0.016	0.013	0.010	0.004	0.001
30	0.742	0.552	0.412	0.308	0.231	0.174	0.131	0.099	0.075	0.057	0.044	0.033	0.026	0.020	0.015	0.012	0.009	0.007	0.005	0.004	0.001	0.000
40	0.672	0.453	0.307	0.208	0.142	0.097	0.067	0.046	0.032	0.022	0.015	0.011	0.008	0.005	0.004	0.003	0.002	0.001	0.001	0.001	0.000	0.000
50	0.608	0.372	0.228	0.141	0.087	0.054	0.034	0.021	0.013	0.009	0.005	0.003	0.002	0.001	0.001	0.001	0.000	0.000	0.000	0.000	0.000	0.000

附录 3　年金终值系数表

n\i(%)	1	2	3	4	5	6	7	8	9	10	11	12	13	14	15	16	17	18	19	20	25	30
1	1.000	1.000	1.000	1.000	1.000	1.000	1.000	1.000	1.000	1.000	1.000	1.000	1.000	1.000	1.000	1.000	1.000	1.000	1.000	1.000	1.000	1.000
2	2.010	2.020	2.030	2.040	2.050	2.060	2.070	2.080	2.090	2.100	2.110	2.120	2.130	2.140	2.150	2.160	2.170	2.180	2.190	2.200	2.250	2.300
3	3.030	3.060	3.091	3.122	3.153	3.184	3.215	3.246	3.278	3.310	3.342	3.374	3.407	3.440	3.473	3.506	3.539	3.572	3.606	3.640	3.813	3.990
4	4.060	4.122	4.184	4.246	4.310	4.375	4.440	4.506	4.573	4.641	4.710	4.779	4.850	4.921	4.993	5.066	5.141	5.215	5.291	5.368	5.766	6.187
5	5.101	5.204	5.309	5.416	5.526	5.637	5.751	5.867	5.985	6.105	6.228	6.353	6.480	6.610	6.742	6.877	7.014	7.154	7.297	7.442	8.207	9.043
6	6.152	6.308	6.468	6.633	6.802	6.975	7.153	7.336	7.523	7.716	7.913	8.115	8.323	8.536	8.754	8.977	9.207	9.442	9.683	9.930	11.259	12.756
7	7.214	7.434	7.662	7.898	8.142	8.394	8.654	8.923	9.200	9.487	9.783	10.089	10.405	10.730	11.067	11.414	11.772	12.142	12.523	12.916	15.073	17.583
8	8.286	8.583	8.892	9.214	9.549	9.897	10.260	10.637	11.028	11.436	11.859	12.300	12.757	13.233	13.727	14.240	14.773	15.327	15.902	16.499	19.842	23.858
9	9.369	9.755	10.159	10.583	11.027	11.491	11.978	12.488	13.021	13.579	14.164	14.776	15.416	16.085	16.786	17.519	18.285	19.086	19.923	20.799	25.802	32.015
10	10.462	10.950	11.464	12.006	12.578	13.181	13.816	14.487	15.193	15.937	16.722	17.549	18.420	19.337	20.304	21.321	22.393	23.521	24.701	25.959	33.253	42.619
11	11.567	12.169	12.808	13.486	14.207	14.972	15.784	16.645	17.560	18.531	19.561	20.655	21.814	23.045	24.349	25.733	27.200	28.755	30.404	32.150	42.566	56.405
12	12.683	13.412	14.192	15.026	15.917	16.870	17.888	18.977	20.141	21.384	22.713	24.133	25.650	27.271	29.002	30.850	32.824	34.931	37.180	39.581	54.208	74.327
13	13.809	14.680	15.618	16.627	17.713	18.882	20.141	21.495	22.953	24.523	26.212	28.029	29.985	32.089	34.352	36.786	39.404	42.219	45.244	48.497	68.760	97.625
14	14.947	15.974	17.086	18.292	19.599	21.015	22.550	24.215	26.019	27.975	30.095	32.393	34.883	37.581	40.505	43.672	47.103	50.818	54.841	59.196	86.949	127.91
15	16.097	17.293	18.599	20.024	21.579	23.276	25.129	27.152	29.361	31.772	34.405	37.280	40.417	43.842	47.580	51.660	56.110	60.965	66.261	72.035	109.69	167.29
16	17.258	18.639	20.157	21.825	23.657	25.673	27.888	30.324	33.003	35.950	39.190	42.753	46.672	50.980	55.717	60.925	66.649	72.939	79.850	87.442	138.11	218.47
17	18.430	20.012	21.762	23.698	25.840	28.213	30.840	33.750	36.974	40.545	44.501	48.884	53.739	59.118	65.075	71.673	78.979	87.068	96.022	105.93	173.64	285.01
18	19.615	21.412	23.414	25.645	28.132	30.906	33.999	37.450	41.301	45.599	50.396	55.750	61.725	68.394	75.836	84.141	93.406	103.74	115.27	128.12	218.05	371.52
19	20.811	22.841	25.117	27.671	30.539	33.760	37.379	41.446	46.018	51.159	56.939	63.440	70.749	78.969	88.212	98.603	110.29	123.41	138.17	154.74	273.56	483.97
20	22.019	24.297	26.870	29.778	33.066	36.786	40.995	45.762	51.160	57.275	64.203	72.052	80.947	91.025	102.44	115.38	130.03	146.63	165.42	186.69	342.95	630.17
25	28.243	32.030	36.459	41.646	47.727	54.865	63.249	73.106	84.701	98.347	114.41	133.33	155.62	181.87	212.79	249.21	292.11	342.60	402.04	471.98	1054.8	2348.8
30	34.785	40.588	47.575	56.085	66.439	79.058	94.461	113.28	136.31	164.49	199.02	241.33	293.20	356.79	434.75	530.31	647.44	790.95	966.7	1181.9	3227.2	8730.0
40	48.886	60.402	75.401	95.026	120.80	154.76	199.64	259.06	337.89	442.59	581.83	767.09	1013.7	1342.0	1779.1	2360.8	3134.5	4163.2	5519.8	7343.9	30089.	120393.
50	64.463	84.579	112.80	152.67	209.35	290.34	406.53	573.77	815.08	1163.9	1668.8	2400.0	3459.5	4994.5	7217.7	10436.	15090.	21813.	31515.	45497.	280256.	165976.

附录 4 年金现值系数表

n\i(%)	1	2	3	4	5	6	7	8	9	10	11	12	13	14	15	16	17	18	19	20	25	30
1	0.990	0.980	0.971	0.962	0.952	0.943	0.935	0.926	0.917	0.909	0.901	0.893	0.885	0.877	0.870	0.862	0.855	0.847	0.840	0.833	0.800	0.769
2	1.970	1.942	1.913	1.886	1.859	1.833	1.808	1.783	1.759	1.736	1.713	1.690	1.668	1.647	1.626	1.605	1.585	1.566	1.547	1.528	1.440	1.361
3	2.941	2.884	2.829	2.775	2.723	2.673	2.624	2.577	2.531	2.487	2.444	2.402	2.361	2.322	2.283	2.246	2.210	2.174	2.140	2.106	1.952	1.816
4	3.902	3.808	3.717	3.630	3.546	3.465	3.387	3.312	3.240	3.170	3.102	3.037	2.974	2.914	2.855	2.798	2.743	2.690	2.639	2.589	2.362	2.166
5	4.853	4.713	4.580	4.452	4.329	4.212	4.100	3.993	3.890	3.791	3.696	3.605	3.517	3.433	3.352	3.274	3.199	3.127	3.058	2.991	2.689	2.436
6	5.795	5.601	5.417	5.242	5.076	4.917	4.767	4.623	4.486	4.355	4.231	4.111	3.998	3.889	3.784	3.685	3.589	3.498	3.410	3.326	2.951	2.643
7	6.728	6.472	6.230	6.002	5.786	5.582	5.389	5.206	5.033	4.868	4.712	4.564	4.423	4.288	4.160	4.039	3.922	3.812	3.706	3.605	3.161	2.802
8	7.652	7.325	7.020	6.733	6.463	6.210	5.971	5.747	5.535	5.335	5.146	4.968	4.799	4.639	4.487	4.344	4.207	4.078	3.954	3.837	3.329	2.925
9	8.566	8.162	7.786	7.435	7.108	6.802	6.515	6.247	5.995	5.759	5.537	5.328	5.132	4.946	4.772	4.607	4.451	4.303	4.163	4.031	3.463	3.019
10	9.471	8.983	8.530	8.111	7.722	7.360	7.024	6.710	6.418	6.145	5.889	5.650	5.426	5.216	5.019	4.833	4.659	4.494	4.339	4.192	3.571	3.092
11	10.368	9.787	9.253	8.760	8.306	7.887	7.499	7.139	6.805	6.495	6.207	5.938	5.687	5.453	5.234	5.029	4.836	4.656	4.486	4.327	3.656	3.147
12	11.255	10.575	9.954	9.385	8.863	8.384	7.943	7.536	7.161	6.814	6.492	6.194	5.918	5.660	5.421	5.197	4.988	4.793	4.611	4.439	3.725	3.190
13	12.134	11.348	10.635	9.986	9.394	8.853	8.358	7.904	7.487	7.103	6.750	6.424	6.122	5.842	5.583	5.342	5.118	4.910	4.715	4.533	3.780	3.223
14	13.004	12.106	11.296	10.563	9.899	9.295	8.745	8.244	7.786	7.367	6.982	6.628	6.302	6.002	5.724	5.468	5.229	5.008	4.802	4.611	3.824	3.249
15	13.865	12.849	11.938	11.118	10.380	9.712	9.108	8.559	8.061	7.606	7.191	6.811	6.462	6.142	5.847	5.575	5.324	5.092	4.876	4.675	3.859	3.268
16	14.718	13.578	12.561	11.652	10.838	10.106	9.447	8.851	8.313	7.824	7.379	6.974	6.604	6.265	5.954	5.668	5.405	5.162	4.938	4.730	3.887	3.283
17	15.562	14.292	13.166	12.166	11.274	10.477	9.763	9.122	8.544	8.022	7.549	7.120	6.729	6.373	6.047	5.749	5.475	5.222	4.990	4.775	3.910	3.295
18	16.398	14.992	13.754	12.659	11.690	10.828	10.059	9.372	8.756	8.201	7.702	7.250	6.840	6.467	6.128	5.818	5.534	5.273	5.033	4.812	3.928	3.304
19	17.226	15.678	14.324	13.134	12.085	11.158	10.336	9.604	8.950	8.365	7.839	7.366	6.938	6.550	6.198	5.877	5.584	5.316	5.070	4.843	3.942	3.311
20	18.046	16.351	14.877	13.590	12.462	11.470	10.594	9.818	9.129	8.514	7.963	7.469	7.025	6.623	6.259	5.929	5.628	5.353	5.101	4.870	3.954	3.316
25	22.023	19.523	17.413	15.622	14.094	12.783	11.654	10.675	9.823	9.077	8.422	7.843	7.330	6.873	6.464	6.097	5.766	5.467	5.195	4.948	3.985	3.329
30	25.808	22.396	19.600	17.292	15.372	13.765	12.409	11.258	10.274	9.427	8.694	8.055	7.496	7.003	6.566	6.177	5.829	5.517	5.235	4.979	3.995	3.332
40	32.835	27.355	23.115	19.793	17.159	15.046	13.332	11.925	10.757	9.779	8.951	8.244	7.634	7.105	6.642	6.233	5.871	5.548	5.258	4.997	3.999	3.333
50	39.196	31.424	25.730	21.482	18.256	15.762	13.801	12.233	10.962	9.915	9.042	8.304	7.675	7.133	6.661	6.246	5.880	5.554	5.262	4.999	4.000	3.333